METODOLOGIA DO TRABALHO CIENTÍFICO

O GEN | Grupo Editorial Nacional – maior plataforma editorial brasileira no segmento científico, técnico e profissional – publica conteúdos nas áreas de ciências sociais aplicadas, exatas, humanas, jurídicas e da saúde, além de prover serviços direcionados à educação continuada e à preparação para concursos.

As editoras que integram o GEN, das mais respeitadas no mercado editorial, construíram catálogos inigualáveis, com obras decisivas para a formação acadêmica e o aperfeiçoamento de várias gerações de profissionais e estudantes, tendo se tornado sinônimo de qualidade e seriedade.

A missão do GEN e dos núcleos de conteúdo que o compõem é prover a melhor informação científica e distribuí-la de maneira flexível e conveniente, a preços justos, gerando benefícios e servindo a autores, docentes, livreiros, funcionários, colaboradores e acionistas.

Nosso comportamento ético incondicional e nossa responsabilidade social e ambiental são reforçados pela natureza educacional de nossa atividade e dão sustentabilidade ao crescimento contínuo e à rentabilidade do grupo.

Marina de Andrade Marconi
Eva Maria Lakatos

METODOLOGIA DO TRABALHO CIENTÍFICO

- Projetos de Pesquisa
- Pesquisa Bibliográfica
- Teses de Doutorado, Dissertações de Mestrado, Trabalhos de Conclusão de Curso

9ª EDIÇÃO

ATUALIZAÇÃO
João Bosco Medeiros

- O atualizador deste livro e a editora empenharam seus melhores esforços para assegurar que as informações e os procedimentos apresentados no texto estejam em acordo com os padrões aceitos à época da publicação, *e todos os dados foram atualizados pelo atualizador até a data da entrega dos originais à editora.* Entretanto, tendo em conta a evolução das ciências, as atualizações legislativas, as mudanças regulamentares governamentais e o constante fluxo de novas informações sobre os temas que constam do livro, recomendamos enfaticamente que os leitores consultem sempre outras fontes fidedignas, de modo a se certificarem de que as informações contidas no texto estão corretas e de que não houve alterações nas recomendações ou na legislação regulamentadora.

- Data do fechamento do livro: 18/01/2021

- O atualizador e a editora se empenharam para citar adequadamente e dar o devido crédito a todos os detentores de direitos autorais de qualquer material utilizado neste livro, dispondo-se a possíveis acertos posteriores caso, inadvertida e involuntariamente, a identificação de algum deles tenha sido omitida.

- **Atendimento ao cliente: (11) 5080-0751 | faleconosco@grupogen.com.br**

- Direitos exclusivos para a língua portuguesa
  Copyright © 2021, 2024 (3ª impressão) by
  Editora Atlas Ltda.
  Uma editora integrante do GEN | Grupo Editorial Nacional
  Travessa do Ouvidor, 11
  Rio de Janeiro – RJ – 20040-040
  www.grupogen.com.br

- Reservados todos os direitos. É proibida a duplicação ou reprodução deste volume, no todo ou em parte, em quaisquer formas ou por quaisquer meios (eletrônico, mecânico, gravação, fotocópia, distribuição pela Internet ou outros), sem permissão, por escrito, da Editora Atlas Ltda.

- Capa: Caio Cardoso
- Editoração de capa: Rejane Megale
- Editoração eletrônica: Set-up Time Artes Gráficas

- Ficha catalográfica

CIP-BRASIL. CATALOGAÇÃO NA PUBLICAÇÃO
SINDICATO NACIONAL DOS EDITORES DE LIVROS, RJ

M275m
9. ed.

Marconi, Marina de Andrade
Metodologia do trabalho científico: projetos de pesquisa, pesquisa bibliográfica, teses de doutorado, dissertações de mestrado, trabalhos de conclusão de curso / Marina de Andrade Marconi, Eva Maria Lakatos; atualização da edição João Bosco Medeiros. - 9. ed. - [3a Reimp.] - São Paulo: Atlas, 2024.

Inclui bibliografia e índice
ISBN 978-85-97-02653-5

1. Pesquisa - Metodologia. 2. Redação técnica. I. Lakatos, Eva Maria. II. Medeiros, João Bosco. III. Título.

21-68546

CDD: 001.42
CDU: 001.8

Leandra Felix da Cruz Candido - Bibliotecária - CRB-7/6135

Ao meu pai Tibor Lakatos
E.M.L.

Ao meu filho Paulo,
Minha nora Maria Helena
E meus netos Fernando e Bruna
M.A.M.

Sumário

Prefácio da 9ª edição, xv

1   Atividades acadêmicas, 1
   1   Leitura, 1
       1.1   Importância da leitura, 1
       1.2   Natureza da leitura, 2
       1.3   Escolha da leitura, 3
       1.4   Identificação do material de leitura, 3
       1.5   Como realizar a leitura, 4
            1.5.1   Leitura proveitosa, 5
            1.5.2   Defeitos a serem evitados na leitura, 6
       1.6   Tipos de leitura, 7
       1.7   Leitura seletiva, crítica e interpretativa, 8
   2   Análise de texto, 10
       2.1   Conceitos, 10
       2.2   Finalidades, 11
       2.3   Procedimento, 11
       2.4   Recomendações, 12
       2.5   Tipos de análise, 12
            2.5.1   Análise dos elementos, 13
            2.5.2   Análise das relações, 13
            2.5.3   Análise da estrutura, 14
       2.6   Outros tipos de análise, 15
       2.7   Roteiro de análise, 16
       2.8   Análise de conteúdo e documental, 17
       2.9   Síntese, 18
            2.9.1   Tipos de síntese, 19
            2.9.2   Obstáculos ao desenvolvimento de uma síntese, 19
            2.9.3   Regra da síntese, 19

VIII   **Sumário**

3   Seminário, 20
   3.1   Conceito, 20
   3.2   Finalidade, 20
   3.3   Objetivos, 20
   3.4   Componentes, 21
   3.5   Duração, 22
   3.6   Temas, 22
   3.7   Modalidades, 22
   3.8   Roteiro de seminário, 23
4   Conferência, 27
   4.1   Organização da conferência, 27
   4.2   Apresentação, 27
   4.3   Tempo, 28
   Leitura recomendada, 29

2   Pesquisa bibliográfica, 31

1   Pesquisa: conceito e tipos, 31
2   Fases da pesquisa bibliográfica, 34
   2.1   Escolha do tema, 34
   2.2   Elaboração de um plano de um trabalho, 36
   2.3   Identificação, 37
   2.4   Localização, 38
   2.5   Compilação, 38
   2.6   Fichamento, 38
   2.7   Análise e interpretação, 39
   2.8   Redação, 42
3   Fichas, 42
   3.1   Aspecto físico, 43
   3.2   Composição das fichas, 43
      3.2.1   Cabeçalho, 44
      3.2.2   Referência bibliográfica, 47
      3.2.3   Corpo ou texto da ficha, 47
      3.2.4   Indicação da obra, 47
      3.2.5   Localização da obra fichada, 48
   3.3   Fichas: conteúdo, 49
      3.3.1   Ficha bibliográfica, 49
      3.3.2   Ficha de citações, 50
      3.3.3   Ficha de resumo ou de conteúdo, 52
      3.3.4   Ficha de esboço, 52
      3.3.5   Ficha de comentário ou analítica, 53
   3.4   Disposição do fichário, 58
      3.4.1   Arranjo alfabético de cabeçalhos específicos de assuntos, 58

	3.4.2	Arranjo alfabético de cabeçalhos genéricos de assuntos, 60
	3.4.3	Arranjo sistemático ou classificado, 61

4 Resumos, 63
    4.1   Conceito, finalidade e características, 63
    4.2   Como resumir, 64
    4.3   Tipos de resumo, 65
    Leitura recomendada, 70

3 Publicações científicas, 71

1 Comunicação científica, 71
    1.1   Finalidade, 72
    1.2   Estrutura, 73
    1.3   Linguagem, 73
    1.4   Tipos de comunicação científica, 74
    1.5   Elaboração da comunicação, 74
    1.6   Estágios da comunicação , 76
    1.7   Apresentação formal, 76

2 Artigos científicos, 77
    2.1   Estrutura do artigo científico, 77
    2.2   Conteúdo do artigo científico, 78
    2.3   Tipos de artigo científico, 79
        2.3.1   Artigo de argumento teórico, 79
        2.3.2   Artigo de análise, 79
        2.3.3   Artigo classificatório, 80
    2.4   Motivação, 80
    2.5   Estilo, 81
    2.6   Avaliação de um artigo científico, 81

3 Informe científico, 82

4 Difusão e divulgação científica, 82
    4.1   Aspectos históricos, 82
    4.2   Conceitos de difusão e divulgação, 83
    4.3   Níveis de conhecimento, 85
        4.3.1   Conhecimento popular, 85
        4.3.2   Conhecimento de divulgação, 85
        4.3.3   Conhecimento científico, 86
    4.4   Níveis de complexidade da difusão e divulgação científica, 86
    4.5   Requisitos básicos da difusão e divulgação científica, 87
    4.6   Objetivos da difusão e divulgação científica, 87
    4.7   Importância da difusão e divulgação científica, 87

5 Resenha crítica, 88
    5.1   Conceito e finalidade, 88
    5.2   Requisitos básicos, 89

X Sumário

5.3   Importância da resenha, 89
5.4   Estrutura da resenha, 90
Leitura recomendada, 98

4   Projeto de pesquisa e relatório de pesquisa, 99
1   O que é um projeto de pesquisa, 99
2   Estrutura de um projeto de pesquisa, 100
   2.1   Capa e folha de rosto, 102
   2.2   Objeto, 103
   2.3   Problema, 103
   2.4   Hipótese básica e hipóteses secundárias, 104
   2.5   Variáveis, 104
      2.5.1   Variáveis independente, dependente, de controle e interveniente, 105
      2.5.2   Relação entre variáveis, 105
   2.6   Objetivo, 106
   2.7   Justificativa, 106
   2.8   Metodologia, 107
      2.8.1   Métodos de abordagem, 107
      2.8.2   Métodos de procedimento, 108
      2.8.3   Técnicas de pesquisa, 108
      2.8.4   Delimitação do universo (descrição da população de pesquisa), 110
      2.8.5   Tipos de amostragem, 110
      2.8.6   Tratamento estatístico, 111
   2.9   Embasamento teórico, 112
      2.9.1   Teoria de base, 112
      2.9.2   Revisão da bibliografia, 113
      2.9.3   Definição dos termos, 114
      2.9.4   Conceitos operacionais e indicadores, 114
   2.10   Cronograma, 115
   2.11   Orçamento, 115
   2.12   Instrumentos de pesquisa, 116
   2.13   Referências bibliográficas, 116
   2.14   Apêndice, 116
   2.15   Observações práticas, 116
3   Pesquisa-piloto ou pré-teste, 133
4   Relatório técnico e/ou científico: estrutura, 134
   4.1   Capa e folha de rosto, 136
   4.2   Introdução do relatório de pesquisa, 137
   4.3   Revisão bibliográfica, 137
   4.4   Desenvolvimento: discussão e resultados, 137

	4.5	Conclusões, 138
	4.6	Recomendações e sugestões, 139
	4.7	Referências bibliográficas, 139
	4.8	Apêndice, 139
	4.9	Anexo, 139

Leitura recomendada, 140

5 Trabalhos acadêmicos: estrutura e apresentação gráfica, 141

1 Normas da ABNT, 141

2 Aspectos formais dos trabalhos acadêmicos, 141

- 2.1 Tamanho do papel e margens, 141
- 2.2 Numeração das folhas, 142
- 2.3 Divisão das seções, 142
- 2.4 Paragrafação, 143

3 Estrutura do trabalho acadêmico, 143

- 3.1 Capa, 144
- 3.2 Elementos pré-textuais, 145
  - 3.2.1 Folha de rosto, 145
  - 3.2.2 Ficha catalográfica, 145
  - 3.2.3 Errata, 146
  - 3.2.4 Folha de aprovação, 146
  - 3.2.5 Dedicatória, agradecimentos, epígrafe, 147
  - 3.2.6 Resumo e *abstract*, 147
  - 3.2.7 Relação de quadros e tabelas, 148
  - 3.2.8 Sumário, 148
- 3.3 Elementos textuais: o corpo do trabalho, 148
  - 3.3.1 Introdução, 148
  - 3.3.2 Desenvolvimento, 148
  - 3.3.3 Conclusão, recomendações, sugestões, 149
- 3.4 Elementos pós-textuais, 149
  - 3.4.1 Referências bibliográficas, 149
  - 3.4.2 Apêndices e anexos, 149
  - 3.4.3 Glossário, 149
  - 3.4.4 Índice remissivo de assuntos e/ou autores, 149

4 Trabalho de conclusão de curso (TCC), 160

- 4.1 Conceitos de monografia, 160
- 4.2 Características, 161
- 4.3 Objetivos, 162
- 4.4 Tipos de monografia, 163
- 4.5 Escolha do tema do trabalho de conclusão de curso, 164
- 4.6 Introdução, desenvolvimento e conclusão do TCC, 165
- 4.7 Plano de trabalho, 166

XII Sumário

5 Dissertação de mestrado, 168
   5.1 Conceitos, 168
   5.2 Tipos de dissertação, 169
   5.3 Escolha do tema da dissertação de mestrado, 169
   5.4 Problemas, hipóteses e variáveis, 171
   5.5 Plano de trabalho da dissertação de mestrado, 172
   5.6 Avaliação metodológica do trabalho, 175
   5.7 Redação, 176

6 Tese de doutorado, 176
   6.1 Conceitos, 177
   6.2 Objetivos, 178
   6.3 Elementos textuais: introdução, desenvolvimento e conclusão da tese de doutorado, 178
      6.3.1 Introdução, 178
      6.3.2 Desenvolvimento, 179
      6.3.3 Conclusão, 180
   6.4 Elementos pós-textuais: referências, apêndices, anexos, glossário, índice remissivo, 180
   6.5 Construção de conceitos, 181
      6.5.1 Conceitos, constructos e termos teóricos, 181
      6.5.2 Definição operacional, 182
   6.6 Construção dos argumentos, 183
      6.6.1 Conceito e natureza da reflexão, 183
      6.6.2 Estrutura do desenvolvimento da argumentação, 184
      6.6.3 Tipos de argumentação, 185

7 Redação, 186
   7.1 Conteúdo, 187
   7.2 Forma, 188
   7.3 Expressão, 190
   7.4 Adequação, 190
   7.5 Tipos de redação, 190
   7.6 Estilo, 191
   Leitura recomendada, 193

6 Apresentação de citações diretas e indiretas e elaboração de referências bibliográficas, 195
1 Citações diretas e indiretas, 195
   1.1 Citação direta, 195
   1.2 Citação indireta, 199
   1.3 Citação de citação, 200
   1.4 Supressão e acréscimo, 200
   1.5 Destaque, 201

1.6   Sistemas de chamada, 201
2   Prática de elaboração de referências bibliográficas, 208
2.1   Livros, 209
2.2   Parte de um livro (capítulo), 215
2.3   Trabalhos acadêmicos: teses de doutorado e dissertações de mestrado, 216
2.4   Artigos de periódicos (revistas), 217
2.5   Artigos de jornais, 218
2.6   Eventos, 219
2.7   Referência legislativa, 220
2.8   Jurisprudência, 221
2.9   Documento audiovisual (filmes, vídeos), 222
2.10   Documento sonoro, 223
2.11   Documento iconográfico, 223
2.12   Documento cartográfico, 223
2.13   Correspondência, 224
Leitura recomendada, 225

Referências, 227

Índice remissivo, 237

Prefácio da 9ª edição

Como já anunciamos em edição anterior, também nesta edição estamos contando com atualizações realizadas pelo Prof. João Bosco Medeiros, especialista em metodologia científica, bem como nas normas da Associação Brasileira de Normas Técnicas (ABNT), três delas de grande interesse para este livro: a que trata de elaboração de referências bibliográficas (NBR 6023), a que regula as citações diretas e indiretas (NBR 10520) e a que cuida dos trabalhos acadêmicos (NBR 14724). Além de professor da área, ele é autor do livro *Redação científica* (13. ed., 2019) e coautor de *Metodologia científica na pesquisa jurídica* (9. ed., 2017), *Redação de artigos científicos* (2016), *Comunicação científica* (2008), *Redação técnica* (2010), *Manual para elaboração de referências bibliográficas* (2001). Como profissional de editoração, o Prof. João Bosco cuidou do texto de nossos livros desde a primeira edição.

Com o Prof. João Bosco mantivemos diálogo para aprimoramento da obra durante décadas: ele sugeria cortes, acréscimos, atualizações. Agora, assume nesta obra um trabalho ainda mais direto, responsabilizando-se por atualizações de conteúdo e bibliográficas.

Nesta edição, além de reescrever o Capítulo 6, em virtude de alteração da NBR 6023, que trata de referências bibliográficas, ele ocupou-se com:

- Acertos ortográficos, pontuação, acentuação.
- Acertos gramaticais: concordância nominal e verbal, regência verbal e nominal.
- Supressão de textos.
- Supressão de marcas de subjetividade oriundas de adjetivos, advérbios modalizadores, aspas, destaques.
- Divisão de parágrafos.
- Junção de parágrafos.

- Acréscimo de textos.
- Reformulações parafrásticas de alguns textos.
- Apresentação de novas referências bibliográficas.
- Reformulação de título de capítulos e seções.
- Reestruturação das seções capitulares.

As alterações realizadas objetivaram atualizar a obra e oferecer aos leitores um livro que possa atender às suas necessidades de estudo e pesquisa na elaboração de textos de qualidade científica.

Marina de Andrade Marconi

1
Atividades acadêmicas

1 LEITURA

Ler significa conhecer, interpretar, decifrar. A maior parte dos conhecimentos é obtida através da leitura, que possibilita não só a ampliação, como também o aprofundamento do saber em determinado campo cultural ou científico.

Ler significa também eleger, escolher, ou seja, "distinguir os elementos mais importantes daqueles que não o são e, depois, optar pelos mais representativos e mais sugestivos" (SALVADOR, 1980, p. 100).

Como os textos são fonte inesgotável de ideias e conhecimentos, deve-se ler muito e continuamente. Tanto o estudante quanto o intelectual precisam ler constantemente. Entretanto, não basta ler indiscriminadamente; é preciso saber ler, assimilando o que se lê.

1.1 Importância da leitura

A leitura, um dos fatores decisivos do estudo, é imprescindível em qualquer tipo de investigação científica. Favorece a obtenção de informações já existentes, poupando o trabalho da pesquisa de campo ou experimental. Ela propicia a ampliação de conhecimentos, abre horizontes na mente, aumenta o vocabulário, permitindo melhor entendimento do conteúdo das obras. Através dela, obtêm-se informações básicas ou específicas.

Dois são os seus objetivos fundamentais: serve como meio eficaz para aprofundamento dos estudos e para a aquisição de cultura geral. Todavia, por

2 Capítulo 1

causa da quantidade e qualidade dos livros e periódicos em circulação, impõe-se uma seleção. Primeiro, não há condições físicas e tempo para se ler tudo; segundo, nem tudo que há merece ser lido.

Galliano (1979, p. 85) afirma que "toda leitura cultural tem sempre um destino, não caminha a esmo. Esse destino pode ser a busca, a assimilação, a retenção, a crítica, a comparação, a verificação e a integração de conhecimentos".

1.2 Natureza da leitura

Há várias espécies de leitura: uma para entretenimento ou distração; outra para aquisição de cultura geral, erudição; outra, que tem em vista a ampliação de conhecimentos em determinado campo do saber etc. As duas primeiras não exigem, praticamente, grande esforço intelectual, ao passo que a terceira requer atenção especial e concentração.

Do ponto de vista das espécies de leitura, elas podem ser:

a) De entretenimento ou distração: visa apenas ao divertimento, passatempo, lazer, sem maiores preocupações com o aspecto do saber. Talvez, tenha um mérito: o de despertar no leitor o interesse e, em consequência, a formação do hábito da leitura.

b) De cultura geral ou informativa: tem como objetivo tomar conhecimento, de modo geral, do que ocorre no mundo, mas sem grande profundidade. Engloba trabalhos de divulgação, ou seja, livros, revistas e jornais. As notícias de jornais atualizados, nacionais ou estrangeiros, são, muitas vezes, fontes de importantes informações, pois situam uma época.

c) De aproveitamento ou formativa: sua finalidade é aprender algo de novo, ou aprofundar conhecimentos anteriores. Exige do leitor atenção e concentração. Essa espécie de leitura deve ser efetuada em livros e revistas especializados.

Para Vega (1969, p. 26), a leitura implica quatro operações: reconhecimento, organização, elaboração e valoração. Esses termos significam:

a) Reconhecer: entender o significado dos símbolos gráficos utilizados no texto.

b) Organizar: entrosar o significado das palavras na frase, nos parágrafos, nos capítulos etc.

c) Elaborar: estabelecer significados adicionais em torno do significado imediato e original dos símbolos gráficos utilizados no texto.

d) Valorar: cotejar os dados da leitura com os meios ideais, conceitos e sentimentos, a fim de aceitar ou refutar as afirmações ou supostas verdades.

A sequência dessas operações não é fixa, variando de acordo com o leitor, suas condições ou preferências.

1.3 Escolha da leitura

Na escolha da leitura, faz-se necessário que, no início, alguém oriente, indicando as obras mais adequadas ou mais relevantes.

Para Galliano (1979, p. 73), "quem estuda um texto tem por objetivo aprender algo, rever detalhes ou buscar respostas para certas indagações". Como nem todos os textos atendem a determinado objetivo, surge a necessidade da seleção. Todavia, não basta selecionar só o que interessa; tem-se de levar em consideração o que é confiável.

Em se tratando de estudantes iniciantes, a seleção deve ser feita sob a orientação do professor. Depois, à medida que aumenta a familiaridade com o mundo dos livros, aprimora-se gradativamente a habilidade de seleção.

Escolhe-se um livro ou artigo pelo título, autor, edição e, de preferência, a melhor edição crítica existente ou as bem conceituadas.

A elaboração de uma dissertação de mestrado ou tese de doutorado e outras exige leitura exaustiva da bibliografia referente ao assunto que é objeto desses trabalhos acadêmicos.

1.4 Identificação do material de leitura

O primeiro passo na busca de material para leitura consiste na identificação do texto que se tem pela frente. Identificam-se:

a) O título e o subtítulo: além de estabelecerem o assunto, orientam a sobre a perspectiva de focalização adotada.

b) A data da publicação e edição: para certificar-se de sua atualização e aceitação; o número de edições é um indicativo de aceitação da obra, a não ser que se trate de uma obra clássica.

4   Capítulo 1

c) A ficha catalográfica: a fim de verificar a classificação da obra e palavras-chave.

d) A orelha: para tomar ciência da descrição e apreciação da obra.

e) O sumário: para se ter uma ideia da divisão e hierarquia dos tópicos abordados, bem como verificar a organização do texto.

f) A introdução ou prefácio: para verificar metodologia e objetivos do autor.

g) As referências: no final do livro ou no rodapé, verificando as obras consultadas.

Deve-se, ainda, fazer leitura rápida de uma ou outra página, para saber que tipo de abordagem fez o autor. Se a obra for de interesse, assinale a sua futura utilização.

Os livros podem ser úteis de duas maneiras: para leituras ou para consultas. De qualquer forma, há necessidade prévia de seleção.

Selecionam-se, então, dois tipos de obras: as que podem ajudar nos estudos, em face dos conhecimentos técnicos e atualizados que contêm, e as que oferecem subsídios para a elaboração de trabalhos científicos.

O estudante deve, na medida do possível, preocupar-se com a formação de uma biblioteca de obras selecionadas, dado que elas são o instrumento de trabalho do estudioso, do intelectual e do cientista.

Em geral, inicia-se pelas obras básicas, indicadas pelo professor; depois, leem-se outras mais especializadas que tratam de assuntos mais amplos, porém dentro da área de interesse profissional.

1.5 Como realizar a leitura

Barrass (1979, p. 137) entende que "é preciso ler para obter informações básicas e para procurar informações específicas". A maneira de ler, todavia, varia de acordo com o fim que o leitor se propõe. Para Salomon (2014, p. 52-53), o bom leitor:

(a) Lê com objetivo determinado.

(b) Lê unidades de pensamento.

(c) Tem vários padrões de velocidade.

(d) Avalia o que lê.

(e) Possui bom vocabulário.

(f) Tem habilidade para conhecer o valor do livro.

(g) Sabe quando deve ler um livro até o fim, quando interromper a leitura definitivamente ou periodicamente.

(h) Discute frequentemente o que lê com colegas.

(i) Adquire livros com frequência e cuida de ter sua biblioteca particular.

(j) Lê assuntos vários.

(k) Lê muito e gosta de ler.

(l) O bom leitor é aquele que não só é bom na hora da leitura. É bom leitor porque desenvolve uma atitude de vida: é constantemente bom leitor. *Não só lê, mas sabe ler.*

1.5.1 Leitura proveitosa

Para que a leitura tenha um resultado satisfatório, levam-se em conta:

a) Atenção: aplicação cuidadosa da mente ou espírito em determinado objeto, para haver entendimento, assimilação e apreensão do conteúdo básico encontrado no texto.

b) Intenção: interesse ou propósito de conseguir algum proveito intelectual através da leitura.

c) Reflexão: consideração e ponderação sobre o que se lê, observando variados ângulos, para descobrir novos pontos de vista, novas perspectivas e relações. A reflexão favorece a assimilação de ideias alheias, o esclarecimento e o aperfeiçoamento das próprias, além de ajudar a aprofundar conhecimentos.

d) Espírito crítico: para avaliar um texto. Implica julgamento, comparação, aprovação ou não, aceitação ou refutação das colocações e pontos de vista do autor. Permite perceber a consistência e/ou inconsistência da argumentação, bem como exposições fracas, medíocres ou falsas. Ler com espírito crítico significa ler com reflexão, não admitindo ideias sem analisar, ponderar; nem proposições sem discutir, nem raciocínio sem examinar. O espírito crítico ocupa-se de emitir juízo de valor sobre o que se lê.

e) Análise: divisão do tema no maior número de partes possíveis, determinando relações entre elas e buscando entender sua organização. Segundo Bloom (1971, p. 119), "as capacidades que requer a análise estão situadas em um nível mais alto que as necessárias para compreensão e aplicação".

6   Capítulo 1

f) Síntese: reconstituição das partes decompostas pela análise e resumo dos aspectos essenciais, deixando de lado o secundário e o acessório, mas dentro de uma sequência lógica de pensamento.

g) Velocidade: certo grau de velocidade, mas com eficiência, faz-se necessário. Quem se põe a escrever um trabalho científico deve consultar e ler quantidade razoável de obras e documentos. Em razão da explosão bibliográfica especializada, é necessário que se leia com certa velocidade, para se tomar conhecimento das novas teorias, ideias, colocações etc.

Para Galliano (1979, p. 71-72), são regras elementares para a leitura: "(1) Jamais realizar uma leitura de estudo sem um propósito definido. (2) Reconhecer sempre que cada assunto, cada gênero literário requer uma velocidade própria de leitura. (3) Entender o que se lê. (4) Avaliar o que se lê. (5) Discutir o que se lê. (6) Aplicar o que se lê."

1.5.2   Defeitos a serem evitados na leitura

Além de observar os requisitos necessários para que a leitura se torne proveitosa, procura-se evitar algumas atitudes que prejudicam o bom aproveitamento dela. Entre elas estão:

a) Dispersão do espírito: falta de concentração, deixando a imaginação divagar de um lado para outro. A formação intelectual consiste, em grande parte, na disciplina da mente.

b) Inconstância: o trabalho intelectual, sem perseverança, não atinge o objetivo; não chega a nada concreto.

c) Passividade: a leitura passiva, sem trabalho da mente, sem raciocínio, reflexão, discussão, impede o verdadeiro progresso intelectual.

d) Excessivo espírito crítico: a preocupação exagerada em censurar, criticar, refutar ou contradizer prejudica o raciocínio lógico.

e) Preguiça: em procurar esclarecimentos de coisas desconhecidas contidas no texto. Sem a compreensão da terminologia específica, nem sempre se pode entender o texto.

f) Deslealdade: distorção do pensamento do autor. Quando há má-fé ou se falsificam as ideias contidas no texto que se lê, compromete-se o caráter científico de qualquer obra. A investigação ou a apreciação deixa de ser uma verdade científica.

1.6 Tipos de leitura

Harlow e Compton (1980, p. 113-114) apresentam cinco tipos de leitura:

a) *Scanning*: procura certo tópico da obra, utilizando o sumário ou o índice remissivo; pode também valer-se da leitura de algumas linhas, parágrafos, visando encontrar palavras-chave.

b) *Skimming*: visa captar a tendência geral, sem entrar em minúcias, valendo-se de títulos, subtítulos, ilustrações (se houver). Leitura dos parágrafos, tentando encontrar a metodologia e a essência do trabalho.

c) Do significado: ocupa-se da visão ampla do conteúdo, principalmente do que interessa, deixando de lado aspectos secundários, lendo tudo de uma vez, sem voltar atrás.

d) De estudo: é uma leitura de absorção mais completa do conteúdo e de seu significado; nesse caso, a leitura pode repetir várias vezes; utiliza-se dicionários, enciclopédias e realizam-se resumos.

e) Crítica: estudo e formação de ponto de vista sobre o texto, comparando as declarações do autor com conhecimentos anteriores. Avaliação dos dados quanto à solidez da argumentação, a fidedignidade e a atualização. Se são corretos e completos.

Moral (1955, p. 63-65) indica apenas um tipo de leitura, a de erudição, que abrange três subdivisões:

a) Leitura trabalho: visa ao conhecimento científico do texto. Leitura lenta, com anotações e resumos.

b) Leitura-crítica: análise do conteúdo, fazendo juízo de valor. Abrange leitura, resumo e classificação ordenada do conteúdo.

c) Leitura-descanso: ou de prazer, que pode ser um exercício proveitoso, desde que seja adotado um bom método.

A abordagem de Salomon (2014, p. 69) é um pouco diferente da dos outros autores citados. Apresenta os seguintes tipos de leitura: "a silenciosa, a oral, a técnica, a de informação, a de estudo, a de higiene e de prazer".

1.7 Leitura seletiva, crítica e interpretativa

A classificação dos tipos de leitura apresentados por Cervo, Bervian e Silva (2014, p. 83-89) compreende três modalidades: seletiva, crítica ou reflexiva e interpretativa; a esses três tipos de leitura, acrescenta uma fase de pré-leitura, que se define como fase inicial da leitura informativa, cuja finalidade é certificar-se da existência de textos (artigos científicos, livros, dicionários, enciclopédias) que veiculam as informações de que necessita para resolver seu problema de pesquisa. Nesse caso, se o texto que tem em mãos é um artigo científico, ocupa-se da leitura do título, de seu resumo e das conclusões; se se tratar de livro, percorrerá a folha de rosto, a orelha, a contracapa, o sumário, o prefácio, a introdução e a conclusão. Vejamos a seguir as três fases, que se seguem à seleção do material de leitura que se originou da fase de pré-leitura:

a) **Leitura seletiva:** seleção das informações de interesse, após sua localização. A seleção deve ser feita em vista dos objetivos do trabalho que o leitor vai desenvolver, ou seja, dos problemas, das hipóteses, dos objetivos da pesquisa.

b) **Leitura crítica ou reflexiva:** implica estudo, reflexão, entendimento do significado do texto. Exige esforço reflexivo realizado através das operações de análise, comparação, diferenciação, síntese e julgamento. É um tipo de leitura que se preocupa em saber o que o autor postula sobre o tema que focaliza; exige capacidade para colher e distinguir o que é fundamental e o que é secundário. Para Cervo, Bervian e Silva (2014, p. 85), a análise de um texto comporta a identificação da ideia diretriz, bem como das secundárias; a diferenciação ou comparação das ideias entre si, para determinar a importância relativa de cada uma delas; a compreensão do significado dos termos e conceitos utilizados pelo autor do texto e, finalmente, um julgamento que se faz mediante a leitura interpretativa.

c) **Leitura interpretativa:** é a fase final da leitura de um texto, tendo em vista sua aplicação à pesquisa que o leitor objetiva realizar. Ela abrange três aspectos:

- Procurar saber o que o autor realmente afirma, qual seu problema, hipóteses, teses, provas, conclusões.
- Correlacionar as afirmações do autor com os problemas para os quais o leitor procura solução. Observar que, na fase anterior

(primeira bolinha da letra *c*), o leitor identifica os propósitos do autor e a solução que que ele dá para os problemas que quis resolver; agora se trata de verificar a utilidade das informações que encontrou no texto para os objetivos e solução dos seus próprios objetivos e problemas.

- Julgar o material coletado em relação ao critério de verdade e cuidar para que todas as afirmações sejam comprovadas. Um critério adequado a essa fase é o da dúvida permanente sobre toda e qualquer proposição. Análise e julgamento concluídos, passa-se ao processo de síntese.

Outras considerações de ordem prática sobre o processo de leitura compreendem: (1) A identificação do gênero de texto que o leitor tem em mão: é uma lei ou um contrato? (2) Um dicionário ou uma enciclopédia? (3) Um livro de visão panorâmica ou de conteúdo específico? (4) Um romance ou um livro de poemas? Também é necessário saber se se trata de um texto original ou traduzido; uma cópia ou um exemplar autêntico; se se trata de livro, a edição consultada é atual? Ou se trata de um clássico? Outras questões relevantes: Quem é o autor? Quando foi escrito? Onde e em que condições foi escrito? Como foi escrito? Como o texto chegou até o leitor? É fundamental identificar o contexto da publicação da obra, ideias em voga no momento de sua redação, corrente de ideias a que se filia, ideologia a que se apega. As fases seguintes comportam: identificação do assunto tratado, ideias principais e secundárias, definição dos conceitos utilizados, alcance do texto, consequências do que o autor do texto postula.

Para Salvador (1980, p. 94-102), a leitura informativa visa apenas à coleta de informações para determinado propósito. Engloba três objetivos principais:

a) Certificar-se do conteúdo do texto.
b) Correlacionar os dados coletados com o problema a ser solucionado.
c) Verificar a validade das informações do autor.

A leitura informativa engloba as seguintes fases:

a) **De reconhecimento ou prévia:** leitura rápida, cuja finalidade é procurar um assunto de interesse, ou verificar a existência de determinadas informações.

10 Capítulo 1

b) **Exploratória ou pré-leitura:** leitura de sondagem, tendo em vista localizar as informações, uma vez que já se tem conhecimento de sua existência.

c) **Seletiva:** leitura que visa à seleção das informações mais importantes relacionadas com o problema que o leitor pretende resolver.

d) **Reflexiva:** mais profunda do que as outras, refere-se ao reconhecimento e à avaliação das informações, das intenções e dos propósitos do autor.

e) **Crítica:** avalia as informações do autor. Implica saber escolher, diferenciar as ideias principais das secundárias e hierarquizá-las pela ordem de importância, procurando obter não só uma visão sincrética e global do texto, como também a intenção do autor.

f) **Interpretativa:** leitura com o intuito de verificar os fundamentos da verdade enfocados pelo autor.

Pelo exposto, verifica-se que a leitura é de suma importância para todos os que se interessam pela ampliação ou aprofundamento de conhecimentos; ela pode ser de vários tipos e sua utilização vai depender dos objetivos do leitor.

2 ANÁLISE DE TEXTO

Uma obra ou um texto pode ser estudado de diferentes maneiras. A forma vai depender dos objetivos do leitor.

2.1 Conceitos

Analisar significa estudar, decompor, dissecar, dividir, interpretar. A análise de um texto é um processo de conhecimento de determinada realidade que implica o exame sistemático de seus elementos. Consiste, pois, no estudo extenso de uma obra ou parte dela, procurando separar os elementos que a compõem, para reconhecer como ela se estrutura, que teses defende.

Para Bloom (1971, p. 120), análise significa "fracionamento do material em suas partes constitutivas, a determinação das relações que prevalecem entre tais partes e compreender de que maneira estão organizadas".

Segundo Barquero (1979, p. 68), analisar é "descobrir não só o esqueleto, isto é, o plano do texto, mas também estruturar suas ideias de maneira hierárquica segundo sua maior ou menor importância".

Para Massaud Moisés (1985, p. 26),

> a análise pressupõe um movimento mental regressivo, pois a inteligência caminha de um todo supostamente harmônico para o conhecimento das frações que o integram, como se partisse do efeito para as causas.

Analisar é, portanto, decompor um todo em suas partes, a fim de poder efetuar um estudo mais completo desse todo, que no nosso caso é um texto. O mais importante, porém, não é reproduzir a estrutura do plano, mas indicar os tipos de relações existentes entre as ideias expostas.

A análise pode também ser aplicada às técnicas e aos recursos, tendo em vista transmitir significados ou tirar conclusões de determinado texto. Ela desenvolve-se por meio da explicação, da discussão e da avaliação. Através dela, podem-se observar os componentes de um conjunto e perceber suas possíveis relações, ou seja, de uma ideia-chave geral passar-se para um conjunto de ideias mais específicas.

2.2 Finalidades

A análise de um texto depende sempre do fim a que se destina. Os textos de estudo de caráter científico requerem, por parte de quem os analisa, um método de abordagem e certa disciplina intelectual.

A análise do texto tem como objetivo levar o estudante a:

a) Aprender a ler, a ver, a escolher o mais importante dentro do texto.

b) Reconhecer a organização e estrutura de uma obra ou texto.

c) Interpretar o texto, familiarizando-se com ideias, estilo, vocabulário.

d) Chegar a níveis mais profundos de compreensão.

e) Reconhecer o valor do material, separando o importante do secundário ou acessório.

f) Desenvolver a capacidade de distinguir fatos, hipóteses e problemas.

g) Encontrar as ideias principais ou diretrizes e as secundárias.

h) Perceber como as ideias se relacionam.

i) Identificar as conclusões e as bases que as sustentam.

2.3 Procedimento

Escolhida uma obra ou selecionado um texto, que deve ter sentido completo, procede-se à sua leitura integral, para se ter uma visão do todo. Em seguida,

12   Capítulo 1

faz-se uma releitura do texto, assinalando ou anotando palavras ou expressões desconhecidas, valendo-se de um dicionário para esclarecer o significado de palavras desconhecidas. Depois de dirimidas as dúvidas, faz-se nova leitura, visando à compreensão do todo. Se necessário, consultar fontes secundárias. A necessidade de leitura de um texto não se esgota em duas ou três leituras: ela deve ser exaustiva, ocupando-se da identificação da ideia principal ou palavra--chave, que tanto pode estar explícita quanto implícita no texto; às vezes, confundida com aspectos secundários ou acessórios. Localizam-se acontecimentos ou ideias, comparando-os entre si e procurando semelhanças e diferenças existentes para agrupá-los e organizá-los em ordem hierárquica de importância.

Finalmente, interpretam-se ideias e/ou fenômenos, para descobrir conclusões a que o autor chegou e depreender possíveis ilações.

2.4 Recomendações

Na redação da análise de um texto, há que se observar o seguinte:

a) Evitar a mera descrição dos problemas levantados ou de seu conteúdo.
b) Lembrar sempre que se trata de análise de texto; portanto, seu conteúdo deve estar presente na redação, apresentando-se fundamentos do autor, exemplificação e até, se necessário, citações.
c) Observar nas citações as normas da NBR 10520 da ABNT (ver Capítulo 6 deste livro).
d) Redigir com clareza, evitando muita adjetivação e obedecendo a uma ordem lógica de pensamento;
e) Interpretar, estabelecer relações, evidenciar aspectos importantes.
f) Levantar hipóteses e localizar conclusões.
g) Manter fidelidade ao texto.

A análise permite conhecer um texto por dentro, evidenciando aspectos objetivos e imediatos, mas não cabe a ela julgar, o que é próprio da crítica.

2.5 Tipos de análise

A análise, segundo Bloom (1971, p. 121), divide-se em três tipos:

a) Identificação e classificação dos elementos: fragmentação do material em suas partes constitutivas.

b) Explicitação das relações entre tais elementos: verificação de suas conexões e interações.

c) Reconhecimento dos princípios de organização, tendo em vista sua disposição e estrutura.

2.5.1 Análise dos elementos

Esse tipo de análise consiste no levantamento dos elementos constitutivos de um texto, a fim de se compreendê-los. Os elementos podem aparecer no texto de modo explícito ou implícito. Alguns são facilmente identificáveis; outros, ao contrário, exigem mais esforço, mais leituras, análise mais profunda, reflexão e, às vezes, pesquisas de outras fontes para melhor entendimento.

Elementos a serem observados nessa fase:

a) Referências bibliográficas e credenciais do autor.

b) Tema, problemas, hipóteses e metodologia que, às vezes, são explicitados na introdução de uma obra.

c) Estrutura do plano de trabalho ou texto.

d) Vocabulário, estilo, forma.

e) Fatos históricos, fenômenos, acontecimentos etc.

f) Modelo teórico, doutrina, teorias.

g) Ideias principais e secundárias.

h) Afirmações de fato, de normas, juízos de valor.

i) Conclusões.

2.5.2 Análise das relações

Realizado o levantamento dos diferentes elementos constitutivos de um texto, passa se à fase da análise das relações, que tem como objetivo encontrar as principais relações e em estabelecer conexões com os diferentes elementos constitutivos do texto. Determinam-se as relações entre as hipóteses e as provas, entre as hipóteses e as conclusões, entre estas e as provas e, ainda, entre as próprias categorias de provas apresentadas.

Uma análise mais completa exige não só evidência das partes principais do texto, mas também a indicação de quais delas se relacionam com o tema ou hipótese central.

14   **Capítulo 1**

A análise das relações permite verificar se há ou não coerência em relação aos elementos, entre as diferentes partes do texto e entre elas e a ideia central. As relações podem ser encontradas entre:

a) Ideias secundárias.
b) Fatos específicos que confirmam uma opinião.
c) Pressupostos básicos de uma tese ou reflexão sobre a qual se apoia.
d) Hipóteses e dados coletados.
e) Elementos de causa e efeito.
f) Elementos de argumentação e afirmações pertinentes ou não.
g) Hipóteses e falácias de raciocínio.
h) Causas e detalhes importantes ou não.

2.5.3   Análise da estrutura

A estrutura é "a forma, nascida da organização dos elementos que a compõem (elementos que nada significam por eles mesmos e que não adquirem sentido a não ser por sua participação no conjunto)" (BARQUERO, 1979, p. 86).

No exame da estrutura ou princípios da organização, analisam-se partes de um todo, procurando evidenciar as relações existentes entre elas. Esse tipo de análise encontra-se em nível mais complexo do que os dois anteriores, constituindo-se, portanto, tarefa mais difícil para o leitor.

As estruturas podem ser:

a) **Estática:** resultante de um processo anterior (sucessão de fenômenos preestabelecidos), como pode ocorrer, por exemplo, com uma novela, um romance etc. A ordem estrutural estabelece o tipo de disposição: enumeração dos elementos constitutivos básicos, descrição das relações de todos os elementos e análise do processo que os originou.
b) **Dinâmica:** geradora de um processo. O ordenamento consiste em enumerar as partes constitutivas básicas e descrever seu funcionamento e finalidade. Estão enquadrados nesse tipo de estrutura os trabalhos das Ciências Sociais.

Na análise da estrutura, o leitor esbarra sempre com um obstáculo: raramente, o autor indica, de forma clara, o sistema de organização adotado. Entretanto, a partir de uma análise cuidadosa, podem-se inferir os propósitos do autor, seu ponto de vista, seu posicionamento frente aos dados pesquisados. Sem o conhecimento desses aspectos, o leitor não tem condições de compreender, analisar e reconhecer o valor de um texto.

Para verificar a estrutura de um texto, devem-se analisar:

a) Os materiais e a maneira de trabalhar em relação aos elementos e à sua distribuição.

b) A forma e o esquema de diferentes obras, objetivando entender seu significado.

c) Os propósitos do autor, seu modo de pensar.

d) Os conceitos adotados pelo autor.

e) As técnicas de manipulação de opinião.

f) A posição tomada pelo autor.

2.6 Outros tipos de análise

Severino (2016, p. 57-66), depois de afirmar a necessidade de delimitação de uma unidade de leitura, apresenta um modelo de análise de texto que abrange cinco etapas: análise textual, análise temática, análise interpretativa, problematização e síntese pessoal.

Vejamos detalhadamente cada uma delas:

a) **Análise textual:** leitura visando ao levantamento dos elementos importantes do texto, ou seja, credenciais do autor, metodologia, estilo, vocabulário, fatos, autores citados e teorias. A análise textual pode valer-se ao final de uma esquematização do texto, tendo em vista apresentar uma visão de conjunto da unidade de texto determinada.

b) **Análise temática:** apreensão do conteúdo, isto é, problemas, ideias (central e secundárias), raciocínio e argumentação. É uma análise que busca ouvir o que o autor diz, apreendendo o conteúdo de sua mensagem, sem interferir nela. Ocupa-se da resposta das questões: Do que trata o texto? Que problema ou problemas procurou resolver? Que posição assume o autor? Que pretende demonstrar o autor? Que raciocínio utilizou? Quais os argumentos utilizados?

c) **Análise interpretativa:** a mais complexa das análises. O que se tem em visa aqui é a síntese das ideias do autor. Severino (2016, p. 63) explicita: "*interpretar*, em sentido restrito, é tomar uma posição própria a respeito das ideias enunciadas, é superar a estrita mensagem do texto, é ler nas entrelinhas, é forçar o autor a um diálogo, é explorar toda a fecundidade das ideias expostas, é cotejá-las com outras, enfim é dialogar com o autor". Apresenta dois aspectos:

- Situar o pensamento do autor, verificando como as ideias expostas na unidade de leitura se relacionam com a posição assumida pelo autor em sua obra mais ampla.

- Situar o autor no contexto da cultura filosófica em geral, considerando suas posições assumidas, pontos comuns com outros autores e ideias originais.

d) **Problematização:** levantamento e discussão dos problemas focalizados no texto.

e) **Síntese pessoal:** reunião dos elementos abordados no texto, após reflexão.

Para a análise do texto, Galliano (1979, p. 91-95) apresenta um esquema que inclui apenas três itens: análise textual, temática e interpretativa.

a) **Análise textual:** objetiva obter uma visão do todo, assinalando: vocabulário, dúvidas, fatos, doutrinas, obras, autores, bem como realizando um esquema do texto.

b) **Análise temática:** ocupa-se de compreender e apreender o texto, ou seja, ideias, problemas, processos de raciocínio, comparações e esquema do pensamento do autor.

c) **Análise interpretativa:** demonstra os tipos de relações entre as ideias do autor e o contexto científico e filosófico de diferentes épocas, faz exame crítico e objetivo do texto, discute seu conteúdo e resume-o.

2.7 Roteiro de análise

Um quarto tipo de análise de texto, criado pelo Prof. Jaciro Campanante (Unesp – Franca), apresenta uma divisão com cinco tópicos:

a) **Fontes referenciais:** levantamento dos diferentes textos consultados pelo autor na elaboração de sua obra: bibliografia (completa ou sumária), documentação (fontes primárias ou secundárias), pesquisa de campo ou de laboratório.

b) **Aspecto metodológico:** verificação da metodologia empregada. Quais os métodos e técnicas utilizados pelo autor; se são pertinentes ou não; se pertencem à própria ciência ou a outras.

c) **Dificuldades:** relação das dificuldades apresentadas pelo autor na realização do trabalho: material de difícil acesso, documentação incompleta, não organizada, campo vasto, falta de informações, metodologia inadequada, ausência de material, falta de interesse das autoridades e de pessoal qualificado, contradição dos autores em relação ao tema estudado.

d) **Reflexão crítica:** abrange:
- Análise e interpretação do conteúdo (tema, ideias, problemas, raciocínio).
- Julgamento do texto em relação às circunstâncias culturais, econômicas, sociais, históricas, filosóficas e outras.
- Verificação da validade e coerência da argumentação: originalidade, profundidade da análise e objetividade no tratamento do tema;
- Análise e interpretação dos tipos de relações e princípios de organização (estrutura) do texto.
- Apreciação e julgamento das ideias defendidas e das conclusões a que o autor chegou.

e) **Sugestões temáticas:** tipos de sugestões que o leitor pode levantar após a leitura do texto (ampliação, aprofundamento, complementação do tema; novas abordagens ou enfoques diferentes; comparações com outras obras e autores).

2.8 Análise de conteúdo e documental

A análise de conteúdo leva em consideração o significado do conteúdo, enquanto a documental consiste em um conjunto de operações que visam representar o conteúdo de um documento de forma diferente; trabalha com documentos e se faz, principalmente, por classificações-indexação. Seu objetivo consiste na reapresentação condensada da informação.

Bardin (2016, p. 51-52), distinguindo análise de conteúdo da análise documental, afirma que, enquanto a primeira trabalha com mensagens de comunicação, a segunda o faz com documentos; a análise de conteúdo ocupa-se da análise categórica temática; a documental é feita, principalmente, por classificação e indexação. O objetivo da análise de conteúdo é a manipulação de mensagens a

18   Capítulo 1

fim de evidenciar indicadores que permitam inferir sobre outra realidade que não a da mensagem; já a análise documental visa à representação sintetizada da informação, para fins de consulta e armazenamento. A análise documental é uma fase preliminar de constituição de um serviço de documentação ou de um banco de dados. Bardin esclarece:

> A análise documental permite passar de um documento primário (bruto) para um documento secundário (representação do primeiro). São, por exemplo, os resumos ou *abstracts* (sínteses do documento segundo certas regras); ou a *indexação*, que permitem, por classificação em palavras-chave, descritores ou índices, *classificar* os elementos de informação dos documentos, de maneira muito restrita. Esta foi uma prática corrente desde os finais do século XIX (classificação por "assuntos" das bibliotecas, classificação decimal universal – CDU). [...] A operação intelectual: o recorte da informação, divisão em categorias segundo o critério da analogia, representação sob a forma condensada por indexação, é idêntico à fase de tratamento das mensagens de certas formas de análise de conteúdo.

2.9 Síntese

Consiste na exposição abreviada de uma sucessão de acontecimentos, das características gerais de alguma coisa, objetivando a favorecer uma visão global do que está sendo focalizado. Reúne elementos concretos ou abstratos em um todo, por meio de uma operação mental que permite conhecer as relações dos elementos de um texto (entendido aqui não apenas o que é formado por palavras), dando-lhe um sentido global. Refere-se à separação das diferentes partes constituintes de um todo ou exame de cada parte, tendo em vista conhecer sua natureza, suas proposições, suas funções e suas relações.

Para Salvador (1980, p. 168), a síntese é a "etapa final do processo criador de ideias". Significa a apresentação concisa do conteúdo de um livro, um capítulo ou artigo, visando esclarecer o leitor sobre a conveniência de consultar o texto integral. Galliano (1979, p. 42), por sua vez, entende que a síntese é um "processo lógico de reconstrução ou recomposição por meio de seus elementos. Sua ação é naturalmente complementar à análise". Conhecer algo não quer dizer conhecimento de suas partes, mas de sua totalidade.

A síntese compreende: apreensão, preparação, incubação, iluminação e verificação (síntese). Ela pode ser:

a) Ordenada: as soluções encontradas vão do mais simples ao mais geral e vice-versa; de modo ascendente ou descendente.

b) Coordenada: as ideias dominantes se sucedem em ordem lógica, formando uma hierarquia de proposições dominantes.

c) Subordinada: integra soluções, partindo de ideias secundárias até chegar aos detalhes.

No processo de coordenação e subordinação, as ideias dominantes aparecem em primeiro lugar, seguidas das subordinadas até as mais insignificantes.

2.9.1 Tipos de síntese

Dois são os tipos de síntese:

a) Experimental: aplicada aos fatos concretos, materiais ou imateriais.

b) Racional: aborda fatos abstratos, ou seja, conceitos, ideias etc., parte do simples, paulatinamente, para alcançar o complexo.

Seu caminho, portanto, é o da dedução, pois avança do particular para o geral.

2.9.2 Obstáculos ao desenvolvimento de uma síntese

Os obstáculos para o desenvolvimento de uma síntese são:

a) Complexidade: dada a abrangência de muitos elementos ou partes.

b) Limitação da inteligência: em face da incapacidade de extrair, sem auxílio de um método, todas as relações de causa e efeito encontráveis em uma série complexa de fatos e ideias.

2.9.3 Regra da síntese

Consiste, de acordo com Leite (2000, p. 19), em

> conduzir os pensamentos por ordem, começando pelos objetos mais simples e mais fáceis de conhecer, para ir pouco a pouco, gradualmente, até os conhecimentos mais complexos, supondo que haja uma ordem entre os objetos que não procedem naturalmente uns dos outros.

20   Capítulo 1

Na síntese, analisam-se paulatinamente objetos mais simples até se atingir os mais complexos, ou seja, decompõem-se as dificuldades no maior número possível de partes. Seu método é iniciar-se pelo mais simples para alcançar o menos simples, enquanto a análise parte dos elementos mais complexos para chegar aos menos complexos. Enquanto a análise propicia um conhecimento mais profundo do objeto de estudo, é por meio da síntese que o conhecimento se completa. Enfim, a síntese e a análise são processos inversos, mas que se complementam.

A síntese e a análise racionais são aplicáveis a fatos abstratos, como os conceitos de ideias muito gerais, existentes somente no mundo da razão. Esses dois processos, embora inversos na sua forma de se estabelecerem, complementam-se e são essenciais no trabalho científico.

3   SEMINÁRIO

3.1 Conceito

Seminário é uma técnica de estudo que inclui pesquisa, discussão e debate. Em geral, é empregada nos cursos de graduação e pós-graduação.

3.2 Finalidade

A finalidade do seminário é "pesquisar e ensinar a pesquisar" (LARROYO, 1964, p. 52). Essa técnica desenvolve não só a capacidade de pesquisa, de análise sistemática de fatos, mas também o hábito do raciocínio, da reflexão, possibilitando ao estudante a elaboração clara e objetiva de trabalhos científicos. Visa mais à formação do que à informação.

3.3 Objetivos

Para Nérici (1973, p. 229-230), os objetivos do seminário são:

> (a) Ensinar pesquisando.
> (b) Revelar tendências e aptidões para a pesquisa.
> (c) Levar a dominar a metodologia científica de uma disciplina.
> (d) Conferir espírito científico.
> (e) Ensinar a utilização de instrumentos lógicos de trabalho intelectual.

(f) Ensinar a coletar material para análise e interpretação, colocando a objetividade acima da subjetividade.

(g) Introduzir no estudo interpretação e crítica de trabalhos mais avançados em determinado setor de conhecimento.

(h) Ensinar a trabalhar em grupo e desenvolver o sentido de comunidade intelectual entre os educandos e entre estes e os professores.

(i) Ensinar a sistematizar fatos observados e a refletir sobre eles.

(j) Levar a assumir atitude de honestidade e exatidão nos trabalhos efetuados.

(k) Dominar a metodologia científica em geral.

3.4 Componentes

Em seminário, trabalha-se em grupos que variam de 5 a 12 integrantes. Grupos grandes podem ser divididos em subgrupos.

O grupo é formado por: diretor (organizador, coordenador), relator, secretário e demais participantes. Esporadicamente pode aparecer um comentador.

Vejamos os componentes de um grupo constituído para fins de seminário:

a) **Diretor ou coordenador:** geralmente, o professor ou especialista em determinado assunto. Cabe a ele propor os temas a serem estudados, indicar a bibliografia, estabelecer uma agenda de trabalho e sua duração. Deve orientar as pesquisas, presidir e coordenar as sessões do seminário. Ao final, deve fazer uma apreciação geral dos resultados, complementando alguns itens, se necessário.

b) **Relator:** é o expositor dos resultados alcançados pelos estudos referentes a um tema específico. A exposição pode ser feita por um elemento do grupo, ou por todos, distribuindo-se nesse caso as partes de cada um.

c) **Secretário:** é o estudante designado para anotar as conclusões parciais e finais do seminário, após os debates.

d) **Comentador (se houver):** deve estudar com antecedência o tema a ser apresentado, com o intuito de fazer críticas adequadas à exposição, antes da discussão e debate dos demais participantes. É escolhido pelo coordenador do seminário.

e) **Demais participantes:** depois da exposição, todos devem participar, fazendo perguntas, pedindo esclarecimentos, colocando objeções, reforçando argumentos, ou dando alguma contribuição.

3.5 Duração

O seminário, em geral, tem lugar no horário comum de aulas. Pode ter a duração de um ou vários dias, dependendo da extensão, profundidade dos estudos e disponibilidade do tempo. As sessões, todavia, devem durar de duas a três horas, no máximo, para melhor aproveitamento.

As pesquisas e os estudos de um tema, para serem apresentados em seminário, requerem várias reuniões prévias do grupo expositor.

3.6 Temas

Como essa técnica de estudo pode ser aplicada em qualquer setor do conhecimento, os temas de um seminário são os mais variados possível. Algumas fontes de temas:

a) Temas constantes de um programa disciplinar, mas que necessitam de conhecimentos mais aprofundados.

b) Temas complementares a um programa disciplinar.

c) Temas novos, divulgados em periódicos especializados, referentes à disciplina em questão.

d) Temas atuais, de interesse geral, com ideias renovadoras.

e) Temas específicos, atualizados, adequados a um programa de seminário.

3.7 Modalidades

O seminário, na sua estrutura e funcionamento, apresenta três modalidades:

a) **Clássico:** seminário clássico ou individual é aquele em que os estudos e a exposição ficam a cargo apenas de um estudante. O estudo pode abranger determinado assunto ou parte dele.

b) **Clássico em grupo:** nesse caso, os estudos são realizados por um pequeno grupo, (cinco ou seis elementos). A exposição do tema tanto pode ser apresentada por um dos membros, escolhido pelo grupo, ou repartida entre eles, ou seja, cada um apresentando uma parte dos estudos realizados. Em vez de um comentador, pode haver um grupo comentador. Esse tipo de seminário exige crítica mais estruturada.

c) **Em grupo:** no seminário em grupo, todos os elementos da classe devem participar, havendo tantos grupos quantos forem os subtítulos do tema. Primeiramente, estuda-se o tema geral, para uma visão global; depois, cada grupo aprofunda a parte escolhida.

3.8 Roteiro de seminário

A técnica do seminário tem como roteiro:

a) O diretor ou coordenador propõe determinado estudo, indica a bibliografia mínima, escolhe o comentador e estabelece um cronograma de atividades. Cada grupo escolhe, por sua vez, o relator e o secretário.

b) Formado o grupo, inicia-se o trabalho de pesquisa, de procura de informação através de bibliografias, documentos, entrevistas com *experts*, observações etc. Depois, o grupo se reúne para discutir o material coletado, confrontar pontos de vista, formular conclusões e organizar o material, sempre assessorado pelo diretor. Etapas:

- Determinação do tema central que, como um fio condutor, estabelece a ordenação do material.
- Divisão do tema central em tópicos.
- Análise do material coletado, procurando subsídios para os diferentes tópicos, sem perder de vista objetivos derivados do tema central.
- Síntese das ideias dos diferentes autores analisados, resumo das contribuições, visando à exposição que deve apresentar:
  - Introdução: breve exposição do tema central (proposição), dos objetivos e da bibliografia utilizada.
  - Desenvolvimento dos tópicos numa sequência organizada: explicação, discussão e demonstração.
  - Conclusão: síntese de toda a reflexão, com as contribuições do grupo para o tema.

c) Concluídos os estudos, a classe se reúne, sob a orientação do coordenador.

d) O relator, em plenário, apresenta os resultados dos estudos, obedecendo a uma sequência lógica e ordenada.

e) O comentador, após a exposição, intervém com objeções ou subsídios.

24   Capítulo 1

f) A classe, a seguir, participa das discussões e debates, solicitando esclarecimentos, refutando afirmações ou reforçando argumentos.

g) Ao final, o diretor do seminário faz uma síntese do trabalho apresentado. Se considerar incompleto, pode recomendar novos estudos.

Apresentamos a seguir um exemplo de roteiro de seminários:

1 INTRODUÇÃO

As atividades discentes são desenvolvidas de acordo com os assuntos programados sob a forma de roteiros comunicados, discutidos e autoavaliativos por todos os participantes dos seminários. Os grupos constituídos (de 5 a 12 integrantes), nos termos da bibliografia recomendada e sorteada, com a orientação do professor, preparam com antecedência um roteiro para o seminário e respectivas cópias distribuídas entre os participantes.

2 PROCEDIMENTO TÉCNICO NA ELABORAÇÃO DE UM ROTEIRO

O roteiro é formado por um plano dos assuntos que serão tratados; em outras palavras, é realizado pelo estabelecimento de um sumário elaborado com os tópicos da apresentação hierarquicamente dispostos. Ele deve expressar o apreendido. Não deve ser mero resumo ou síntese das fontes consultadas.

a) O plano deve:
- Expressar, através das unidades (com títulos, subdivisões), as palavras-chave adequadamente escolhidas.
- Ser a demonstração de que se leu com espírito crítico e revelar habilidade intelectual, não confundindo o pensamento do autor com os fatos por ele trabalhados.
- Estabelecer correlações para os aspectos comuns ou para que os assuntos interligados (espacial e temporalmente) sejam apresentados dentro de uma mesma unidade ou divisão.
- Dar preferência à indicação das circunstâncias que revelam mudanças na evolução conjuntural do processo.

b) O conteúdo:
- É apresentado dividido em unidades.
- Transcreve trechos apenas quando necessário.
- Evita reproduzir títulos e subtítulos da obra consultada.

c) A conclusão manifesta:
- Interpretação pessoal.
- É escrita em linguagem objetiva e concisa.

d) Referências bibliográficas: indicação completa de todas as fontes consultadas, nos termos das normas vigentes (NBR 6023 da ABNT, objeto do Capítulo 6 deste livro).

e) Participantes do grupo.

f) Data.

3 AVALIAÇÃO

A avaliação do seminário compreende:

a) Sobre o procedimento na elaboração do roteiro:
- Exatidão da matéria.
- Planejamento:
  - Unidade e equilíbrio do plano.
  - Sequência no desenvolvimento.
- Adequação da matéria:
  - À classe.
  - Ao tempo disponível.
- Seleção da matéria:
  - Qualidade.
  - Quantidade.
b) Sobre a exposição oral:
- Qualidade da exposição:
  - Controle de si.
  - Voz e vocabulário.
  - Relacionamento com a classe.
- Seleção e uso do material didático:
  - Uso do quadro de giz ou outro qualquer.
  - Uso de ilustrações, textos etc.
  - Outros recursos didáticos empregados.
c) Critérios: cada item deve ser expresso em O (ótimo), B (bom), R (regular), F (fraco).

A seguir apresentamos um exemplo de seminário.

TEMA:

HISTÓRIA DA AMÉRICA:

PRIMEIRAS EMPRESAS DESCOBRIDORAS ORGANIZADAS NA ESPANHA

Introdução

a) Alguns fatores que se conjugaram e contribuíram para o início da expansão ultramarina.
b) Algumas mudanças socioeconômicas.

Papel do Atlântico

a) Os espanhóis, através do Atlântico, praticavam a navegação, a pesca e o comércio.
b) A posse das ilhas Canárias motivava a busca de outras ilhas.
c) Obtinham na costa da África os meios de pagamento de que necessitavam.

26   Capítulo 1

Nova mentalidade e busca de rota alternativa

a) O homem europeu começava a aspirar ao prazer e à felicidade, desfrutados durante a vida e não depois da morte.
b) Sonhava com a possibilidade de sucesso material na busca de uma rota alternativa para a obtenção de metais (meios de pagamento).

Contribuição e influência italiana

a) A expansão turca no Mediterrâneo contribuiu para a fixação de mercadores nos reinos hispânicos.
b) Esses mercadores introduziram novas práticas de comércio e uma modalidade de colonização que consistia na fundação de feitorias para o comércio e a pirataria.

Recursos técnicos e humanos

a) Evolução técnica na construção das embarcações que se distanciavam do litoral e prolongavam a permanência no mar.
b) Novas cargas para manutenção e novos equipamentos náuticos.
c) Em cada nova viagem, os pilotos colocavam em prática conhecimentos técnicos e intuitivos (sobre astronomia e instrumentos auxiliares improvisados).
d) A função de cada tripulante estava delimitada pela hierarquia instituída no momento da partida da expedição.

Recursos econômicos

a) As expedições que partiam de Lepe e Cádiz contavam com os primeiros recursos oferecidos pelos mercadores e banqueiros estrangeiros (sobretudo genoveses).
b) Os lucros resultantes das expedições bem-sucedidas eram divididos entre os referidos homens de negócios e os participantes.

Modalidades de empresa

a) Descobridora.
b) Mercantil (erguer feitoria para o comércio).
c) Colonizadora (povoar de modo permanente com colonos).

Conclusões

a) A expansão ultramarina pelo Atlântico foi uma forma ou uma das respostas para superar a crise conjuntural europeia caracterizada pela escassez de meios de pagamento.
b) Pilotos, mercadores e banqueiros estrangeiros contribuíram com técnicas e recursos para os empreendimentos que partiam da Espanha.
c) Alguns dos espanhóis bem-sucedidos não deram prosseguimento às atividades, porque visavam sobretudo ao enobrecimento através do comércio.

Bibliografia

CÉSPEDES DEL CASTILLO, Guillermo; VIVES, J. Vicens (dir.). Las Indias en el reinado de los reyes católicos. *In: Historia social y económica de España y América*. Barcelona: Vicens – Vives, 1974. v. 2, p. 433-441.

4 CONFERÊNCIA

A conferência (exposição científica oral e em público) deve ser realizada por especialista que, em geral, apresenta o estado de uma pesquisa ou os resultados de um trabalho concluído. Na sua organização, podem constar dados bibliográficos, desde que atualizados, e ilustrações necessárias para explicação do tema.

Comumente, é aos congressos que os especialistas levam a sua contribuição, expondo aspectos concretos da pesquisa. As diretrizes para uma apresentação oral divergem das que orientam os trabalhos escritos: são mais simples e sem muita minúcia, para que o público possa compreender e assimilar melhor o que está sendo exposto. Se houver interesse na publicação, o conferencista, posteriormente, poderá ampliá-la, acrescentando detalhes desnecessários em uma exposição oral.

4.1 Organização da conferência

Uma conferência deve ser preparada com rigor, profundidade e com certa antecedência. Escolhe-se um tema, verifica-se quem constitui a audiência, estabelecem-se os objetivos e delimita-se o tempo.

Em relação à preparação da conferência, coligem-se informações e seleciona-se um número limitado de tópicos importantes, desenvolvendo-os em uma sequência lógica. A preparação abrange:

a) **Introdução (breve):** apresentação do objeto (tema), objetivos e problema a ser tratado.

b) **Corpo da conferência (texto):** apresentação das ideias principais, comunicadas em frases curtas e precisas. Repetição do que foi dito na introdução, mas com outras palavras, para que o ouvinte possa compreender melhor as etapas da conferência, acrescentando novas informações.

c) **Conclusão:** resumo dos principais tópicos abordados no texto, procurando deixar o tema central na mente do ouvinte.

4.2 Apresentação

O conferencista deve permanecer em pé, em frente ao público ouvinte, e procurar atrair a atenção e o respeito do auditório desde o início. Evitar cacoetes e tiques, variar o tom de voz e sua velocidade, falar com autoridade e clareza são outros tantos requisitos importantes.

Usar vocabulário técnico, mas adequado, compreensível e cuidadosamente escolhido, tendo em vista o tipo e o número de pessoas presentes. A conferência para um grande público tem sempre caráter formal.

Geralmente, há debates, discussões e esclarecimentos ao final da exposição, com tempo determinado. As perguntas dos ouvintes devem ser anotadas, para se dar resposta correspondente. Comentários e respostas devem ser breves.

4.3 Tempo

Na apresentação de uma conferência, distribuem-se os tópicos a serem abordados pelo tempo disponível. Em geral, 30 minutos são suficientes para uma conferência bem planejada. A distribuição pode ser da seguinte forma: 3 minutos para a introdução, 24 minutos para o corpo do trabalho (geralmente em três partes) e 3 minutos para a conclusão. Do tempo disponível devem-se reservar alguns minutos para o uso de projeções etc.

LEITURA RECOMENDADA

BARRASS, Robert. *Os cientistas precisam escrever*: guia de redação para cientistas, engenheiros e estudantes. Tradução de Leila Novaes, Leonidas Hegenberg. São Paulo: T. A. Queiroz: Edusp, 1979. Caps. 11 e 14.

CERVO, Amado L.; BERVIAN, Pedro A.; SILVA, Roberto da. *Metodologia científica*. 6. ed. São Paulo: Pearson Prentice Hall, 2014. Cap. 6.

MEDEIROS, João Bosco. *Redação científica*: a prática de fichamentos, resumos, resenhas. 13. ed. São Paulo: Atlas, 2019. Cap. 5.

RUIZ, João Álvaro. *Metodologia científica*: guia para eficiência nos estudos. São Paulo: Atlas, 1980. Cap. 2.

SALOMON, Délcio Vieira. *Como fazer uma monografia*. 13. ed. São Paulo: WMF Martins Fontes, 2014. Cap. 1.

SALVADOR, Ângelo Domingos. *Métodos e técnicas de pesquisa bibliográfica*: elaboração de trabalhos científicos. Porto Alegre: Sulina, 1980. Cap. 2.

SEVERINO, Antônio Joaquim. *Metodologia do trabalho científico*. 24. ed. São Paulo: Cortez, 2016. Cap. 2.

2
Pesquisa bibliográfica

1   PESQUISA: CONCEITO E TIPOS

Pesquisa é uma atividade que se realiza para a investigação de problemas teórico ou práticos, empregando métodos científicos. Significa muito mais do que apenas procurar a verdade: é encontrar respostas para questões propostas, utilizando procedimentos científicos. Especificamente é "um procedimento reflexivo sistemático, controlado e crítico, que permite descobrir novos fatos ou dados, relações ou leis, em qualquer campo de conhecimento" (ANDER-EGG, 1978, p. 28).

A prática da investigação científica realiza-se sob as mais diversas perspectivas epistemológicas e de abordagens, como as da pesquisa quantitativa e da pesquisa qualitativa. A quantitativa apoia em um modelo de conhecimento chamado positivista, em que prevalece a preocupação estatístico-matemática e tem a pretensão de ter acesso racional à essência dos objetos e fenômenos examinados. Tem como característica a configuração experimental. Já a pesquisa qualitativa

> responde a questões muito particulares. Ela se ocupa, nas Ciências Sociais, com um nível de realidade que não pode ou não deveria ser quantificado. Ou seja, ela trabalha com o universo dos significados, dos motivos, das aspirações, das crenças, dos valores e das atitudes (MINAYO *In:* MINAYO; DESLANDES, GOMES, 2015. p. 21).

32 Capítulo 2

Essas duas formas de fazer pesquisa, no entanto, não se excluem; são complementares. Enganam-se os que pensam na objetividade absoluta da abordagem quantitativa, visto que as técnicas estatísticas e os instrumentos utilizados para a pesquisa passam pela subjetividade dos pesquisadores; o questionário que utilizam os cientistas sociais de abordagem quantitativa é produzido segundo seus interesses; o tema que escolhem, os problemas que decidem resolver, a teoria que utilizam, tudo passa pelo crivo de sua subjetividade. Por isso, hoje já não se fala em objetividade, impossível de ser alcançada, mas em objetivação, compreendida como

> resultado da interação entre teoria, métodos e criatividade do pesquisador diante do objeto. Esse conjunto de movimentos se une na qualidade do produto final, de forma que o resultado da pesquisa reflita a compreensão mais cabal possível da realidade e uma interpretação "pensada", contextualizada e complexa. A *objetivação* define o próprio movimento investigativo que, embora não consiga reproduzir a realidade, está sempre em busca de maior aproximação. Ela significa, de um lado, o reconhecimento de que a ideia de "objetividade" e "verificação" é construída e dirigida, pois o próprio campo em que essas ideias surgem é também terreno de questionamento do que se verifica. De outro lado, o princípio de *objetivação* sugere também a crença na necessidade permanente de um diálogo crítico entre o investigador e seu objeto, sabendo que ambos compartilham a mesma condição histórica e os mesmos recursos teóricos (MINAYO, 2014, p. 374-375).

Em relação às fontes utilizadas para a investigação do objeto, a pesquisa pode ser bibliográfica, de laboratório e de campo. A bibliográfica é realizada com base em fontes disponíveis, como documentos impressos, artigos científicos, livros, teses, dissertações, mas não podemos esquecer que toda pesquisa implica o levantamento de dados de variadas fontes, quaisquer que sejam os métodos ou técnicas empregados. Os dois processos pelos quais se podem obter os dados são a **documentação direta** e a **indireta**.

A documentação direta constitui-se, em geral, de levantamento de dados no próprio local onde os fenômenos ocorrem. Esses dados podem ser conseguidos de duas maneiras: através da **pesquisa de campo** (em que o objeto é abordado em seu ambiente e a coleta de informações é realizada nas condições naturais em que os fenômenos ocorrem) ou da **pesquisa de laboratório ou experimental** (em que o objeto é posto em condições técnicas de observação e manipulação experimental no ambiente de um laboratório e são criadas condições apropriadas para sua observação; nesse caso, o pesquisador seleciona variáveis e testa suas relações funcionais, valendo-se de controles rigorosos). Ambas, nas Ciências Sociais, se utilizam das técnicas de observação direta intensiva (observação e entrevista) e de observação direta extensiva (questionário, formulário, medidas de opinião e atitudes técnicas mercadológicas).

A documentação indireta serve-se de fontes de dados coletados por outras pessoas, podendo constituir-se de material já elaborado ou não. Dessa forma, divide-se em **pesquisa documental** (ou de fontes primárias) e **pesquisa bibliográfica** (ou de fontes secundárias).

Os documentos de fonte primária são aqueles de primeira mão, provenientes dos próprios órgãos que realizaram as observações. Englobam materiais que "não tiveram nenhum tratamento analítico, são ainda matéria-prima, a partir da qual o pesquisador vai desenvolver sua investigação e análise" (SEVERINO, 2016, p. 131). Podem ser encontrados em arquivos públicos ou particulares, assim como em fontes estatísticas compiladas por órgãos oficiais e particulares. Incluem-se aqui como fontes não escritas: fotografias, gravações, imprensa falada (televisão e rádio), desenhos, pinturas, canções, indumentárias, objetos de arte, folclore etc.

A pesquisa bibliográfica ou de fontes secundárias é a que especificamente interessa a este livro. Trata-se de levantamento de referências já publicadas, em forma de artigos científicos (impressos ou virtuais), livros, teses de doutorado, dissertações de mestrado. Sua finalidade é colocar o pesquisador em contato direto com o que foi escrito sobre determinado assunto, com o objetivo de permitir ao cientista "o reforço paralelo na análise de suas pesquisas ou manipulação de suas informações" (TRUJILLO FERRARI, 1974, p. 230). A bibliografia pertinente "oferece meios para definir, resolver, não somente problemas já conhecidos, como também explorar novas áreas, onde os problemas ainda não se cristalizaram suficientemente" (MANZO, 1971, p. 32).

A descrição do que é e para que serve a pesquisa bibliográfica permite compreender que, se, de um lado, a resolução de um problema pode ser obtida através dela, de outro, tanto a pesquisa de laboratório quanto a de campo (documentação direta) exigem como premissa o levantamento do estudo da questão que se propõe analisar e solucionar. A pesquisa bibliográfica pode, portanto, ser considerada também como o primeiro passo de qualquer pesquisa científica.

34   Capítulo 2

2   FASES DA PESQUISA BIBLIOGRÁFICA

A pesquisa bibliográfica compreende as seguintes fases distintas:

a) Escolha do tema.
b) Elaboração do plano de trabalho.
c) Identificação.
d) Localização.
e) Compilação.
f) Fichamento.
g) Análise e interpretação.
h) Redação.

2.1 Escolha do tema

O tema é o assunto que se deseja provar ou desenvolver, "é uma dificuldade, ainda sem solução, que é mister determinar com precisão, para intentar, em seguida, seu exame, avaliação crítica e solução" (ASTI VERA, 1976, p. 97).

Escolher um tema significa levar em consideração fatores internos e externos. Os fatores internos consistem em:

a) Selecionar um assunto de acordo com as inclinações, as aptidões e as tendências de quem se propõe elaborar um trabalho científico.
b) Optar por um assunto compatível com as qualificações pessoais, em termos de *background* da formação universitária e pós-graduada.
c) Encontrar um objeto que mereça ser investigado cientificamente e tenha condições de ser formulado e delimitado em função da pesquisa.

Os fatores externos requerem:

a) Disponibilidade de tempo para realizar uma pesquisa completa e aprofundada.
b) Existência de obras pertinentes ao assunto em número suficiente para o estudo global do tema.
c) Possibilidade de consultar especialistas da área, para uma orientação tanto na escolha da documentação específica quanto na sua análise e interpretação.

Além disso, não há necessidade de duplicação de estudos, uma vez que há vasta gama de temas a serem pesquisados. Devem-se evitar assuntos sobre os quais recentemente foram feitos estudos, o que torna difícil uma nova abordagem.

Embora a escolha do tema (assunto) possa ser determinada ou sugerida pelo professor ou orientador, quando se trata de um principiante, o mais frequente é a opção livre. As fontes para a escolha do assunto podem originar-se da experiência pessoal ou profissional, de estudos e leituras, da observação, da descoberta de discrepâncias entre trabalhos ou da analogia com temas de estudo de outras disciplinas ou áreas científicas.

Após a escolha do assunto, o passo seguinte é a sua delimitação. É necessário evitar a eleição de temas muito amplos que ou são inviáveis como objeto de pesquisa aprofundada ou conduzem a divagações, discussões intermináveis, repetições de lugares-comuns ou descobertas já superadas. Para Salvador (1980, p. 46-48), a delimitação do assunto implica:

a) Distinguir o sujeito e o objeto da questão. "O sujeito é a realidade a respeito da qual se deseja saber alguma coisa. É o universo de referência. Pode ser constituído de objetos, fatos, fenômenos ou pessoas a cujo respeito faz-se o estudo com dois objetivos principais: ou de melhor apreendê-los ou com a intenção de agir sobre eles." "O objeto de um assunto é o tema propriamente dito." Corresponde ao que se deseja saber ou realizar a respeito do sujeito. "É o conteúdo que se focaliza, em torno do qual gira toda a discussão ou indagação."

Exemplo:
Organização do trabalho – o sujeito é *trabalho*; o objeto é *organização*.

b) Especificar os limites da extensão tanto do sujeito quanto do objeto. Pode ser realizado através de:
- Adjetivos explicativos ou restritivos. "Pelos adjetivos explicativos, designam-se as qualidades, condições ou estados essenciais ao sujeito ou objeto. Ao contrário, pelos adjetivos restritivos, indicam-se as qualidades, condições ou estados acidentais do sujeito ou objeto. O adjetivo explicativo é um desdobramento das partes constituintes de um ser, ao passo que o adjetivo restritivo ou acidental é um acréscimo arbitrário."

36   Capítulo 2

Exemplos:

Organização social do trabalho. (Uso de adjetivo explicativo.)
Organização atual do trabalho. (Uso de adjetivo restritivo.)

- Complementos nominais de especificação. "São pessoas ou coisas que, acrescentadas a substantivos ou adjetivos, especificam a ação ou sentimentos que os mesmos substantivos ou adjetivos designam."

Exemplo:
Organização social do trabalho de produção artesanal.

- Determinação das circunstâncias. "Às vezes, pode ser necessário determinar as circunstâncias que limitam mais ainda a extensão do assunto, especialmente as circunstâncias de tempo e espaço."

Exemplo:
Organização social do trabalho de produção artesanal durante a Idade Média na Europa Ocidental.

2.2 Elaboração de um plano de um trabalho

A elaboração de um plano de trabalho pode preceder o fichamento, ou ocorrer depois de iniciada a coleta de dados bibliográficos, quando já se dispõe de mais subsídios para elaboração de um plano mais consistente, o que não quer dizer estático, porque o aprofundamento em determinadas etapas da investigação pode levar a alterações no todo do trabalho.

Na elaboração do plano, deve-se observar a estrutura de todo o trabalho científico: introdução, desenvolvimento e conclusão. Vejamos detidamente:

a) **Introdução:** ocupa-se da formulação clara e simples do tema, sua delimitação, importância, justificativa, metodologia empregada e apresentação sintética da questão.

b) **Desenvolvimento:** lugar apropriado para a fundamentação lógica do trabalho, cuja finalidade é exportar e demonstrar suas principais ideias. Apresenta três fases:

- Explicação: expõe o sentido de um tema, analisando-o e compreendendo-o, procurando suprimir o ambíguo ou o obscuro.
- Discussão: preocupa-se com o exame, a argumentação e a explicação do tema; explica, discute, fundamenta e enuncia as proposições.
- Demonstração: constitui a fase de dedução lógica do trabalho, implicando o exercício do raciocínio.

  O desenvolvimento do tema exige a divisão dele em tópicos logicamente correlacionados. As partes do trabalho não podem ter uma organização arbitrária, mas deve basear-se na estrutura real ou lógica do tema; as partes devem estar "sistematicamente vinculadas entre si e ordenadas em função da unidade de conjunto". Para tal, "é necessário saber distinguir o fundamental do secundário, o principal do subordinado e distribuir equitativa e gradualmente as partes segundo este critério" (SALVADOR, 1980, p. 62).

c) **Conclusão:** consiste no resumo completo da argumentação desenvolvida na parte anterior. Devem constar da conclusão a relação existente entre as diferentes partes da argumentação, bem como os resultados alcançados.

A fase da elaboração do plano de trabalho engloba ainda a formulação do problema, o enunciado de hipóteses e a determinação das variáveis. Uma descrição detalhada e exaustiva de construção de hipóteses e variáveis, com exemplos, encontra-se na obra *Metodologia científica*, destas mesmas autoras (Atlas, 2020, Caps. 4 e 5). De forma reduzida, focalizamos esses conceitos na seção 3.4 do Capítulo 5 deste livro.

2.3 Identificação

Identificação é a fase de reconhecimento do assunto pertinente ao tema em estudo. O primeiro passo nesse caso seria a procura de catálogos de editoras e de bibliotecas onde se encontra relação das obras. Há ainda catálogos específicos de alguns periódicos, com o rol dos artigos científicos publicados anteriormente. Hoje, com o uso da Internet, esse levantamento pode ser feito em casa, sem necessidade de deslocamentos e grande dispêndio de tempo.

O segundo passo é localizar no resumo dos artigos científicos ou no sumário dos livros os assuntos abordados. Outra fonte de informações refere-se aos *abstracts* contidos em teses de doutorado e dissertações de mestrado que, além

38 Capítulo 2

de oferecerem elementos para identificar o trabalho, apresentam um resumo analítico da obra.

O passo seguinte tem em vista a verificação das referências bibliográficas ao final dos textos, para localizar obras necessárias à investigação que se tem em vista.

2.4 Localização

Tendo realizado o levantamento das referências, com a identificação das obras que interessam, passa-se à localização de informações bibliográficas de arquivos de bibliotecas públicas e particulares, universidades públicas ou particulares.

Hoje, o pesquisador conta com uma gama imensa de possibilidades de localização de textos para sua pesquisa: as bibliotecas virtuais (Biblioteca Nacional: www.bn.br; Biblioteca do Senado: www.senado.gov.br/biblioteca; Biblioteca do Congresso Americano: www.loc.gov; Biblioteca Nacional de Portugal: www.bn.pt; Biblioteca da Universidade Federal do Rio de Janeiro: www.minerva.ufrj.br. O Banco de Dados Bibliográficos da Universidade de São Paulo (USP), o Dedalus, é outra fonte de pesquisa que pode ser localizada pela Internet; outros são: o Instituto Nacional de Estudos e Pesquisas Educacionais Anísio Teixeira: www.inep.gov.br; o Instituto Brasileiro de Geografia e Estatística: www.ibge.gov.br; o Centro Latino-Americano e do Caribe de Informação em Ciências da Saúde: www.bireme.br; o Instituto Brasileiro de Informação em Ciência e Tecnologia: www.ibct.br; o Scientific Eletronic Library Online (Scielo): www.scielo.br. Periódicos podem ser consultados em: Portal de Periódicos da Capes: http://www1.periodicos.capes.gov.br; a Capes ainda dispõe de um banco de teses em: http://www1.capes.gov.br/bdteses.

2.5 Compilação

É a reunião sistemática do material contido em livros, revistas e jornais impressos, periódicos virtuais. Esse material pode ser obtido por meio de fotocópias, xerox, microfilmes, impresso em casa, ou ser lido na tela de um computador.

2.6 Fichamento

À medida que o pesquisador tem em mãos as fontes de referência, deve transcrever os dados em fichas, ou em arquivos de computador, com o máximo de exatidão e cuidado, como se verá a seguir na seção 3 deste capítulo.

A ficha de papel, como é de fácil manipulação, permite a ordenação do assunto, ocupa pouco espaço e pode ser transportada de um lugar para outro. Até certo ponto, leva o indivíduo a pôr ordem no seu material. Possibilita ainda uma seleção constante da documentação e de seu ordenamento. Utilizando o computador, o pesquisador pode: (1) abrir uma pasta e dentro dela estabelecer variados arquivos; (2) fazer anotações por título de livros ou de artigos científicos. Como os programas de computador dispõem de mecanismos de localização, rapidamente, em caso de necessidade, encontrará um registro procurado. No primeiro caso, suponhamos, abrirá uma pasta com o título "Programas de saúde pública" e nela registrará arquivos com o tratamento que lhe foi dado pelos autores consultados. Cada um desses arquivos receberá o nome do autor pesquisado. No segundo caso, abrirá uma pasta com o título, por exemplo, de "Saúde pública" e registrará os mais diversos assuntos relativos à saúde pública, como, por exemplo, "Programas de saúde", "Hospitais", "SUS"; nesse caso, há um arquivo apenas, dividido em diferentes temas. Com o localizador de procura, poderá, ao redigir um texto, tomar contato imediatamente com os registros realizados no ato da leitura. Evidentemente, o leitor hábil em informática pode criar outras formas de registro de informações. O importante é que a leitura seja acompanhada de anotações que serão úteis na hora da redação de um trabalho científico.

2.7 Análise e interpretação

Severino (2016, p. 86) entende análise o processo de tratamento do objeto, que pode ser um conceito, uma ideia, um texto, "pelo qual este objeto é decomposto em suas partes constitutivas, tornando-se simples aquilo que era composto e complexo. Trata-se, portanto, de dividir, isolar, discriminar". Também Salomon (2014, p. 74), valendo-se da etimologia da palavra, postula que analisar significa dividir, separar: "O ato de analisar visa desmontar uma realidade para compreendê-la. Implica frequentemente decompor, dissecar, interpretar, estudar." E acrescenta que é pela análise de texto que se verificam sua estrutura, a relação das ideias, os pontos relevantes e os secundários, as generalizações, as implicações.

A primeira fase da análise e interpretação é a crítica do material bibliográfico, que se constitui no estabelecimento de um juízo de valor sobre determinado texto. Divide-se em *crítica externa* e *interna*.

A *crítica externa* focaliza o significado, a importância e o valor histórico de um documento. Abrange:

40   Capítulo 2

a) A crítica do texto, averiguando se o texto sofreu ou não alterações, inter-pelações e falsificações ao longo do tempo. Investiga principalmente se o texto é autógrafo (escrito pela mão do autor) ou não; em caso negativo, se foi ou não revisto pelo autor; se foi publicado pelo autor ou outra pessoa o fez; que modificações ocorreram de edição para edição.

b) A crítica da autenticidade determina o autor, o tempo, o lugar e as circunstâncias da composição.

c) A crítica da proveniência investiga a proveniência do texto. Varia conforme a ciência que a utiliza. Em História, tem particular importância o estudo de onde provieram os documentos; em Filosofia, interessa discernir até que ponto uma obra foi mais ou menos decalcada sobre outra. Quando se trata de traduções, verifica-se a fidelidade do texto examinado em relação ao original.

A *crítica interna* aprecia o sentido e o valor do conteúdo. Compreende:

a) A crítica de interpretação ou hermenêutica, que se ocupa de averiguar o sentido que o autor quis exprimir. Facilita esse tipo de crítica o conhecimento do vocabulário e da linguagem do autor, das circunstâncias históricas, ambientais e de pensamento que influenciaram a obra, da formação, mentalidade, caráter, preconceitos e educação do autor. "Compreender um texto equivale a haver entendido o que o autor quis dizer, os problemas que postulou e as soluções que propôs para os mesmos" (ASTI VERA, 1979, p. 127).

b) A crítica do valor interno do conteúdo, que aprecia a obra e forma um juízo sobre a autoridade do autor e o valor que representa o trabalho e as ideias nele contidas.

A segunda fase compreende a decomposição dos elementos essenciais e sua classificação, isto é, verificação dos componentes de um conjunto e suas possíveis relações. Em outros termos, passa-se de uma ideia-chave geral para um conjunto de ideias mais precisas.

> *Exemplo*: As relações sociais no trabalho, no sistema corporativo, variam segundo as alterações da tecnologia e da divisão do trabalho?

Para detalhar a questão, indagamos:

- A tecnologia manual origina algum tipo de:
  - Trabalho padronizado?
  - Trabalho rotinizado?
  - Trabalho especializado?
- A divisão do trabalho ocorre:
  - Com base no produto final?
  - Na atuação individual no processo de produção?
- Se não há alterações na tecnologia e na divisão do trabalho:
  - As relações baseiam-se no processo produtivo?
  - As relações baseiam-se na estrutura e valores da organização?

Dessa forma, podem-se concretizar, através de uma análise progressiva e cada vez mais concreta, as ideias iniciais gerais e mais abstratas.

Como passar de uma ideia geral para outras ideias gerais, depois de cada uma ter sido desmembrada em ideias progressivamente menos gerais? Há várias possibilidades, sendo as mais comuns: por associação, por oposição e por semelhança.

> *Exemplo:* Diante do uso e abuso da comunicação de massa invadindo o âmbito das atividades diárias do homem, ainda somos livres?

Quais são as características que deve ter a publicidade para respeitar a liberdade da pessoa humana?

A veiculação pela TV de anúncios de diamantes em horários de maior audiência da classe de baixo poder aquisitivo não cria frustrações, limitando as aspirações do ser humano?

Passou-se da análise da comunicação de massa à análise da publicidade e à análise da utilização de um veículo de comunicação de massa pela publicidade.

A terceira fase da análise e interpretação é constituída pela generalização. Hoje, principalmente depois da difusão das ideias de Popper e o desenvolvimento, por parte desse autor, do método hipotético-dedutivo, coloca-se em dúvida a validade da generalização. Entretanto, como o cientista não coleciona dados, como se fosse uma colcha de retalhos, mas os relaciona entre si, construindo novas teorias científicas, a partir das generalizações, estas constituem etapas imprescindíveis da análise e interpretação dos dados. Dessa forma, após a classificação, fundamentada em traços comuns, "podem-se formular afirmações

42 **Capítulo 2**

verdadeiras, aplicáveis a um conjunto ou à totalidade dos elementos seleciona-dos" (BARQUERO, 1979, p. 78).

Vantagens da generalização:

a) Permite a classificação, uma vez que um elemento particular pode ser incluído no geral.

b) Evidencia novas questões, dado que, uma vez percebido o caráter geral de uma questão, pode-se fragmentá-la em outras tantas questões parti-culares, mais simples e concretas; por outro lado, dessas questões parti-culares, por intermédio da associação, semelhança e analogia, obtém-se uma geral que, novamente, permite sua divisão, e assim por diante.

Exemplo: A mecanização da produção, a divisão do trabalho em ta-refas simples e repetitivas e a exigência da padronização da produção levam o homem a um processo de robotização?

A quarta fase exige uma análise crítica, utilizando instrumental e pro-cessos sistemáticos e controláveis. A objetividade, a explicação e a justificativa são três elementos importantes para se chegar à sua validade. Nesse processo, utiliza-se um dos seguintes métodos: indutivo, dedutivo, hipotético-dedutivo ou dialético. Para maiores detalhes, ver *Metodologia científica*, destas mesmas autoras (Atlas, 2020, Capítulo 2).

Finalmente, a interpretação exige a comprovação ou refutação das hipóte-ses. Ambas só podem ocorrer com base nos dados coletados. Deve-se levar em consideração que os dados por si sós nada dizem; é preciso que o cientista os interprete, isto é, seja capaz de expor seu verdadeiro significado e compreender as ilações mais amplas que podem conter.

2.8 Redação

A redação da pesquisa bibliográfica varia de acordo com o tipo de trabalho cien-tífico que se deseja apresentar. Pode ser um trabalho de conclusão de curso, uma dissertação de mestrado ou uma tese de doutorado. Para maiores detalhes ver o Capítulo 5.

3 FICHAS

Para o pesquisador, a ficha ou anotações em arquivos de computador é um ins-trumento de trabalho imprescindível. Como o investigador manipula o material bibliográfico, que em sua maior parte não lhe pertence, os registros realizados permitem:

a) Identificar as obras.
b) Conhecer seu conteúdo.
c) Fazer citações.
d) Analisar o material.
e) Elaborar críticas.

3.1 Aspecto físico

Se o pesquisador utilizar fichas de papel, é desejável que dê atenção especial ao aspecto físico delas, uma vez que todo trabalho científico requer a utilização de grande número delas e sua preparação pode estender-se por muitos anos. Dado o seu contínuo emprego, é mais viável ao estudioso a opção por um tamanho único de fichas, mesmo que utilize vários fichários. Os tamanhos mais comuns de fichas são:

- Tipo grande   12,5 cm × 20,5 cm
- Tipo médio   10,5 cm × 15,5 cm
- Tipo pequeno (internacional)   7,5 cm × 12,5 cm

Como as fichas são utilizadas tanto para indicação bibliográfica quanto para resumo, entre outras formas, é conveniente que a escolha do tamanho seja baseada em características individuais, ou seja, quem tem letra pequena não necessita, obviamente, de muito espaço para escrever, ao contrário dos que possuem letra grande.

Se houver necessidade de utilizar o reverso das fichas, para continuar as anotações, é mais adequado fazer coincidir a última linha do anverso com a primeira do reverso, de forma que a ficha possa ser girada sobre si mesma. Essa prática tem a vantagem de permitir a leitura do verso sem retirar a ficha do seu lugar. Quando as anotações de uma ficha precisam continuar em uma segunda ou mais fichas, repete-se o cabeçalho com a indicação, em letras maiúsculas, da sequência, como se verá mais adiante.

3.2 Composição das fichas

A estrutura das fichas, de qualquer tipo, compreende três partes principais: cabeçalho, referência bibliográfica e corpo ou texto. Podem ainda conter informação sobre local em que pode ser encontrado o livro, o periódico, a tese (biblioteca ou *site*).

44 Capítulo 2

3.2.1 Cabeçalho

O cabeçalho compreende: o título genérico remoto, o título genérico próximo, o título específico, o número de classificação da ficha (SALVADOR, 1980, p. 113-117) e a letra indicativa da sequência (quando se utiliza mais de uma ficha, em continuação). Esses elementos são escritos na parte superior da ficha, em duas linhas: na primeira, consta apenas, à esquerda, o título genérico remoto; na segunda, em quatro quadrinhos, da esquerda para a direita, o título genérico próximo, o título específico, o número de classificação e o código indicativo da sequência (que permanece em branco quando se utiliza uma só ficha, frente e frente e verso).

Para designar um título específico e o número de classificação da ficha, é necessário que se faça, ao início de cada estudo, um plano (um sumário) do assunto que se irá pesquisar, com a respectiva divisão das seções. A seguir apresenta-se um exemplo de plano:

OCUPAÇÕES MARGINAIS NO NORDESTE PAULISTA

1. Introdução

2. Ocupações marginais

    2.1 Conceito de ocupação marginal
    2.2 Características das ocupações marginais
        2.2.1 Características econômicas
        2.2.2 Características socioculturais

3. Ocupações marginais e mobilidade social

    3.1 Desigualdade social
    3.2 Mobilidade social
        3.2.1 Modelos explicativos da mobilidade social
        3.2.2 Metodologia da mobilidade
        3.2.3 Mobilidade e distância social

4. Ocupações marginais na área urbana

    4.1 Setor artesanal
    4.2 Setor de comércio
    4.3 Setor de serviços

5. Ocupações marginais na área rural

    5.1 Setor da agricultura
    5.2 Setor da pecuária
    5.3 Setor de mineração

6. Conclusões

Como auxílio do plano, podem-se compor os cabeçalhos das fichas, como se segue:

1.

Ocupações Marginais no Nordeste Paulista			
Introdução		1	

2.

Ocupações Marginais no Nordeste Paulista			
Ocupações Marginais	Conceito de...	2.1	

3.

Ocupações Marginais no Nordeste Paulista			
Ocupações Marginais	Características das...	2.2	

4.

Ocupações Marginais no Nordeste Paulista			
Características das...	Características Econômicas	2.2.1	

5.

Ocupações Marginais no Nordeste Paulista			
Características das...	Características Socioculturais	2.2.2	A

6.

Ocupações Marginais no Nordeste Paulista			
Características das...	Características Socioculturais	2.2.2	B

46   **Capítulo 2**

No exemplo 1, *Ocupações Marginais no Nordeste Paulista*, como tema geral, é o título genérico remoto que permanece constante em todas as fichas; Introdução é o título genérico próximo; não há título específico, pois essa parte não se subdivide; finalmente, o algarismo 1 é o número de classificação da ficha.

Os exemplos 2 e 3 apresentam, como todas as fichas para o mesmo estudo, igual título genérico remoto, *Ocupações Marginais no Nordeste Paulista*; ambas apresentam o mesmo título genérico próximo, *Ocupações Marginais*, diferenciando-se pelo título específico, *Conceito de... e Características das...*, que correspondem à *segunda* parte do trabalho: *Ocupações Marginais*; os algarismos 1 e 2, que se seguem ao ponto (2.1 e 2.2), indicam as subdivisões dessa segunda parte, respectivamente, *Conceito de... e Características das...*

No exemplo 4, verifica-se uma alteração: se o título genérico remoto permanece o mesmo (*Ocupações Marginais no Nordeste Paulista*), o título genérico próximo se modifica, passando a ser o do *segundo* item da *segunda* parte, *Características das...* O título específico é agora *Características Econômicas*, *primeira* subdivisão do *segundo* da *segunda* parte; portanto, com o seguinte número de classificação: 2.2.1.

Cada autor consultado para cada parte do plano, que corresponde a seção e subseção do trabalho, terá uma *ficha separada*, conservando-se o mesmo cabeçalho, com o mesmo título genérico remoto, o mesmo título genérico próximo, o mesmo título específico e o mesmo número de classificação. Assim, as fichas distinguem-se uma das outras pelas referências bibliográficas registradas no cabeçalho.

Se o texto não couber em uma só ficha, necessitando de duas ou mais, para que as seguintes fichas não se percam, devem-se colocar letras maiúsculas indicativas da sequência, logo após o número de classificação da ficha, como o ilustram os exemplos 5 e 6.

Quando não fez um plano ou se deseja fazê-lo depois das consultas bibliográficas, preenche-se o cabeçalho com um título genérico remoto, deixando em branco o restante, que será completado depois da elaboração do plano de trabalho científico que será realizado.

Exemplo:

Artesanato			
•			

3.2.2 Referência bibliográfica

A referência bibliográfica segue as normas da NBR 6023 Associação Brasileira de Normas Técnicas (ABNT) (ver Capítulo 6 deste livro), ou outra que a área de pesquisa requer (Vancouver, APA, Chicago). As informações referenciais são colhidas do frontispício das obras (se livro: sobrenome e prenomes do autor, título da obra em destaque, edição, local, editora, ano; a essas informações acrescenta-se o número da página), ou da capa das revistas (nos periódicos, são relevantes: sobrenome e prenomes do autor do artigo, título do artigo, nome do periódico, local, ano; a essas informações acrescenta-se o número da página), ou da primeira página dos jornais (onde se encontram informações sobre título do jornal, local, número de anos de publicação do jornal, número da edição; a ordem dos elementos é: sobrenome e prenomes do autor do artigo, título do artigo, nome do jornal, local, anos de publicação do jornal, número da edição, páginas, data).

Nos livros, o pesquisador pode consultar a ficha catalográfica que os acompanha. Aí são encontrados os elementos necessários para compor uma referência. Às vezes, é preciso recorrer a informações do prefácio, da introdução ou do colofão, particularmente para identificar data de publicação.

Quando se trata de periódicos eletrônicos, às informações já descritas acrescentam-se: "Disponível em:" (+ endereço eletrônico) e "Acesso em:" (+ data: dia, abreviatura de mês com três letras, exceto *maio*, que é escrito por extenso, e ano). Em português, a abreviatura do mês é escrita com letra inicial minúscula; em inglês e alemão, a letra inicial do nome do mês é escrita em letra maiúscula.

3.2.3 Corpo ou texto da ficha

O conteúdo de uma ficha pode ser: de transcrição de textos, de comentários e de crítica da obra, de simples referência (ficha apenas com informação referencial: autor, título da obra, local, editora, ano, página; se de informações sobre periódico: autor, título do artigo, título do periódico, local, data, página). Dizer "fiz um fichamento", ou "faça um fichamento" não é uma informação completa. É preciso especificar o tipo de fichamento: "fichamento de comentário crítico", "fichamento de resumo", "fichamento de citação direta".

3.2.4 Indicação da obra

Como as fichas, depois de utilizadas para a realização de um trabalho, poderão ser novamente empregadas na vida acadêmica ou profissional, é desejável que se faça na ficha uma indicação da obra: "obra indicada para..."

48 Capítulo 2

3.2.5 Localização da obra fichada

É possível que, depois de fichada uma obra, haja necessidade de voltar a consultá-la. Assim, é também importante a indicação do local em que se acha disponível o material.

Exemplo:

Cabeçalho	Ocupações Marginais no Nordeste Paulista	
	O.M. e Mobilidade Social	3
Referência bibliográfica	PASTORE, José. *Desigualdade e mobilidade social*. São Paulo: T.A. Queiroz, 1979. 217 p.	
Corpo ou texto		
Indicação da obra	Indicado para estudantes de Ciências Sociais e para a disciplina de Economia	
Local	Biblioteca Florestan Fernandes da USP	

Pelo título da obra que serviu de exemplo, verifica-se que o livro de Pastore pode servir tanto para estudantes de Ciências Sociais (Sociologia, Antropologia), quanto para a disciplina de Economia. Quando ocorre caso semelhante, ficha-se o livro para a parte indicada no plano de trabalho que se vai realizar (que se constitui na ficha principal), bem como faz-se o fichamento, em outras fichas, de partes da obra: devem ser tantas fichas quantos forem os capítulos do livro que dizem respeito a outras tantas seções e subseções do trabalho (fichas secundárias).

Exemplo:

Ocupações Marginais no Nordeste Paulista		
Mobilidade Social	Modelos Explicativos da...	3.2.1
PASTORE, José. Modelos explicativos da mobilidade social. *In: Desigualdade e mobilidade social*. São Paulo: T.A. Queiroz, 1979. p. 15-27.		

Ocupações Marginais no Nordeste Paulista		
Mobilidade Social	Modelos Explicativos da...	3.2.1
SOROKIN, Pitirim A. Espaço social, distância e posição social. In: CARDOSO, Fernando Henrique; IANNI, Octávio. *Homem e sociedade*. 3. ed. São Paulo: Nacional, 1966. p. 223-230.		

3.3 Fichas: conteúdo

O conteúdo que constitui o corpo ou texto das fichas varia segundo sua finalidade. Pode ser:

a) Ficha bibliográfica, que se subdivide em:
- Bibliográfica de obra inteira.
- Bibliográfica de parte de uma obra: um capítulo, por exemplo.

b) Ficha de citações.

c) Ficha de resumo ou de conteúdo.

d) Ficha de esboço.

e) Ficha de comentário ou analítica.

3.3.1 Ficha bibliográfica

Segundo Salvador (1980, p. 118), a ficha bibliográfica, de obra inteira ou parte dela, pode referir-se a alguns ou a todos os seguintes aspectos:

a) O campo do saber que é abordado.

b) Os problemas significativos tratados.

c) As conclusões alcançadas.

d) As contribuições especiais em relação ao assunto do trabalho.

e) As fontes dos dados, que podem ser: documentos; literatura existente; estatísticas (documentação indireta de fontes primárias ou secundárias; documentação direta, com os dados colhidos pelo autor); observação; entrevista; questionário; formulário etc.

f) Os métodos de abordagem e de procedimento utilizados pelo autor.

Abordagem	Procedimento	
Indutivo	Histórico	Tipológico
Dedutivo	Comparativo	Funcionalista Estruturalista
Hipotético-dedutivo	Monográfico	Etnográfico etc.
Dialético	Estatístico	

50   **Capítulo 2**

g) A modalidade empregada pelo autor: geral, específica, intensiva, extensiva (exaustiva), técnica, não técnica, descritiva, analítica etc.

h) A utilização de recursos ilustrativos, como: tabelas, quadros, gráficos, mapas, desenhos etc.

Salvador ainda recomenda:

a) Ser breve. Quando se desejam maiores detalhes sobre a obra, o ideal é a ficha de resumo ou conteúdo, ou, melhor ainda, a de esboço. Na ficha bibliográfica, algumas frases são suficientes.

b) Utilizar verbos na voz ativa. Para se caracterizar a forma pela qual o autor escreve, as ideias principais devem ser precedidas por verbos tais como: *analisa, compara, contém, critica, define, descreve, examina, apresenta, registra, revista, sugere* e outros.

c) Evitar repetições desnecessárias. Evita-se o uso das expressões: *este livro, esta obra, este artigo, o autor* etc.

3.3.2 Ficha de citações

Consiste na transcrição fiel de frases ou sentenças consideradas relevantes ao estudo em pauta. Observam-se os seguintes cuidados:

a) Utilizam-se aspas para toda citação direta (transcrição literal). É por meio desse sinal que se distingue uma ficha de citações diretas das de outro tipo. Além disso, o uso de aspas evita que, mais tarde, ao utilizar a ficha, se transcreva como do fichador texto que a outrem pertence.

b) Após a citação direta, deve constar o número da página de onde foi extraída. Isso permitirá a posterior utilização no trabalho, com a correta indicação bibliográfica.

c) A transcrição tem de ser textual. Se necessária alguma correção, coloca-se o termo *sic*, em minúsculas e entre colchetes depois da palavra considerada incorreta. *Exemplo* (hipotético):

> "Chegou-se à conclusão de que o garimpeiro é, antes de tudo, um homem do campo desocado [*sic*] para a cidade, mas conservador da cultura rural, embora venha assimilando, gradativamente, aspectos da cultura citadina" (p. 127).

d) A supressão de uma ou mais palavras deve ser indicada, utilizando-se, no local da omissão, três pontos entre colchetes. *Exemplo*:

> "Essa liberdade é a marca predominante no comportamento do garimpeiro: [...] esse desejo de liberdade leva-o a optar, sempre que possível, pela garimpagem, ao invés do trabalho nas lavouras; só em última instância o garimpeiro aceita a opção de serviço na roça" (p. 130).

e) A supressão de um ou mais parágrafos também deve ser assinalada, utilizando-se três pontos entre colchetes. *Exemplo*:

> "A religião está bastante associada a crendices semelhantes às existentes no ambiente rural brasileiro; todo o ciclo da vida, do nascimento à morte, é acompanhado por um conjunto de práticas supersticiosas, cercando-se o nascimento de uma série de crenças e benzimentos, mesmo que se respeite e pratique o batismo.
>
> [...]
>
> Nem sempre a necessidade é de saúde para a pessoa ou familiares, mas de obtenção de sucesso no trabalho, de arranjar um emprego" (p. 108-109).

f) A frase deve ser complementada, se necessário: quando se extrai uma parte ou parágrafo de um texto, este pode perder seu significado, necessitando de um esclarecimento, o qual deve ser intercalado, entre colchetes. *Exemplo*:

> "Esse rio [Sapucaí], que limita Patrocínio Paulista com Batatais e Altinópolis, é afluente do Rio Grande" (p. 16-17).

g) Quando o texto transcrito é uma citação encontrada no livro que está sendo fichado, indica-se entre colchetes a referência bibliográfica da obra original da qual foi extraída a citação. *Exemplo*:

> Gurvitch (1955) [GURVITCH, G. *Déterminismes sociaux et liberté humaine*. Paris: Presses Universitaires de France, 1955] lembra que a realidade tem camadas que interagem e a grande tarefa do pesquisador é compreender e apreender, além do visível, do "morfológico e do ecológico", os outros níveis que se interconectam e tornam o social tão complexo (MINAYO, 2014, p. 43).

52 **Capítulo 2**

A expressão *morfológico e do ecológico*, bem como o pensamento exposto não são de Minayo, mas de Gurvitch. Como se trata de uma obra citada por Minayo em suas referências, é necessário acrescentar a informação bibliográfica entre colchetes, para que o leitor saiba de que livro de Gurvith foi transcrito o texto.

Outras informações sobre citações diretas e indiretas são apresentadas no Capítulo 6 deste livro.

3.3.3 Ficha de resumo ou de conteúdo

Apresenta uma síntese das ideias principais do autor, ou um resumo dos aspectos essenciais da obra. Características:

a) Não é um sumário ou índice das partes componentes da obra, mas exposição abreviada das ideias do autor.

b) Não é transcrição, como na ficha de citações, mas é elaborada pelo leitor, com suas próprias palavras, sendo mais uma interpretação do autor.

c) Não é longa: apresentam-se mais informações do que a ficha bibliográfica, que, por sua vez, é menos extensa do que a do esboço.

d) Não precisa obedecer estritamente à estrutura da obra: lendo a obra, o estudioso vai fazendo anotações dos pontos principais. Ao final, redige um resumo do texto.

3.3.4 Ficha de esboço

Tem certa semelhança com a ficha de resumo ou conteúdo, pois se refere à apresentação das principais ideias expressas pelo autor, ao longo da sua obra ou parte dela, porém de forma mais detalhada. Aspectos principais:

a) É a mais extensa das fichas, apesar de requerer, também, capacidade de síntese, pois o conteúdo de uma obra, parte dela, de um artigo científico ou jornalístico é expresso em uma ou algumas fichas.

b) É a mais detalhada, em virtude de a síntese das ideias ser realizada quase de página a página.

c) Exige a indicação das páginas, à esquerda da ficha, à medida que se vai sintetizando o material. Pode ocorrer que uma exposição explicativa do autor venha expressa em mais de uma página. Nesse caso, a indicação da página será dupla.

Exemplo: 53-54.

Quando em uma ou mais páginas não há nada de interessante, elas são puladas, continuando-se a indicação das páginas a partir das seguintes.

3.3.5 Ficha de comentário ou analítica

Consiste na explicitação ou interpretação crítica pessoal das ideias expressas pelo autor citado, ao longo de seu trabalho ou parte dele. Pode apresentar:

a) Comentário sobre a forma pela qual o autor citado desenvolve seu trabalho, no que se refere aos aspectos metodológicos.

b) Análise crítica do conteúdo, tomando como referencial a própria obra.

c) Interpretação de um texto obscuro para torná-lo mais claro.

d) Comparação da obra com outros trabalhos sobre o mesmo tema.

e) Explicitação da importância da obra para o estudo em pauta.

Apresentam-se a seguir alguns exemplos de fichas:

1. **Ficha bibliográfica**

Ocupações Marginais no Nordeste Paulista		
Ocupações Marginais na Área Rural	Setor de Mineração	5.3

MARCONI, Marina de Andrade. *Garimpos e garimpeiros em Patrocínio Paulista*. São Paulo: Conselho Estadual de Artes e Ciências Humanas, 1978. 152 p.

Insere-se no campo da Antropologia Cultural. Utiliza documentação indireta de fontes secundárias e direta, com dados colhidos por meio de formulário. Emprega o método de abordagem indutivo e os de procedimento monográfico e estatístico. A modalidade é específica, intensiva, descritiva e analítica.

Apresenta a caracterização física do Planalto Nordeste Paulista.

Analisa a organização econômica do planalto, descrevendo o aspecto legal do sistema de trabalho e das formas de contrato, assim como a atividade exercida e as ferramentas empregadas em cada fase do trabalho. Registra os tipos e equipamentos das habitações e examina o nível de vida das famílias.

Descreve o tipo de família, sua composição, os laços de parentesco e compadrio e a educação dos filhos. Examina a escolaridade e a mobilidade profissional entre gerações.

54 Capítulo 2

Apresenta as práticas religiosas com especial destaque das superstições, principalmente as ligadas ao garimpo.

Discrimina as formas de lazer, os hábitos alimentares, de higiene e de vestuário.

Levando em consideração o uso de uma linguagem específica, inclui um Glossário.

Conclui que o garimpeiro ainda conserva a cultura rurícola, embora em processo de aculturação. Exerce o nomadismo. É solidário. O traço de irresponsabilidade é mais atenuado do que se esperava.

Apresenta quadros, gráficos, mapas e desenhos.

Esclarece aspectos econômicos e socioculturais da atividade de mineração de diamantes na região rural de maior número de garimpeiros no Nordeste Paulista.

- Indicado para estudantes de Ciências Sociais e para as disciplinas de Antropologia Cultural e Social.
- Biblioteca Pública Municipal Mário de Andrade

2. Ficha de citação direta

Ocupações Marginais no Nordeste Paulista			
Ocupações Marginais na Área Rural	Setor de Mineração	5.3	

MARCONI, Marina de Andrade. *Garimpos e garimpeiros em Patrocínio Paulista*. São Paulo: Conselho Estadual de Artes e Ciências Humanas, 1978. 152 p.

"Entre os diversos tipos humanos característicos existentes no Brasil, o garimpeiro apresenta-se, desde os tempos coloniais, como um elemento pioneiro, desbravador e, sob certa forma, como agente de integração nacional." (p. 7)

"Os trabalhos no garimpo são feitos, em geral, por homens, aparecendo a mulher muito raramente e apenas no serviço de lavação ou escolha de cascalho, por serem mais suaves do que o de desmonte." (p. 26)

"[...] indivíduos [os garimpeiros] que reunidos mais ou menos acidentalmente continuam a viver e trabalhar juntos. Normalmente abrangem indivíduos de um só sexo [...] e sua organização é mais ou menos influenciada pelos padrões que já existem em nossa cultura para agrupamentos dessa natureza." (p. 47) (LINTON, Ralph. *O homem*: uma introdução à antropologia. Tradução de Lavinia Vilela. 5. ed. São Paulo: Martins, 1965. p. 111).

"O garimpeiro [...] é ainda um homem rural em processo lento de urbanização, com métodos de vida pouco diferentes dos habitantes da cidade, deles não se distanciando notavelmente em nenhum aspecto: vestuário, alimentação, vida familiar." (p. 48)

"A característica fundamental no comportamento do garimpeiro [...] é a liberdade." (p. 130)

3. Ficha de resumo ou de conteúdo

Ocupações Marginais no Nordeste Paulista		
Ocupações Marginais na Área Rural	Setor de Mineração	5.3

MARCONI, Marina de Andrade. *Garimpos e garimpeiros em Patrocínio Paulista*. São Paulo: Conselho Estadual de Artes e Ciências Humanas, 1978. 152 p.

Pesquisa de campo que se propõe dar uma visão antropológica do garimpo em Patrocínio Paulista. Descreve um tipo humano característico, o garimpeiro, em uma abordagem econômica e sociocultural.

Focaliza aspectos geográficos e históricos da região, desde a fundação do povoado até a constituição do município. Enfatiza as atividades econômicas da região em que se insere o garimpo, sua correlação principalmente com as atividades agrícolas, indicando que alguns garimpeiros do local executam o trabalho do garimpo em fins de semana ou no período de entressafra; são, portanto, em parte, trabalhadores agrícolas, apesar da maioria residir na área urbana.

Dá especial destaque à descrição das fases da atividade de garimpo, incluindo as ferramentas utilizadas. Apresenta a hierarquia de posições existentes e os tipos de contrato de trabalho, que diferem do rural, e o respeito do garimpeiro à palavra empenhada. Aponta o sentimento de liberdade de garimpeiro e justifica seu nomadismo como consequência de sua atividade.

A análise econômica abrange ainda o nível de vida como sendo, de modo geral, superior ao do egresso do campo; a descrição das casas e seus equipamentos indica as diferenças entre ranchos da zona rural e casas da zona urbana.

Sob o aspecto sociocultural, demonstra a elevação do nível educacional e a mobilidade profissional entre as gerações: dificilmente, o pai do garimpeiro exerceu essa atividade e as aspirações para os filhos excluem o garimpo. Faz referência ao tipo de família mais comum – a nuclear –, aos laços de parentesco e ao papel relevante do compadrio. Considera adequados a alimentação e os hábitos de higiene, tanto dos garimpeiros quanto de suas famílias. No que respeita à saúde, comprova a predominância da consulta aos curandeiros e dos medicamentos caseiros.

Faz um levantamento de crendices e superstições, com especial destaque ao que se refere à atividade de trabalho. Aponta a influência dos sonhos nas práticas diárias.

Finaliza com um glossário que esclarece a linguagem especial dos garimpeiros.

Capítulo 2

4. Ficha de esboço

Ocupações Marginais no Nordeste Paulista		
Ocupações Marginais na Área Rural	Setor de Mineração	5.3

MARCONI, Marina de Andrade. O garimpeiro: aspectos socioculturais. *In:* MARCONI, Marina de Andrade. *Garimpos e garimpeiros em Patrocínio Paulista.* São Paulo: Conselho Estadual de Artes e Ciências Humanas, 1978. p. 101-142.

93	Economicamente independentes, pois começam a trabalhar cedo, os garimpeiros em geral possuem família nuclear.
95-96	Frequentemente, casando-se cedo, os garimpeiros não veem com bons olhos o celibato; consideram ter uma esposa um ideal que lhes confere prestígio.
97	A mulher é a principal encarregada da educação dos filhos, que segue padrões diferentes, conforme o sexo da criança.
99	O círculo de amizade é restrito, predominando os laços de parentesco e de trabalho. A mulher desempenha papel secundário, raramente dirigindo a palavra a homens, com exceção dos parentes.
100-101	O compadrio é considerado um laço forte, unindo famílias; as crianças são educadas no respeito aos padrinhos, cuja relação com os pais se aproxima da de parentesco.
102-105	A escolaridade dos garimpeiros é geralmente baixa, mas sua preocupação com os filhos e familiares leva à insistência na escolarização deles, pois aspiram à independência para eles e consideram penosa sua atividade. O principal fator da baixa escolaridade é a situação econômica, que conduz à atividade remunerada com pouca idade. A escolaridade dos garimpeiros, em média, é mais elevada que a de seus pais.
106-110	A quase totalidade dos garimpeiros é católica, tal como são ou eram seus pais; as mulheres e os filhos revelam maior assiduidade aos cultos. Mantêm em suas residências sinais exteriores de suas crenças (imagens de santos). A prática religiosa está mesclada com crendices e é comum a fé em promessas. Sua religião é um misto de catolicismo e práticas mágicas.
111	O garimpeiro é extremamente supersticioso e orienta muitas de suas ações pelos sonhos que têm.
112	O receio de mau-olhado liga-se às etapas e frutos de seu trabalho.

114	Muitos garimpeiros consideram a própria atividade de garimpo como uma forma de lazer.
115	O principal lazer consiste em grupos de conversas; o assunto mais discutido são os vários aspectos do garimpo.
116-117	Outras formas de lazer: festas, danças, baralho, rádio. É limitada a leitura de jornais e revistas e, praticamente, inexistente a de livros.
118	A alimentação básica do garimpeiro é feijão, arroz, carne e legumes. Raros são os casos em que a carne não faça parte do cardápio diário.
119-120	É bastante equilibrada a dieta do garimpeiro, que necessita de boa alimentação para suportar o difícil trabalho do garimpo. O preparo da comida fica a cargo de elementos femininos, principalmente a esposa.
121	Raramente, o garimpeiro bebe durante o trabalho, fazendo-o em geral nos fins de semana e feriados.
122	Na maioria dos casos, o garimpeiro tem boa saúde, derivada das condições em que exerce sua atividade: ar livre e ao Sol.
123	Em casos de doença, dão preferência a remédios caseiros, rezas e benzimentos. O farmacêutico, o enfermeiro ou o médico são consultados apenas quando a doença é grave.
124-125	As condições das habitações são adequadas. Os garimpeiros têm o hábito do banho diário e escovam os dentes. Entretanto, não lavam as mãos frequentemente e em várias ocasiões.

5 Ficha de comentário ou analítica

Ocupações Marginais no Nordeste Paulista		
Ocupações Marginais na Área Rural	Setor de Mineração	5.3

MARCONI, Marina de Andrade. *Garimpos e garimpeiros em Patrocínio Paulista*. São Paulo: Conselho Estadual de Artes e Ciências Humanas, 1978. 152 p.

Caracteriza-se pela coerência entre a parte descritiva, a consulta bibliográfica e a pesquisa de campo. Tal harmonia, difícil e às vezes não encontrada em todas as obras, dá uma feição específica ao trabalho e revela sua importância.

58 Capítulo 2

> Os dados, obtidos por levantamento próprio, com o emprego de formulário e entrevistas, caracterizam sua originalidade.
>
> Destaque especial é dado à fidelidade das denominações próprias, tanto das atividades de garimpo quanto do comportamento e atitudes que com ele têm relação.
>
> O principal mérito da obra é apresentar visão global do comportamento do garimpeiro, que difere da apresentada por autores que abordam o assunto. Evidencia a colaboração que o garimpeiro tem dado não apenas à cidade de Patrocínio Paulista, mas também a outras regiões, pois o fruto de seu trabalho extrapola o município.
>
> Carece de análise mais profunda da inter-relação do garimpeiro com o rurícola, em cujo ambiente às vezes trabalha, e com o citadino, ao lado de quem vive.
>
> De todos os trabalhos sobre garimpeiros é o mais detalhado, sobretudo nos aspectos socioculturais, porém não permite generalização, por se ter restrito ao garimpo de diamantes em Patrocínio Paulista.
>
> Essencial na análise das condições econômicas e socioculturais da atividade de mineração do Nordeste Paulista.

3.4 Disposição do fichário

Há várias maneiras de organizar um fichário. A escolha dessa ou daquela modalidade vai depender do pesquisador, ou seja, da forma a que se adapta melhor. Há três principais sistemas convencionais: arranjo alfabético de cabeçalhos específicos de assuntos, arranjo alfabético de cabeçalhos genéricos de assuntos, arranjo sistemático ou classificado.

3.4.1 Arranjo alfabético de cabeçalhos específicos de assuntos

Nesse sistema, quando da disposição das fichas, em primeiro lugar vem a ficha-guia, em cujo cabeçalho, à margem superior, se coloca a palavra ou frase-chave, isto é, aquela que indica o assunto da publicação fichada. Essa palavra deve ter um significado preciso, a fim de evitar confusão.

As fichas são ordenadas alfabeticamente por assuntos e todas as informações sobre o tema devem estar sob o mesmo cabeçalho (ver Figura 1). Entre as fichas-guias, são colocadas as que levam os sobrenomes dos autores, também em ordem alfabética. A ficha-guia facilita a localização dos assuntos.

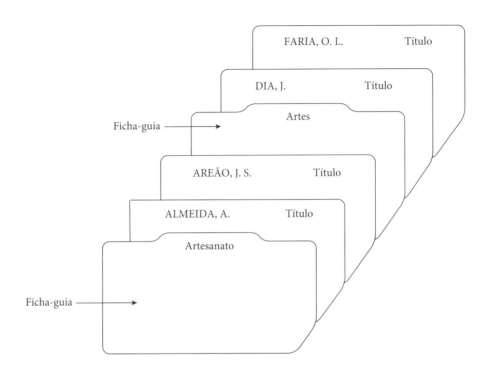

Figura 1. *Arranjo alfabético de cabeçalhos específicos de assuntos.*

Alguns pesquisadores usam cores diferentes para as fichas-guias, para melhor destaque.

Para separar as fichas-guias, quando se trata de subdivisões do mesmo assunto, emprega-se a ficha-subguia, também com cabeçalho superior. Os sobrenomes dos autores seguem sempre a ordem alfabética (ver Figura 2).

Capítulo 2

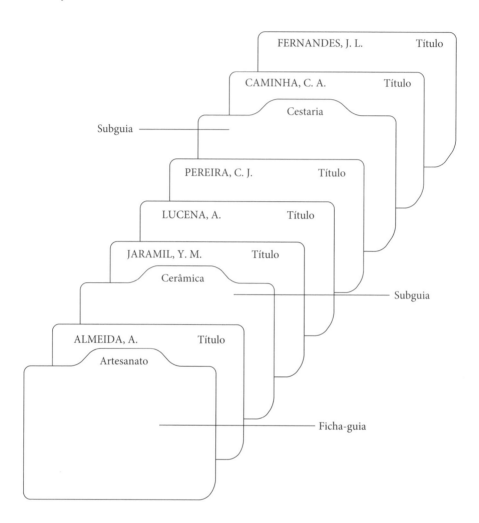

Figura 2. *Representação da ficha-subguia.*

3.4.2 Arranjo alfabético de cabeçalhos genéricos de assuntos

Essa modalidade é uma variante da anterior. Nas fichas-guias, são grafados os cabeçalhos dos assuntos gerais e nas subguias os temas específicos que lhes são subordinados (ver Figura 3).

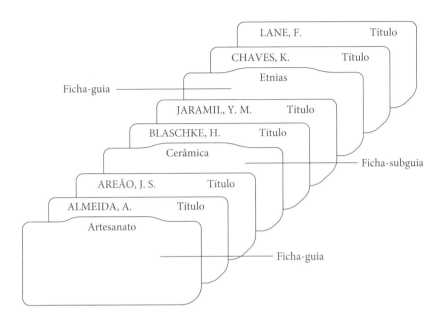

Figura 3. *Arranjo alfabético de cabeçalhos genéricos de assuntos.*

3.4.3 Arranjo sistemático ou classificado

Após a classificação dos assuntos, coloca-se na parte superior da ficha um número que deve corresponder ao assunto. Em seguida, ordenam-se as fichas, obedecendo a essa numeração. Colocam-se as fichas de sobrenome de autores por ordem alfabética sempre. As publicações fichadas referentes ao mesmo assunto devem ter os mesmos números. Dessa forma, cada assunto compreende um grupo de fichas, mesmo que os livros sejam de diversos autores. Para esse tipo de fichário, é importante um índice alfabético de assunto, como na Figura 4.

Capítulo 2

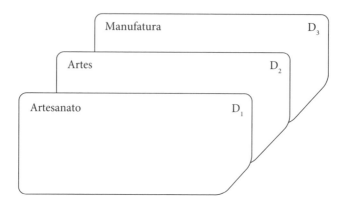

Figura 4. *Arranjo alfabético de assunto.*

O arranjo sistemático (Figura 5) é o ideal para as fichas com cabeçalho; consiste o sistema classificatório no número de classificação da ficha. A seguir, as fichas com o mesmo número de classificação que se distinguem uma das outras pelas referências bibliográficas devem ser ordenadas alfabeticamente por autores (ver Figura 6).

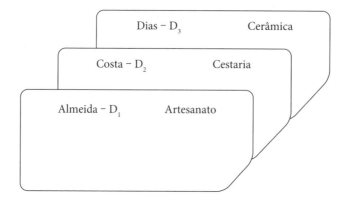

Figura 5. *Arranjo sistemático.*

Ocupações Marginais no Nordeste Paulista			
Ocupações Marginais	Conceito de...	2.1	
ALMEIDA, José.			

Ocupações Marginais no Nordeste Paulista			
Introdução		1	
AGUIAR, Neuma (Org.)			

Ocupações Marginais no Nordeste Paulista			
Introdução		1	
ABEL, Theodore.			

Figura 6. *Ordenação alfabética dos autores.*

4 RESUMOS

Da mesma forma que as fichas, para os pesquisadores os resumos são instrumentos obrigatórios de trabalho. Por meio deles, podem-se selecionar obras que merecem a leitura do texto completo. Entretanto, os resumos só são válidos quando contêm, de forma sintética e clara, tanto a natureza da pesquisa realizada quanto os resultados e as conclusões mais importantes; em ambos os casos, destaca-se o valor dos achados ou de sua originalidade.

4.1 Conceito, finalidade e características

Resumo é a apresentação concisa e, frequentemente, seletiva de um texto, destacando-se os elementos de maior interesse e importância, isto é, as principais ideias do autor da obra.

64   **Capítulo 2**

A finalidade de um resumo consiste na difusão das informações contidas em livros, artigos, teses etc., permitindo a quem o ler resolver sobre a conveniência ou não de consultar o texto completo. As características de um resumo dependem de seus objetivos: (1) apresentar um sumário narrativo das partes mais significativas, não dispensando a leitura do texto; (2) condensação do conteúdo, expondo ao mesmo tempo tanto o objetivo e metodologia quanto os resultados obtidos e as conclusões da autoria, o que permite sua utilização em trabalhos científicos e dispensa, portanto, a leitura posterior do texto original; (3) análise interpretativa de um documento, criticando os diferentes aspectos inerentes ao texto.

4.2 Como resumir

Levando em consideração que quem escreve obedece a um plano lógico através do qual desenvolve as ideias em uma ordem hierárquica, ou seja, proposição, explicação, discussão e demonstração, é aconselhável, em uma primeira leitura, fazer esboço do texto, tentando captar *o plano geral da obra e seu desenvolvimento*. A seguir, volta-se a ler o trabalho para responder a duas questões principais: De que trata este texto? O que pretende demonstrar? Com isso, identifica-se a *ideia central* e o *propósito* que nortearam o autor. Em uma terceira leitura, a preocupação é com a questão: Como o disse? Em outras palavras, trata-se de descobrir *as partes principais em que se estrutura o texto*. Esse passo significa a compreensão das ideias, provas, exemplos etc. que servem como explicação, discussão e demonstração da proposição original (ideia principal). É importante distinguir *a ordem em que aparecem as diferentes partes do texto*. Geralmente, quando o autor passa de uma ideia para outra, inicia novo parágrafo; entretanto, a ligação entre os parágrafos permite identificar:

a) Consequências: quando se empregam palavras tais como: *em consequência, por conseguinte, portanto, por isso, em decorrência disso* etc.

b) Justaposição ou adição: quando aparecem as expressões: *e, da mesma forma, da mesma maneira* etc.

c) Oposição: por meio das palavras: *porém, entretanto, por outra parte, sem embargo* etc.

d) Incorporação de novas ideias.

e) Complementação do raciocínio.

f) Repetição ou reforço de ideias ou argumentos.

g) Justificação de proposições por intermédio de um exemplo, comprovação etc.

h) Digressão: desenvolvimento de ideias até certo ponto alheias ao tema central do trabalho.

O conteúdo das letras *f, g* e *h* deve ser totalmente excluído do resumo.
A última leitura deve ser feita com a finalidade de:

a) Compreensão do sentido de cada parte importante.

b) Anotação das palavras-chave do texto.

c) Verificação do tipo de relação entre as partes (consequência, oposição, complementação etc.).

Uma vez compreendido o texto, selecionadas as palavras-chave e entendida a relação entre as partes essenciais, pode-se passar à elaboração do resumo.

4.3 Tipos de resumo

Dependendo do caráter do trabalho científico que se pretende realizar, o resumo pode ser: indicativo ou descritivo; informativo ou analítico; crítico.

a) **Indicativo ou descritivo:** faz referência às partes mais importantes que compõem o texto. Utiliza frases curtas, cada uma correspondendo a um elemento importante da obra. Não é simples enumeração do sumário ou índice do trabalho. Não dispensa a leitura do texto completo, pois apenas descreve sua **natureza, forma e propósito.**

b) **Informativo ou analítico:** contém as informações principais do texto e permite dispensar sua leitura. Portanto é mais amplo do que o indicativo ou descritivo. Tem a finalidade de informar o conteúdo e as principais ideias do autor, salientando:

- Os objetivos e o assunto (a menos que se encontre explicitado no título).

- Os métodos e as técnicas (descrição de forma concisa, exceto quando um dos objetivos do trabalho é a apresentação de nova técnica).

- Os resultados e as conclusões.

 Como se trata de apresentação condensada do texto, esse tipo de resumo não deve conter comentários pessoais ou julgamentos de valor,

66   Capítulo 2

da mesma forma que não deve formular críticas. Deve ser seletivo e não mera repetição sintetizada de *todas as ideias* do autor. Utilizam-se, de preferência, as próprias palavras de quem redige o resumo; quando cita as do autor, apresenta-as entre aspas. Por não ser uma enumeração de tópicos, o resumo informativo ou analítico deve ser composto por uma sequência corrente de frases concisas. Ao final do resumo, indicam-se as palavras-chave do texto. Da mesma forma que na redação de fichas, evitam-se as expressões: *o autor disse, o autor falou, segundo o autor* ou *segundo ele, esse livro* (ou *artigo*, ou *documento*) e outras do gênero, ou seja, todas as palavras supérfluas. Deve-se dar preferência à forma impessoal.

c) **Crítico:** formula-se um julgamento sobre o trabalho. É a crítica da forma, no que se refere aos aspectos metodológicos; do conteúdo; do desenvolvimento da lógica da demonstração; da técnica de apresentação das ideias principais. No resumo crítico não pode haver citações.

A seguir, apresentam-se exemplos de resumos:

Resumo indicativo ou descritivo

LAKATOS, Eva Maria. *O trabalho temporário*: nova forma de relações sociais no trabalho. 1979. Tese (Livre-docência em Sociologia) – Escola de Sociologia e Política de São Paulo, São Paulo, 1979. 2. v.

Etapas do desenvolvimento econômico que caracterizam a transição do feudalismo para o capitalismo. Distinção entre as relações sociais formais de produção e as relações sociais no trabalho, segundo as sucessivas fases de organização industrial: sistema familiar, de corporações, doméstico e fabril; também de acordo com a natureza das elites que introduzem ou determinam o processo de industrialização nas diferentes sociedades: elite dinástica, classe média, intelectuais revolucionários, administrador colonial, líder nacionalista. As elites influem ainda no processo de recrutamento da mão de obra, na integração do trabalhador na empresa, na autoridade que elabora as normas referentes à relação entre o trabalhador e a direção da empresa e no caráter da atividade da gerência sobre os trabalhadores. Conceito de trabalhador temporário. Etapas de desenvolvimento econômico das sociedades que influem no processo de trabalho. Organização do trabalho e suas alterações, causa e consequência das transformações da sociedade. Surgimento e desenvolvimento do trabalho temporário segundo as etapas de desenvolvimento econômico e da organização do trabalho. Metodologia da pesquisa, seleção da amostra, técnicas de coleta de dados, enunciado das hipóteses e variáveis. Análise e interpretação dos dados, comprovação ou refutação das hipóteses. Perfil do trabalhador temporário.

Resumo informativo ou analítico

LAKATOS, Eva Maria. *O trabalho temporário*: nova forma de relações sociais no trabalho. 1979. Tese (Livre-docência em Sociologia) – Escola de Sociologia e Política de São Paulo, São Paulo, 1979. 2. v.

A partir da Idade Média, com as sucessivas fases da organização industrial, temos: (1) o sistema familiar, em que a produção era realizada pelos membros da família, para seu próprio consumo e não para a venda, pois praticamente inexistia mercado; (2) o sistema de corporações, em que a produção ficava a cargo de mestres artesãos independentes, donos da matéria-prima e das ferramentas de trabalho, auxiliados por aprendizes; atendiam a um mercado pequeno e estável: não vendiam seu trabalho, mas o produto de sua atividade; (3) sistema doméstico, com um mercado em expansão, em que o mestre artesão perde parte de sua independência: surge o intermediário a quem pertence a matéria-prima e, em consequência, o produto acabado; (4) sistema fabril, atendendo a um mercado cada vez mais amplo e oscilante, em que a produção é realizada em estabelecimentos pertencentes ao empregador. O trabalhador é totalmente dependente, pois não é mais dono dos instrumentos de produção: vende, portanto, sua força de trabalho. As relações sociais formais de produção resultam "dos direitos definidos de acesso a um particular meio de vida e de participação nos resultados do processo de trabalho". As relações sociais no trabalho compreendem as "relações que se originam da associação, entre indivíduos, no processo cooperativo de produção". A Revolução Industrial não alterou as relações sociais formais de produção do sistema fabril. De acordo com a natureza da elite que orienta, introduz ou determina o processo de industrialização, as relações sociais no trabalho recebem diferentes influências. As principais são: processo empregado no recrutamento da mão de obra; na integração do trabalhador na empresa; na autoridade que elabora as normas referentes às relações entre o trabalhador e a direção da empresa; no caráter da autoridade da gerência sobre o trabalhador. A elite dinástica recruta, baseada em laços familiares; utiliza mecanismos paternalistas de integração; elabora normas através do Estado e da própria gerência e tem preocupação paternalista com os trabalhadores. A classe média recruta segundo a habilidade; cria mecanismos específicos de integração; a elaboração das normas é pluralista e considera o trabalhador como cidadão. Os intelectuais revolucionários realizam um recrutamento apoiados na filiação política; a integração dá-se através do apelo ideológico; a elaboração das normas encontra-se sobre a égide do partido e do Estado, e a autoridade tem caráter ditatorial, de início, e, mais tarde, constitucional. Os administradores coloniais recrutam segundo a naturalidade; a integração é paternalista; as normas são elaboradas pela metrópole e as formas de autoridade são ditatorial e paternalista. Os líderes nacionalistas recrutam segundo a qualificação profissional e política; a integração baseia-se na elaboração de normas; consideram o trabalhador como patriota; a elaboração de normas destaca o Estado e os dirigentes, e a autoridade depende do tipo de gerentes. Distingue-se o trabalho temporário de outras atividades, como: trabalho parcial, recrutamento direto, período de experiência, empréstimo de trabalhador, subcontratação, empreitada, trabalhador sazonal, diarista, trabalhador externo e trabalhador doméstico. Na conceituação de trabalhador temporário, faz-se referência a uma relação triangular entre o empregador

68   Capítulo 2

(agência de mão de obra temporária – fornecedor), o trabalhador temporário e a empresa cliente (tomador). O trabalho temporário "é uma consequência do sistema fabril de produção, surgindo espontaneamente em determinada etapa do desenvolvimento econômico, inserindo-se, geralmente, em formas específicas de organização do trabalho – determinada pela tecnologia e pluralista – sob certas condições: organização contratual, contratos individuais e baseados na ocupação". A sociedade industrialmente desenvolvida favorece o surgimento do trabalho temporário. A ampliação deste é incentivada pelo aumento da divisão do trabalho e pela especialização: coincide sua expansão com o aumento do desemprego. O trabalhador temporário diferencia-se daquele que é fixo por um conjunto de características, que decorrem do tipo de atividade exercida, assim como do tempo de exercício da função. O trabalhador é encaminhado a essa atividade, principalmente, pela insuficiência de oferta de empregos fixos. O trabalhador temporário é predominantemente do sexo masculino; entre 18 e 30 anos; com ensino fundamental completo; sem companheira; família pouco numerosa, geralmente migrante do próprio Estado; responsável econômico da família; mora em casa alugada e não possui outra fonte de renda ou bens.

Palavras-chave: Sistema familiar, de corporações, doméstico e fabril. Relações sociais formais de produção. Relações sociais no trabalho. Revolução Industrial. Elite dinástica, classe média, intelectuais revolucionários, administradores coloniais e líderes nacionalistas. Trabalho temporário. Trabalhadores temporários. Características dos trabalhadores temporários.

Resumo crítico

LAKATOS, Eva Maria. *O trabalho temporário*: nova forma de relações sociais no trabalho. 1979. Tese (Livre-docência em Sociologia) – Escola de Sociologia e Política de São Paulo, São Paulo, 1979. 2. v.

Traça um panorama do trabalho temporário nos dias atuais, nos municípios de São Paulo, Santo André, São Bernardo, São Caetano (ABC) e Rio de Janeiro, relacionando as razões históricas, sociais e econômicas que levaram ao seu aparecimento e desenvolvimento. Divide-se em duas partes. Na primeira, geral, apresenta a retrospectiva do trabalho temporário. Partindo do surgimento da produção industrial, traça um panorama da evolução dos sistemas de trabalho. Dessa maneira, são enfocadas, do ponto de vista sociológico, as relações de produção através dos tempos. Esse quadro histórico fornece a base para a compreensão dos fatores sociais e econômicos que levaram à existência do trabalho temporário tal como é conhecido hoje no contexto urbano. A parte teórica permite também visualizar a realidade socioeconômica do trabalhador temporário, conduzindo, em sequência lógica, as pesquisas de campo apresentadas na segunda parte do trabalho. A parte essencial consiste em uma pesquisa realizada em três níveis: o trabalhador temporário, as agências de mão de obra temporária e as empresas que a utilizam. Ao abordar os três elementos atuantes no processo, a pesquisa cerca o problema e faz um levantamento profundo dele. As técnicas utilizadas para a seleção da amostra e coleta de dados são rigorosamente corretas do ponto de vista metodológico, o que dá à pesquisa grande confiabilidade. As tabelas apresentadas confirmam ou refutam as hipóteses levantadas, permitindo que, a cada passo, se acompanhe o raciocínio que leva às conclusões do trabalho. Estas são apresentadas por tópicos e divididas conforme a parte a que se referem, permitindo ao leitor confrontar o texto comprobatório com a conclusão dele resultante. Ao final de cada capítulo, há um glossário, com a definição dos principais conceitos utilizados no texto. São ainda anexados ao texto a legislação referente ao trabalho temporário, o modelo de formulário utilizado na pesquisa e a lista de itens que a integra. Tabelas com os resultados da pesquisa fazem parte do segundo volume. Esse material permite que se conheça em detalhes o processo de investigação realizado e se possa reproduzi-lo.

LEITURA RECOMENDADA

CERVO, Amado Luiz, BERVIAN, Pedro Alcino; SILVA, Roberto da. *Metodologia científica*. 6. ed. São Paulo: Pearson Prentice Hall, 2014. Cap. 6.

FRAGATA, Júlio S. I. *Noções de metodologia*: para elaboração de um trabalho científico. 3. ed. Porto: Tavares Martins, 1980. Caps. 5 e 6.

MEDEIROS, João Bosco. *Redação científica*: prática de fichamentos, resumos, resenhas. 13. ed. São Paulo: Atlas, 2019. Caps. 6 e 7.

RUMMEL, J. Francis. *Introdução aos procedimentos de pesquisa em educação*. Tradução de Jurema Alcides Cunha. 3. ed. Porto Alegre: Globo, 1977. Cap. 7.

SALOMON, Délcio Vieira. *Como fazer uma monografia*. 13. ed. São Paulo: Martins Fontes, 2014. Cap. 3.

SALVADOR, Ângelo Domingos. *Métodos e técnicas de pesquisa bibliográfica*: elaboração de trabalhos científicos. 8. ed. Porto Alegre: Sulina, 1980. Primeira Parte, Cap. 2.

3
Publicações científicas

1   COMUNICAÇÃO CIENTÍFICA

Os dicionários definem comunicação como ato de transmitir informações, ou seja, ideias, fatos, opiniões. Por meio dela, pode-se compartilhar conhecimentos, opiniões, sentimentos.

Todo estudioso necessita transmitir a outras pessoas, com certa frequência, o fruto de suas atividades, de seu conhecimento. Salomon (2014, p. 205) salienta que a função do cientista

> não pode ser a de enclausurado numa "torre de marfim". Se a ciência tem por objetivo conhecer e dominar a natureza para servir ao homem, compete ao cientista ou ao pesquisador comunicar os resultados de seus estudos, pois esta é uma das maneiras de ele ser "social".

O sugestivo título do livro de Barrass (1979), *Os cientistas precisam escrever*, já postula que o fazer científico anda de mãos dadas com a publicação. Não se empenha em uma investigação durante semanas, meses, anos para chegar a resultados que serão engavetados ou escondidos da sociedade. Além disso, as agências de fomento à pesquisa, ao proporcionarem recursos para a realização de pesquisa, objetivam a produção de conhecimento e sua difusão. As universidades, da mesma forma, promovem um sem-número de eventos (congressos, simpósios, jornadas, semanas, seminários) sempre tendo em vista oferecer possibilidades de publicação de pesquisas que estão sendo realizadas.

72 **Capítulo 3**

Os periódicos, impressos e virtuais, são outros caminhos abertos aos cientistas para a publicação de seus trabalhos.

Além das atividades curriculares, professores, mestrandos, doutorandos, mestres, doutores participam de eventos que podem ocorrer nas mais variadas instituições; nesses ambientes discutem resultados de pesquisa, visando divulgar suas teses. Nesse sentido, comunicação científica é a informação dos resultados de uma pesquisa original e inédita apresentada em congressos, simpósios, semanas, reuniões, academias, sociedades científicas etc. Para Salvador (1980, p. 23), "um texto pertence a essa categoria quando traz informações científicas novas, mas não permite, devido à sua redação, que os leitores possam verificar informações: as notas simplesmente informam".

Severino (2016, p. 251-255), depois de afirmar que "a vida científica de professores e estudantes universitários não se limita às atividades curriculares que se desenvolvem no interior das faculdades", elenca um conjunto de eventos em que se apresentam e debatem ideias, teses, pesquisas que estão sendo realizadas, buscando sempre a evolução do conhecimento: congressos, conferências, palestras, reunião, jornada, simpósio, seminário, colóquio, painel. Salienta, ainda, que "nem sempre se distingue bem o significado específico de cada tipo de evento e, na linguagem comum, os termos são muitas vezes tomados uns pelos outros" (p. 252).

Em virtude dos locais de sua realização, a comunicação científica é limitada em sua extensão, ou seja, não pode ser muito longa. Geralmente, estipula-se um tempo para os participantes apresentarem sua comunicação: dez a vinte minutos, mais ou menos. Embora apresentada oralmente, a comunicação científica deve ser escrita, principalmente se o autor tiver em mente sua publicação. Não pode prescindir-se de um plano.

A atualização do tema ou problema é um dos fatores mais relevantes de uma comunicação científica, pois representa valiosa contribuição ao desenvolvimento da ciência. A comunicação não necessita de abundância de aspectos analíticos; basta que a experiência, as ideias ou a teoria sejam bem fundamentadas.

O texto das comunicações, ao contrário das teses científicas, não permite ao leitor reproduzir as experiências e obter os mesmos resultados, verificar os resultados da análise, ou julgar as conclusões do autor, embora contribua com uma ou várias informações ou abordagens novas.

1.1 Finalidade

A finalidade de uma comunicação científica é "comunicar a outras pessoas os frutos de seu saber, de seu aprendizado, de sua atividade" (GALLIANO, 1979,

p. 50). Levar as pessoas a pensarem, fazendo-as perceber as coisas familiares de modo diferente, valendo-se de argumentos para influenciar as mentes dos ouvintes.

1.2 Estrutura

A estrutura de uma comunicação científica compreende a disposição da informação de acordo com os padrões internacionais estabelecidos para trabalhos científicos. Os assuntos podem divergir quanto ao conteúdo, ao material, mas não em relação ao aspecto formal. A estrutura de uma comunicação científica abrange três partes:

a) **Introdução:** formulação precisa e simples do tema. Apresentação sintética do problema e ligeira referência a trabalhos anteriores. Inclui ainda: justificativa, objetivos, metodologia, delimitação do tema e do problema, ângulo de abordagem e exposição exata da ideia central.

b) **Desenvolvimento:** texto ou corpo do trabalho. Exposição das informações e dos argumentos de forma detalhada. Consiste na fundamentação lógica do trabalho e tem por objetivo expor e demonstrar as principais ideias. A subdivisão do corpo da comunicação em seções e subseções permite ao leitor ou ouvinte melhor compreensão. É importante conservar certo equilíbrio entre as frases, ou seja, frases longas intercaladas de curtas (em geral, frases coordenadas e frases subordinadas), para evitar o cansaço e favorecer a assimilação.

c) **Conclusão:** síntese completa dos resultados da pesquisa ou resumo das principais informações ou argumentos.

1.3 Linguagem

A comunicação científica, como qualquer outro trabalho científico, exige rigor quanto ao uso da variedade linguística comum no meio. Normalmente chamada de variedade culta (é a que se aproxima da variedade padrão, que é a constante das gramáticas normativas; em geral, a variedade linguística culta é a de uso por pessoas com nível de escolaridade superior). Outra preocupação diz respeito à precisão do significado das palavras empregadas no texto. Embora se reconheça que a ambiguidade é característica do signo verbal, busca-se, tanto quanto possível, evitá-la, dando preferência ao uso denotativo da linguagem. No caso de divergência de significado comum às mais diversas áreas científicas,

74   **Capítulo 3**

o pesquisador se ocupará de esclarecê-lo, a fim de evitar interpretação indevida. É, pois, de suma importância a definição de alguns termos, dando-lhes um significado mais preciso. Rudio (2014, p. 33) orienta:

> Precisamos, ainda, levar em consideração a divergência relativa a certas palavras e expressões, cujos significados são discutíveis de acordo com as teorias, áreas de conhecimento etc. Será de grande valor, além da nossa reflexão pessoal e autocrítica, consultarmos determinadas pessoas, especializadas ou entendidas no assunto e outras que, por algum motivo mais sério, julgamos poderem ser úteis e nos ajudarem.

O processo de comunicação só é eficaz na medida em que ajuda o leitor ou ouvinte a entender o que leu ou ouviu, a compreender aquilo que se deseja transmitir. Requisitos básicos próprios da divulgação científica, segundo Salomon (2014, p. 210-211):

(a) Conhecimento suficiente da matéria a tratar.

(b) Exatidão na exposição.

(c) Adaptabilidade.

(d) Linguagem acessível ao promédio do público.

1.4 Tipos de comunicação científica

Para Salvador (1980, p. 23), são os seguintes os tipos de comunicação científica:

a) Estudos breves: sobre algum aspecto da ciência.

b) Sugestões: para a solução de problemas.

c) Textos de filósofos: para esclarecer uma questão.

d) Apreciação: interpretação ou correção de textos ou obras.

e) Fixação do enfoque: para colocação de questões.

f) Recensão particular de um livro: abordagem nova.

g) Crônicas inéditas de congressos.

1.5 Elaboração da comunicação

Todo trabalho científico requer a elaboração de um plano; a comunicação escrita não pode fugir à regra. Se ela consistir apenas em uma informação ou resumo de obra, a rigor, não necessita do plano, mas, em se tratando de uma comunicação original, inédita, ele é indispensável.

A escolha do tema, se for livre, deve recair sobre algo ao alcance do interessado, evitando-se assuntos ambiciosos, complexos ou extensos demais. Convém planejar o tempo para a pesquisa documental, bibliográfica ou de campo, delimitando o objeto, o campo e o nível de investigação.

De posse do material e estabelecida a sequência do assunto, dá-se início à redação, provisória, abrangendo a totalidade do problema da pesquisa. A comunicação científica escrita leva em conta as seguintes partes:

a) Folha de rosto:
- Designação do congresso, simpósio etc.
- Local de realização.
- Data do evento.
- Patrocinador(es).
- Título do trabalho.
- Nome do autor.
- Credenciais do autor (cargos).

b) Resumo analítico do trabalho redigido pelo próprio autor ou editor e publicado ao mesmo tempo que o trabalho. Pode ser colocado entre o título e o texto ou ao final da publicação. Deve ser escrito em português, inglês ou outra língua de difusão internacional. "É mera apresentação condensada do texto de uma publicação ou suas principais ideias, sem emissão de juízo de valor" (SALVADOR, 1980, p. 16). A redação do resumo deve:
- Facilitar a consulta do periódico que a publicou, tornando esse trabalho menos oneroso e mais rápido.
- Conter, de forma sucinta, os fatos encontrados no trabalho e suas conclusões, sem emitir juízo de valor.
- Dar ao leitor uma visão global do conteúdo.
- Indicar a maneira como o tema foi abordado.
- Apontar os fatos novos e as conclusões tiradas.
- Ser o mais concisa possível.

c) Conteúdo:
- Introdução.

76 Capítulo 3

- Texto (desenvolvimento).
- Conclusão ou recomendações.

d) Referência bibliográfica.

1.6 Estágios da comunicação

A comunicação obedece a três estágios ou fases:

a) Preparação: familiaridade e domínio do que se pretende comunicar. O autor deve estar apto, portanto, para responder às perguntas que poderão ser formuladas.

b) Apresentação: ler com clareza o que está escrito. Imprimir velocidade razoável à leitura, tentando prender a atenção dos ouvintes. Dar ênfase às palavras-chave.

c) Arguição: prestar bastante atenção às questões formuladas, para respondê-las adequadamente. Se não souber a resposta, seja sincero: reconheça a falta de conhecimento preciso. Entretanto, pode-se sugerir uma resposta.

1.7 Apresentação formal

As comunicações feitas em congressos, simpósios e outros eventos científicos têm caráter formal. A mesa, geralmente, é constituída por um presidente, um secretário e um orador. O tempo da exposição é estabelecido com antecedência, assim como o da arguição, que pode ser feita por escrito ou oralmente. Se as questões forem orais, devem ser anotadas pelo orador para não haver engano de resposta. Quando escritas, se surgirem muitas, envolvendo o mesmo assunto, o presidente da mesa pode agrupá-las.

Apresentamos a seguir um exemplo de comunicação científica.

O ARTESANATO MASCULINO NA REGIÃO DE FRANCA – M.A. Marconi

Instituto de História e Serviço Social – Campus de Franca – UNESP

O objetivo do presente trabalho foi o de estudar o artesanato masculino na região de Franca (dez cidades), a fim de obter uma visão global e atual dos diferentes artesãos e suas produções e verificar se o artesanato se constitui em uma atividade tradicional, que supre a demanda existente na região, ou se se configura solução de emergência para a elevada taxa de desemprego. Trata-se de pesquisa de campo, realizada no período de 1980/1981. Para a coleta de dados, foram utilizados formulários, entrevistas e histórias da vida. Há três categorias de artesãos: (a) os que vivem somente do artesanato, que é, portanto, sua ocupação principal; (b) os que exercem outras atividades, mas se dedicam ao artesanato nas horas de folga (ocupação secundária); (c) os aposentados. Os dois últimos lançam mão dessa atividade para complementar seu ordenado. O artesanato ainda tem sido, nessa região, opção para suprir a falta de emprego, principalmente para os migrantes da zona rural. A procura de produtos artesanais é razoável, tanto por parte de donas de casa quanto por pessoas ligadas ao campo. A maioria dos artesãos não transmite (nem o deseja) seus conhecimentos aos filhos. Algumas peças produzidas, em razão de menor procura, não são mais confeccionadas, havendo tendência à especialização. A idade dos artesãos concentra-se na faixa etária acima dos 50 anos. A região permite, com facilidade, a obtenção do material utilizado.

REUNIÃO ANUAL DA SBPC, 24., 1982, Campinas. *Anais* [...]. Campinas, 1982. p. 583.

2 ARTIGOS CIENTÍFICOS

Os artigos científicos são pequenos estudos, porém completos, que tratam de uma questão verdadeiramente científica. Apresentam o resultado de estudos ou pesquisas e distinguem-se dos diferentes tipos de trabalhos científicos pela sua reduzida dimensão e conteúdo. São publicados em revistas ou periódicos especializados e formam a seção principal deles.

Concluído um trabalho de pesquisa – documental, bibliográfica ou de campo –, para que os resultados sejam conhecidos, faz-se necessária a sua publicação. Esse tipo de trabalho proporciona não só a ampliação de conhecimentos, como também a compreensão de certas questões.

Os artigos científicos, por serem completos, permitem ao leitor, mediante a descrição da metodologia empregada, do processamento utilizado e dos resultados obtidos, repetir a experiência.

2.1 Estrutura do artigo científico

Para a NBR 6022, da ABNT, a estrutura do artigo científico é constituída de (parágrafo 5 e suas subdivisões):

Elementos pré-textuais
a) título, e subtítulo (se houver);
b) nome(s) do(s) autor(es);

c) resumo na língua do texto;

d) palavras-chave na língua do texto.

Elementos textuais

a) introdução;

b) desenvolvimento;

c) conclusão.

Elementos pós-textuais

a) título e subtítulo (se houver) em língua estrangeira;

b) resumo em língua estrangeira;

c) palavras-chave em língua estrangeira;

d) nota(s) explicativa(s);

e) referências;

f) glossário;

g) apêndice(s);

h) anexo(s).

Os periódicos nacionais costumam trazer ambos os resumos (em língua portuguesa e em língua inglesa, normalmente) logo no início, e não separadamente como estabelece a NBR 6022.

São comuns também nos periódicos a estrutura IMDR, que é abreviatura de introdução, metodologia, discussão e resultados.

A esses elementos acrescenta-se a data de sua realização, que serve para salvaguardar a responsabilidade de quem escreve um artigo científico, em face da rápida evolução da ciência e da tecnologia e demora de certos periódicos publicarem os textos.

2.2 Conteúdo do artigo científico

O conteúdo pode abranger os mais variados aspectos e, em geral, apresenta temas ou abordagens novas, atuais, diferentes. Pode:

a) Versar sobre um estudo pessoal, uma descoberta, ou dar um enfoque contrário ao já conhecido.

b) Oferecer soluções para questões controvertidas.

c) Levar ao conhecimento do público intelectual ou especializado no assunto ideias novas, para sondagem de opiniões ou atualização de informes.

d) Abordar aspectos secundários, levantados em alguma pesquisa, mas que não serão utilizados.

O estabelecimento de um esquema para expor, de maneira lógica, sistemática, os diferentes tópicos do assunto evita repetições ou omissões ao longo do texto. O público a que se destina o artigo também deve ser levado em consideração; isto pode ser mais ou menos previsto, conhecendo-se de antemão a natureza da revista: científica, didática, de divulgação.

2.3 Tipos de artigo científico

O parágrafo 4 da NBR 6022 classifica os artigos científicos em original e de revisão. Há também nos periódicos os chamados artigos de revisão sistemática e metanálise (cf., por exemplo, SOUSA; RIBEIRO, 2009).

Aqui, trataremos de artigo de argumento teórico, artigo de análise e artigo classificatório.

2.3.1 Artigo de argumento teórico

Tipo de artigo que apresenta argumentos favoráveis ou contrários a uma opinião. Inicialmente, focaliza-se um argumento e depois os fatos que possam prová-lo ou refutá-lo. O desenrolar da argumentação leva a uma tomada de posição. Essa forma de trabalho requer pesquisa profunda e intensa a fim de coletar dados consistentes e suficientes. É uma forma de documentação empregada, geralmente, por especialistas experientes.

O roteiro de um artigo de argumento teórico é o seguinte:

a) Exposição da teoria.

b) Fatos apresentados.

c) Síntese dos fatos.

d) Conclusão.

2.3.2 Artigo de análise

Nesse tipo de artigo, o autor faz análise de cada elemento constitutivo do assunto e sua relação com o todo. "O técnico ou cientista procura descobrir e provar

80 **Capítulo 3**

a verdadeira natureza do assunto e das relações entre suas partes" (SIQUEIRA, 1969, p. 81).

A análise engloba: descrição, classificação e definição do assunto, tendo em vista a estrutura, a forma, o objetivo e a finalidade do tema. Entra em detalhes e apresenta exemplos. Não é muito comum, na literatura moderna, encontrar um artigo totalmente analítico.

O roteiro de um artigo de análise é o seguinte:

a) Definição do assunto.
b) Aspectos principais e secundários.
c) As partes.
d) Relações existentes.

2.3.3 Artigo classificatório

O autor, nesse caso, procura classificar os aspectos de determinado assunto e explicar suas partes. Primeiramente, faz-se a divisão do tema em forma tabular, ou seja, em classes, com suas características principais. Depois apresenta: definição, descrição objetiva e análise.

O roteiro de um artigo classificatório é o seguinte:

a) Definição do assunto.
b) Explicação da divisão.
c) Tabulação dos tipos.
d) Definição de cada espécie.

2.4 Motivação

Várias oportunidades podem ser motivo para a redação de um artigo científico. Por exemplo:

a) Certos aspectos de um assunto não foram estudados, ou o foram superficialmente; ou, ainda, se já tratados amplamente por outros, novos estudos e pesquisas permitem encontrar uma solução diferente.
b) Uma questão antiga, conhecida, pode ser exposta de maneira nova.
c) Os resultados de uma pesquisa ainda não se constituem em material suficiente para a elaboração de um livro.

d) Ao se realizar um trabalho, surgem questões secundárias que não serão aproveitadas na obra.

e) O surgimento de um erro ou de assuntos controvertidos permite refutar, convenientemente, o erro ou resolver de modo satisfatório a controvérsia.

2.5 Estilo

O estilo deve ser conciso, objetivo; a linguagem segue o padrão gramatical; é precisa, coerente e simples. Adjetivos e advérbios supérfluos, rodeios e repetições ou explicações inúteis são evitados, assim como a forma excessivamente compacta, que pode prejudicar a compreensão do texto. Em relação ao uso da pessoa gramatical, é preciso estar atento às exigências da área: algumas pedem que se redija em terceira pessoa (forma impessoal), outras admitem a primeira pessoa do plural e há até as que aceitam até mesmo a primeira pessoa do singular:

A pesquisa foi realizada... (ou: realizou-se a pesquisa...).

Realizamos a pesquisa...

Realizei a pesquisa...

O título também merece atenção: precisa corresponder, de maneira adequada, ao conteúdo.

2.6 Avaliação de um artigo científico

Em geral, depois de escrito e enviado um artigo científico a um periódico, ele é submetido a dois especialistas da área (normalmente, chama-se avaliação por seus pares), que podem recomendar sua publicação com alguns aprimoramentos, ou considerar oportuna sua publicação sem nenhuma correção. Outra possibilidade é a recusa de sua publicação por insuficiência de conteúdo, inadequação de linguagem, inconsistência dos argumentos ou dos dados utilizados.

Segundo Salomon (2014, p. 210), para que um trabalho científico cumpra seu objetivo de divulgação, ele precisa satisfazer a alguns requisitos:

a) Conhecimento suficiente da matéria objeto da pesquisa.

b) Exatidão na exposição.

82   Capítulo 3

c) Adaptabilidade: "para atingir o público, é preciso que o autor conheça, antes de escrever, as características relevantes desse público e confesse de maneira explícita a quem se dirige".

d) Linguagem acessível ao público.

Barrass (1979, p. 166) apresenta um rol de questões para a avaliação de um trabalho científico. Entre elas figuram os termos:

a) Adequado, original, inédito, complexo, imparcial.
b) Conciso, preciso, coerente, objetivo.
c) Equilíbrio, unidade, honestidade e exatidão.

Devem-se avaliar também a metodologia, as conclusões e a parte referencial, e verificar se a contribuição tem realmente algum valor.

3   INFORME CIENTÍFICO

O informe, em geral, vale-se da divulgação de grande interesse dos pesquisadores e cientistas.

4   DIFUSÃO E DIVULGAÇÃO CIENTÍFICA

4.1 Aspectos históricos

No final do século XVIII e início do século XIX, brasileiros que frequentaram cursos superiores em alguns países europeus, no retorno ao país, começaram a contribuir para a difusão de conceitos científicos. A primeira apresentação ocorreu no início do século XIX. Depois, surgiram as primeiras instituições de ensino superior, interessadas em ciência e técnicas, como a Academia Real Militar e o Museu Nacional.

Ao ser criada a Imprensa Régia (1810), textos e manuais sobre educação científica começaram a ser publicados, embora em número reduzido. No mesmo período, surgem os primeiros jornais, como a *Gazeta do Rio de Janeiro*, *O Patriota* e *O Correio Brasiliense*, que traziam artigos voltados para as ciências.

Na segunda metade do século XIX, a divulgação científica se intensifica em toda a Europa, atingindo o Brasil, porém, moderadamente. Eram apenas atividades individuais e em poucas áreas científicas.

De 1850 a 1880, cresce o número de periódicos de caráter geral. Os relacionados à ciência foram criados entre 1857 até 1875. Nesse período, foram lançados: a *Revista Brasileira*, o *Jornal de Sciencias, Letras e Arte* e, pouco depois, a *Revista do Rio de Janeiro*. Mais tarde surgem o *Jornal do Comércio*, a *Gazeta de Notícia* e o *Diário do Rio de Janeiro*, que publicavam conhecimentos variados.

No começo do século XX, o Brasil ainda não tinha uma tradição de pesquisa. Foi importante, em 1916, a criação da Sociedade Brasileira de Ciências que, em 1922, transformou-se na Academia Brasileira de Ciências.

Em 1917, surge a *Revista da Sociedade Brasileira para o Progresso da Ciência* e, em 1929, a revista *Sciencia e Educação*.

A Sociedade Brasileira para o Progresso da Ciência (SBPC), criada em 1948, tornou-se a principal atividade a promover eventos e publicações voltadas para a divulgação científica.

A partir desse período, foram publicados vários livros voltados para a divulgação científica. Nesses anos todos, além de jornais e revistas passarem a abordar aspectos científicos, a divulgação da ciência também se deu pelo rádio. As últimas três décadas têm sido um período rico em experiências de divulgação científica, embora o país ainda não tenha alcançado uma atividade ampla e de expressiva qualidade. A partir dos anos 80, atividades de divulgação começaram a surgir também em alguns programas de TV.

Em 1982, foi criada a revista *Ciência Hoje*, no Rio de Janeiro. É a mais importante revista de divulgação científica no Brasil. A *Galileu* e a *Superinteressante* não podem ser comparadas a ela. Segundo Costa (2003), *Ciência Hoje*: (1) abriga artigos escritos por cientistas; (2) os artigos passam por avaliação prévia, tal como ocorre em revistas científicas; (3) é possível perceber como os cientistas fazem ciência; (4) não é um periódico sensacionalista.

4.2 Conceitos de difusão e divulgação

Vejamos a diferença entre dois conceitos: (1) *difundir*, que é expor, informar e (2) *divulgar*, que é publicar, popularizar. Para Desantes-Guanter e Yepes (2000, p. 245):

a) Difundir "é tornar público algo em uma linguagem da mesma qualidade intelectual como se concebe a ideia".

b) Divulgar seria "rebaixar esta qualidade da linguagem a nível de compreensibilidade do vulgo, descer a uma linguagem *Omnibus*".

84   **Capítulo 3**

Dizem os autores citados que, "em termos vulgares, difundir e divulgar se confundem", porém, "em termos científicos, divergem, dado que o resultado da divulgação não pode conseguir a qualidade das mensagens científicas".

Para Sabino (1996, p. 210), "a informação é característica importante da ciência, tornando públicos os resultados, pondo ao alcance da comunidade científica os avanços realizados em cada ramo do saber", devendo "publicar de forma ordenada as informações, permitindo, portanto, uma perfeita compreensão da natureza e objetivos de cada pesquisa".

Zamboni (2001, p. 44-45) afirma que a divulgação científica

> é entendida, de modo genérico, como uma atividade de difusão, dirigida para fora de seu contexto originário, de conhecimentos científicos produzidos e circulantes no interior de uma comunidade de limites restritos, mobilizando diferentes recursos, técnicas e processos para a veiculação das informações científicas e tecnológicas ao público em geral.

Asti Vera (1979, p. 164) sustenta que a difusão consiste em uma "contribuição ao desenvolvimento do conhecimento: sendo uma união crítica aos estudos realizados sobre uma questão, atualizando os conhecimentos e as pesquisas sobre as mesmas".

Difusão científica seria, portanto, o processo de levar ao conhecimento dos cientistas os resultados das novas pesquisas realizadas, em linguagem formal, técnica e de acordo com normas estabelecidas pelo local de apresentação, ou seja, congressos, academias, sociedades científicas. A divulgação pode ainda se dar por meio de livros e revistas especializados.

Divulgação científica seria a informação limitada em extensão, em linguagem acessível, informal e dirigida ao público em geral, para que ele, através dos diferentes meios de comunicação, também possa tomar conhecimento dos resultados desses estudos.

Pardinas (1969, p. 12) entende que o trabalho intelectual humano que se apoia no estudo metodológico objetiva procurar e descobrir conhecimentos novos, descrevendo, explicando e predizendo:

a) Descrevendo: expondo minuciosamente condutas ou fenômenos sociais.
b) Explicando: esclarecendo ou interpretando a conduta interna ou externa sobre determinado fenômeno, dentro de uma probabilidade dada.

c) Predizendo: expondo pormenorizadamente condutas ou fenômenos sociais.

Os cientistas devem escrever a fim de que suas descobertas sejam difundidas, disseminadas, divulgadas.

A tarefa científica começa realmente quando o pesquisador empreende a busca de novos conhecimentos; em seguida, redige o relatório de sua investigação e prossegue com a divulgação de seu trabalho, a fim de que seus conhecimentos alcancem um público mais amplo, que posa compreender suas descobertas, os problemas focalizados e os resultados alcançados.

4.3 Níveis de conhecimento

Há três tipos de conhecimento: conhecimento popular, conhecimento de divulgação e conhecimento científico.

4.3.1 Conhecimento popular

Esse nível de conhecimento compreende toda informação recebida ou transmitida sem uma crítica expressa de suas fontes ou sua validez. Nesse caso, ocorrem proposições informativas que podem ou não ser acompanhadas de comprovação. O conhecimento popular consiste, em sua maior parte, na informação de jornais, rádios, cinema, TV etc. (dados terciários).

O destinatário desse tipo de informação popular é o que se pode chamar de grande público; ele não se ocupa de investigar profundamente a validez das informações.

São fontes de conhecimento popular: enciclopédias gerais e populares, conferências populares, artigos de periódicos (jornais e revistas populares), caracterizados por informações de terceira ou quarta mão, lançados ao leitor sem qualquer esforço de crítica. Esse tipo de informação pode ainda ser veiculado por livros não científicos.

4.3.2 Conhecimento de divulgação

Destina-se a leitores mais especializados ou de atividades intelectuais mais desenvolvidas. O conhecimento de divulgação compreende informações recebidas ou transmitidas, que se caracterizam sob três aspectos:

a) São submetidas a críticas.

86 Capítulo 3

b) Apresentam exposição das fontes de informação.

c) Os dados são secundários ou tirados de obras de pesquisadores de primeira mão.

São fontes de conhecimento de divulgação: enciclopédias especializadas, periódicos, conferências.

4.3.3 Conhecimento científico

Abrange conhecimentos estritamente científicos; é um tipo de conhecimento que se destina à obtenção e à publicação de conhecimentos desconhecidos pelo grande público. Consiste em conseguir e publicar cumulativamente novas informações, visando explicar e predizer a conduta de fenômenos em determinadas áreas, em cada ciência. É submetido a rigorosa crítica sobre o procedimento utilizado. Envolve dados primários.

São fontes de conhecimento científico: enciclopédias especializadas, livros, periódicos científicos, conferências.

Pardinas (1969, p. 17) chama de dados primários os de primeira mão, organizados e formulados pelo investigador. Secundários seriam os de segunda mão, aqueles que o investigador recolhe de outros investigadores. Terciários, ou dados de terceira mão, quando o escritor somente divulga o trabalho de um pesquisador.

4.4 Níveis de complexidade da difusão e divulgação científica

Três são os níveis de complexidade na divulgação científica:

a) Elementar: de uso cotidiano, evitando vocabulário técnico-científico, em textos curtos, porém enfatizando ilustrações dos conceitos. Usa imagens e sons.

b) Intermediário: introduz o tema e o relacionamento com outros cientistas. É basicamente gênero informativo. Vale-se também de gráficos, ilustrações, sons e outros recursos.

c) Aprofundado: composto por vários textos, mas diferentes do tema central. Procura informações teóricas, estabelecendo nexos com a história da ciência. Aborda biografias, curiosidades, experimentos, depoimentos etc. Relaciona o assunto com outras áreas do conhecimento.

4.5 Requisitos básicos da difusão e divulgação científica

São requisitos básicos para a difusão e divulgação científica:

a) Conhecimento suficiente do assunto.
b) Exatidão da exposição, requerendo clareza.
c) Adaptabilidade, propiciando conhecimentos desconhecidos.
d) Linguagem acessível, simples, ajustando o estilo a um vocabulário que esteja de acordo com o do leitor.

Na difusão e divulgação científica, deve-se levar em consideração a quem é dirigido o assunto: especialistas, estudantes ou ao grande público não especializado, a fim de que possa ser lido e compreendido por muitos, mesmo estudiosos não versados diretamente em determinados assuntos.

4.6 Objetivos da difusão e divulgação científica

Procedimentos a serem preservados pelo divulgador científico:

a) Propiciar ao maior número de pessoas o livre exercício da crítica e da formação da opinião a partir do acesso ao conhecimento.
b) Permitir que a população possa opinar sobre os avanços da ciência e tecnologia, dividindo com os políticos, os técnicos e demais especialistas a capacidade e o direito de participar das decisões nas mais importantes questões.
c) Considerar que, no trabalho de divulgação dos avanços da ciência e tecnologia, o pesquisador deve levar em conta também os interesses ou compromissos vinculados com a divulgação dos fatos, para evitar que os benefícios práticos apenas se deem a algumas nações, certas sociedades ou grupos privilegiados.[1]

4.7 Importância da difusão e divulgação científica

A difusão e divulgação científica contribui para:

---

[1] José Monserrat Filho. Palestra proferida no Anfiteatro Camargo Guarnieri/USP, agosto de 2002.

88   Capítulo 3

a) Desenvolvimento do saber, atualizando os conhecimentos e as pesquisas e mesmo a revisão crítica dos estudos realizados.

b) Disseminação de informações entre cientistas de outras áreas.

c) Intercâmbio do conhecimento por meio de canais mecânicos: computadores, rede da Internet etc.

d) Comunicação e/ou divulgação do próprio desenvolvimento da ciência, por diferentes meios.

e) Transmissão de ferramentas operacionais para formar especialistas que atuam em diferentes ambientes.

f) Aumento da qualificação geral científica e tecnológica.

g) Viabilização e democratização da socialização do conhecimento.

h) Partilhamento social do saber, permitindo a todos o conhecimento do desconhecido, à medida que as ciências se desenvolvem e se especializam.

i) Esclarecimento de problemas incompreensíveis, a fim de relacionar o cientista ao leigo.

A divulgação científica é uma prática, basicamente, comunicativa, levando os seus agentes a esclarecer problemas de incompreensão e ampliando os conhecimentos da ciência em diferentes ramos. Ela é tão importante que sua realização possibilita a reduplicação da experiência, contribuindo para o enriquecimento do acervo científico e a formação da opinião pública.

5   RESENHA CRÍTICA

5.1 Conceito e finalidade

Resenha crítica é um gênero de texto acadêmico e jornalístico, realizado por especialistas; compreende um conjunto de procedimentos, entre os quais se destacam a descrição minuciosa do texto e uma avaliação crítica do conteúdo da obra. Enfim, consiste na leitura, no resumo, na crítica e na formulação de um conceito de valor do livro feitos pelo resenhista.

A resenha, em geral, é elaborada por um especialista que, além do conhecimento sobre o assunto, tem capacidade de juízo crítico. Também pode ser realizada por estudantes; nesse caso, como um exercício de compreensão e crítica.

A finalidade de uma resenha é informar o leitor, de maneira objetiva e cortês, sobre o assunto tratado no livro, evidenciando a contribuição do autor:

novas abordagens, novos conhecimentos, novas teorias. A resenha visa, portanto, a apresentar uma síntese das ideias fundamentais da obra.

O resenhista deve resumir o assunto e apontar as falhas de informação encontradas, sem entrar em muitos pormenores e, ao mesmo tempo, tecer elogios aos méritos da obra, desde que sinceros e ponderados. Entretanto, mesmo que o resenhista tenha competência na matéria, isso não lhe dá o direito de deturpar o pensamento do autor. Ele não deve "tentar dizer que poderia ter produzido obra melhor; não deve procurar ressaltar suas próprias qualidades às custas de quem escreveu o livro comentado; e não há lugar, numa resenha científica, para perguntas retóricas ou para sarcasmos" (BARRASS, 1979, p. 139).

5.2 Requisitos básicos

Para elaboração de uma resenha crítica, são necessários alguns requisitos básicos; Salvador (1980, p. 139) aponta:

(a) Conhecimento completo da obra.
(b) Competência na matéria.
(c) Capacidade de juízo de valor.
(d) Independência de juízo.
(e) Correção e urbanidade.
(f) Fidelidade ao pensamento do autor.

5.3 Importância da resenha

Ante a explosão da literatura técnica e científica e a exiguidade de tempo para o trabalho intelectual e sem condições de ler tudo o que aparece sobre o campo de seu interesse, o recurso do pesquisador é voltar-se para a resenha. A resenha crítica foi uma das formas encontradas para solucionar esse problema que afligia os cientistas de modo geral.

A resenha, segundo Barrass (1979, p. 139), deve responder a uma série de questões. Entre elas figuram:

a) Qual é o assunto?
b) Quais as características da abordagem?
c) Que conhecimentos lhe são anteriores?
d) Qual o direcionamento da obra?
e) O texto é acessível, interessante, agradável?

90   **Capítulo 3**

   f) O texto é útil, comparável?

   g) A obra apresenta ilustrações adequadas?

5.4 Estrutura da resenha

A estrutura da resenha crítica é a seguinte:

1. Referência bibliográfica
   a) Autor(es).
   b) Título (subtítulo).
   c) Imprenta (local da edição, editora, data).
   d) Número de páginas.
   e) Ilustrações (tabelas, gráficos, fotos etc.).

2. Credenciais do autor
   a) Informações gerais sobre o autor.
   b) Autoridade no campo científico.
   c) Quando? Por quê? Onde?

3. Conhecimento
   a) Resumo detalhado das ideias principais.
   b) De que trata a obra? O que diz?
   c) Possui alguma característica especial?
   d) Como foi abordado o assunto?
   e) Exige conhecimentos prévios para entendê-lo?

4. Conclusão do autor
   a) O autor apresenta conclusões? (Ou não?)
   b) Onde foram colocadas? (Final do livro ou dos capítulos?)
   c) Quais foram?

5. Quadro de referências do autor
   a) Modelo teórico.
   b) Que teoria serviu de embasamento?
   c) Qual o método utilizado?

6. Apreciação
   a) Julgamento da obra:
      - Como se situa o autor em relação:
        - às escolas ou correntes científicas, filosóficas, culturais?
        - às circunstâncias culturais, sociais, econômicas, históricas etc.?
   b) Mérito da obra:
      - Qual a contribuição dada?
      - Ideias verdadeiras, originais, criativas?
      - Conhecimentos novos, amplos, abordagem diferente?
   c) Estilo:
      - Conciso, objetivo, simples?
      - Claro, preciso, coerente?
      - Linguagem correta?
      - Ou o contrário?
   d) Forma:
      - Lógica, sistematizada?
      - Há originalidade e equilíbrio na disposição das partes?
   e) Indicação da obra:
      - A quem é dirigida: grande público, especialistas, estudantes?

Antonio Rubbo Muller, diretor da Escola Pós-Graduada de Ciências Sociais, da Fundação Escola de Sociologia e Política de São Paulo, criou um modelo simplificado que apresenta as partes necessárias para a realização de uma resenha. Divide-se em nove itens, assim relacionados:

1. Obra
   a) Autoria (autor ou autores).
   b) Título (incluindo o subtítulo, se houver).
   c) Comunidade onde foi publicada.
   d) Empresa publicadora.
   e) Ano de publicação.
   f) Edição (a partir da segunda).
   g) Número de páginas ou de volumes.
   h) Ilustrações (tabelas, gráficos, desenhos etc.).

i) Formato (em cm).

j) Preço.

2. Credenciais da autoria
   a) Nacionalidade.
   b) Formação universitária ou especializada.
   c) Títulos.
   d) Cargos exercidos.
   e) Outras obras.

3. Conclusões da autoria
   a) Quer separadas no final da obra, quer apresentadas no final dos capítulos, devem ser sintetizadas as principais conclusões a que o autor da obra resenhada chegou em seu trabalho.
   b) Caso não se apresentem separadas do corpo da obra, o resenhista, analisando o trabalho, deve indicar os principais resultados obtidos pelo autor.

4. Digesto
   a) Resumo das principais ideias expressas pelo autor.
   b) Descrição sintetizada do conteúdo dos capítulos ou partes em que se divide a obra.

5. Metodologia da autoria
   a) Método de abordagem (indutivo, dedutivo, hipotético-dedutivo, dialético).
   b) Método de procedimento (histórico, comparativo, monográfico, estatístico, tipológico, funcionalista, estruturalista, etnográfico etc.).
   c) Modalidade empregada (geral, específica, intensiva, extensiva, técnica, não técnica, descritiva, analítica etc.).
   d) Técnicas utilizadas (observação, entrevista, formulários, questionários, escalas de atitudes e de opinião etc.).

6. Quadro de referência da autoria
   a) Corrente de pensamento em que se filia (evolucionismo, materialismo histórico, historicismo, funcionalismo etc.).
   b) Modelo teórico (teoria da ação social, teoria sistêmica, teoria da dinâmica cultural etc.).

7. Quadro de referência do resenhista
   O resenhista pode aceitar e utilizar, na análise da obra, o quadro de referência empregado pelo autor, ou, ao contrário, pela sua formação científica, possuir outro. É necessária a explicitação do quadro de referência do resenhista, pois ele terá influência decisiva tanto na seleção dos tópicos e partes que considera mais importantes para a análise quanto na elaboração da crítica que fizer.

8. Crítica do resenhista
   a) Julgamento da obra do ponto de vista metodológico:
      • Coerência entre a posição central e a explicação, discussão e demonstração.
      • Adequado emprego de métodos e técnicas específicas.
   b) Mérito da obra:
      • Originalidade.
      • Contribuição para o desenvolvimento da ciência, quer por apresentar novas ideias e/ou resultados, quer por utilizar abordagem diferente.
   c) Estilo empregado.

9. Indicações do resenhista
   a) A quem é dirigida a obra (especialistas, estudantes, leitores em geral).
   b) O texto fornece subsídios para o estudo de que disciplina(s)?
   c) A obra pode ser adotada em que tipo de curso?

A seguir apresenta-se um exemplo de resenha:

94 Capítulo 3

1. OBRA

PEREIRA, João Baptista Borges. *Cor, profissão e mobilidade*: o negro e o rádio de São Paulo. São Paulo: Pioneira, Edusp, 1967. 285 p. il. 21 cm x 13,6 cm. R$ ...

2. CREDENCIAIS DA AUTORIA

João Baptista Borges Pereira é brasileiro. Graduou-se em Ciências Sociais pela USP. Obteve o grau de mestre na Escola Pós-Graduada de Ciências Sociais, da Fundação Escola de Sociologia e Política de São Paulo; doutorou-se pela Faculdade de Ciências e Letras da Universidade de São Paulo; é livre-docente pela mesma faculdade.

Exerceu o magistério em todos os níveis de ensino, tendo sido diretor em colégios no interior do Estado de São Paulo. Durante quatro anos foi responsável pela cadeira de Antropologia e Etnografia Geral da Faculdade de Filosofia, Ciências e Letras de Presidente Prudente; posteriormente, foi assistente da cadeira de Antropologia da Faculdade de Filosofia, Ciências e Letras da Universidade de São Paulo, bem como titular de Antropologia e chefe do Departamento de Ciências Sociais.

Publicou as seguintes obras: *Italianos no mundo rural paulista* e *A escola secundária numa sociedade em mudança*.

3. CONCLUSÕES DA AUTORIA

O meio radiofônico representa uma área de excepcional aproveitamento profissional do negro e do mulato, embora existam algumas resistências, manifestas ou não, à ampliação das atividades desses elementos humanos nesse meio e no campo ocupacional adjacente. Esse aproveitamento é excepcional sobretudo no que se refere às possibilidades de acesso do negro a inéditas e variadas oportunidades existentes em nossa sociedade para os que se dedicam à profissão de radialista.

No todo da sociedade brasileira, o negro enfrenta dois estágios de barreiras à sua ascensão: o primeiro, representado por fatores sociais e educacionais, resultantes do fato de pertencer, geralmente, às camadas sociais mais baixas da população; o segundo estágio diz respeito aos indivíduos que obtiveram condições profissionais de competir em áreas mais destacadas da atividade profissional, e que são uma minoria.

O primeiro passo na marcha-ascensional da carreira do radialista negro refere-se ao fator econômico. Ao obter remuneração melhor, ele procura adquirir bens de consumo e símbolos de *status*, tais como: uma moradia melhor do que a que possuía anteriormente, automóvel, eletrodomésticos, roupas etc. Num segundo momento, vem a preocupação com a instrução dos filhos, pois ele acredita que o problema do negro na sociedade brasileira seja sobretudo um problema de falta de instrução. Vem a seguir o lazer, em especial as viagens de férias. A poupança não foi detectada como um fator marcante nas aspirações e práticas do grupo estudado.

Essas conquistas o negro obteria com outras profissões, caso lhe fosse possível alcançar nelas o mesmo nível de rendimento econômico.

Como resultados diretos de sua atividade de radialista, o negro obtém popularidade e destaque, bem como a possibilidade de viajar, algumas vezes até para o exterior.

Todavia, se no plano profissional ele recebe dos colegas um tratamento de igualdade e cordialidade, esse relacionamento não se estende para fora do ambiente profissional.

Como a profissão de radialista é alvo de estereótipos negativos quanto à moralidade, o negro radialista é duplamente atingido pelos estereótipos: por ser negro e por ser radialista.

Finalizando, verifica-se que, nos primeiros estágios de sua carreira, o negro radialista vive a euforia dos bens materiais obtidos; em estágio posterior, ele descobre que essa ascensão econômica não corresponde a uma equivalente ascensão social.

4. DIGESTO

Depois da Primeira Grande Guerra Mundial, inicia-se no Brasil o processo de industrialização. E ao Brasil rural, cuja sociedade se divide em estamentos, contrapõe-se um Brasil urbano, cuja sociedade é de classes.

Além do crescimento natural, as populações aumentam também por causa das migrações internas, que começam a existir e, sobretudo, devido à migração estrangeira, que modifica o panorama étnico brasileiro. Modifica-se a pirâmide social; as Revoluções de 22, 24 e 30 atestam tal fato. O operariado aumenta em proporção superior à da população, a publicidade começa a entrar em cena como estimuladora do consumo.

Como consequência dessas mudanças, a estrutura ocupacional se amplia e diversifica, abrindo novas oportunidades de trabalho remunerado e fazendo surgir novas profissões. Cor da pele, nacionalidade, posição de família, fortuna e grau de escolaridade passam a ser fatores de posicionamento dos indivíduos nos novos grupos sociais.

É dentro desse quadro de efervescência que surge e se desenvolve a radiodifusão. O rádio surgiu no Brasil com uma proposta educacional. Posteriormente, a realidade de seus altos custos obrigou que se recorresse à publicidade como fonte de receita. O desenvolvimento industrial fazia necessária a procura de novas mídias, e o rádio oferecia-se como adequado para tal.

Três grupos, externos ao rádio, mas a ele ligados, exercem influência sobre seus rumos: os anunciantes, os publicitários e o público. O anunciante pode tentar influir no padrão da emissora, pois é de seu interesse que a emissora obtenha boa audiência. O publicitário atua como intermediário entre a emissora e o anunciante. O público atua de várias maneiras, de acordo com seu grau de interesse e participação. A maioria só influi na programação numericamente, detectada por meio de pesquisas de audiência. Uma pequena parcela participa através de cartas e telefonemas, e outra, ainda menor, comparece aos auditórios. Por fim, existem os calouros e fãs-clubes.

O rádio, como estrutura empresarial, divide-se em três setores: administrativo, técnico e programático; neste último, a hierarquia não segue os padrões formais, inexistindo a correspondência entre cargo e poder. Também é nesse setor que aparecem oportunidades profissionais para aqueles que não têm escolaridade nem formação técnica.

O Censo de 1950 acusava 37,5% da população brasileira como negra, 11,2% no Estado de São Paulo e 10,2% da população do município de São Paulo. Para os indivíduos negros, a integração no sistema socioeconômico é difícil; as posições de maior destaque e melhor remuneração são obtidas mais facilmente pelos brancos. Contudo, no setor programático do rádio, especialmente como cantor popular, o negro encontra possibilidade de participação e ascensão.

Também a frequência a programas de calouros é importante. [A referência aqui é ao rádio anterior ao aparecimento da televisão, em que as emissoras dispunham de auditório e alguns cantores se apresentavam para cantar.] Alguns indivíduos a veem como possibilidade de entrar para o meio radiofônico como profissionais, embora, na realidade, a porcentagem de aproveitamento desses elementos seja inexpressiva. Outros, mesmo conscientes dessa impossibilidade, apresentam-se como calouros para obter uma compensação da sua realidade cotidiana, que lhe é oferecida pelo contato com pessoas famosas e por uma notoriedade momentânea quando se apresenta no programa e é visto e aplaudido.

Entre as dificuldades que o negro encontra para penetrar no rádio, poucos entrevistados se referem à cor de sua pele como fator de influência. Atribuem essa dificuldade à falta de instrução, de padrinho e de talento. Tanto entre profissionais como entre os calouros, o tema *cor da pele* é um tabu, existindo pouca consciência desse problema. Os negros que obtêm sucesso servem como mitos e incentivos aos que o buscam.

A partir da década de 20, surge no meio musical brasileiro a procura das raízes nacionais em contraposição aos valores europeus. A expansão do rádio colaborou para a difusão da música urbana, permitindo maior destaque para a música de origem negra divulgada através do rádio. A revalorização da música e de todo o complexo cultural a ela ligado trouxe consigo a valorização do elemento humano identificado com ela: o negro.

5. METODOLOGIA DA AUTORIA

O autor utiliza o método indutivo, recorrendo a procedimentos analíticos e interpretativos fornecidos pela Sociologia e Antropologia Cultural. Estruturalismo e funcionalismo foram adotados como um ponto de vista metodológico predominante; o autor recorre ainda a outras formas de exame dos problemas quando necessário. A modalidade é específica, intensiva, técnica e analítica. Para a coleta de dados foram utilizadas as seguintes técnicas: entrevistas formais e informais, história de vida, observação participante e, como recurso secundário, questionários.

6. QUADRO DE REFERÊNCIA DA AUTORIA

O autor adota em sua obra a teoria estrutural-funcionalista e se filia à escola sociológica de São Paulo (Octávio Ianni, Florestan Fernandes) da mesma forma que sofre a influência da linha inglesa da Antropologia Social (Radcliff-Brown).

7. QUADRO DE REFERÊNCIA DO RESENHISTA

O resenhista utiliza como quadro de referência a Sociologia Analítica, especificamente os conceitos desenvolvidos por Pitirim A. Sorokin.

8. CRÍTICA DO RESENHISTA

Trata-se de obra de cuidadoso rigor metodológico, que explora e conclui sobre os problemas que se propõe estudar, sem desvios ou distorções. Utiliza várias técnicas de coleta de dados, obtendo assim maior riqueza de informações.

É uma obra original e valiosa, porque aborda um dos tabus da sociedade brasileira: o preconceito em relação ao negro, bem como sua situação social.

Apresentados, num estilo simples e claro, os resultados e a análise deles permitem, inclusive, extrapolações para outros campos de atividades que não o rádio, logicamente respeitadas as peculiaridades de cada atividade.

9. INDICAÇÕES DO RESENHISTA

Essa obra representa especial interesse para estudantes e pesquisadores de Sociologia, Antropologia, Etnografia e Comunicação Social. Por ser escrita em linguagem de fácil compreensão, pode ser utilizada tanto por estudantes de graduação como de pós-graduação. E também útil como modelo metodologia utilizada.

LEITURA RECOMENDADA

BARRASS, Robert. *Os cientistas precisam escrever*: guia de redação para cientistas, engenheiros e estudantes. Tradução de Leila Novaes, Leonidas Hegenberg. São Paulo: T. A. Queiroz, Edusp, 1979. Cap. 13.

CERVO, Amado Luiz; BERVIAN, Pedro Alcino; SILVA, Roberto da. *Metodologia científica*. 6. ed. São Paulo: Pearson Prentice-Hall, 2007. Cap. 7.

COSTA, Felipe A. P. L. Divulgação científica no Brasil: separando alhos de bugalhos. *La Insignia*, Brasil, dez. 2003.

MACEDO-ROUET, Mônica. Legibilidade de revistas eletrônicas de divulgação científica. *Ciência da Informação*, Instituto Brasileiro de Informação em Ciência e Tecnologia (IBICT), Ministério da Ciência, Tecnologia e Inovação, v. 32, n. 3, 2003. Disponível em: http://revista.ibict.br/ciinf/article/view/994/1043. Acesso em: 18 mar. 2020.

MASSARANI, Luisa; MOREIRA, Ildeu de Castro; BRITO, Fátima (org.). *Ciência e público*: caminhos da divulgação científica no Brasil. Rio de Janeiro: Casa da Ciência: UFRJ, 2002. Disponível em: http://www.redpop.org/wp-content/uploads/2015/06/Ci%C3%AAncia-e-P%C3%BAblico-caminhos-da-divulga%C3%A7%C3%A3o--cient%C3%ADfica-no-Brasil.pdf. Acesso em: 18 mar. 2020.

MEDEIROS, João Bosco. *Redação científica*: prática de fichamentos, resumos, resenhas. 13. ed. São Paulo: Atlas, 2019. Caps. 8 e 9.

RUDIO, Franz Victor. *Introdução ao projeto de pesquisa científica*. 42. ed. Petrópolis: Vozes, 2014. Cap. 2.

SALOMON, Délcio Vieira. *Como fazer uma monografia*.13. ed. São Paulo: Martins Fontes, 2014. Cap. 7.

SALVADOR, Ângelo Domingos. *Métodos e técnicas de pesquisa bibliográfica*: elaboração de trabalhos científicos. 8. ed. Porto Alegre: Sulina, 1980. Introdução.

SEVERINO, Antônio Joaquim. *Metodologia do trabalho científico*. 24. ed. São Paulo: Cortez, 2016. Caps. 5 e 6.

4
Projeto de pesquisa e relatório de pesquisa

1 O QUE É UM PROJETO DE PESQUISA

Projeto de pesquisa é uma das etapas do processo de elaboração, execução e apresentação dos resultados de uma investigação. O planejamento necessita de rigor, para evitar que o pesquisador, em determinada altura do trabalho, se encontre perdido num emaranhado de dados colhidos, sem saber como dispor deles, ou reconheça desconhecimento de seu significado e importância.

Nada se faz ao acaso nas pesquisas científicas. Desde a escolha do tema, fixação dos objetivos, estabelecimento do problema, determinação da metodologia, coleta de dados, análise e interpretação dos dados coletados, elaboração do relatório final, tudo deve ser previsto no projeto de pesquisa, que deve responder às clássicas questões: O que pesquisar? Por que pesquisar? Para quê? Para quem? Onde? Como? Com quê? Quando? Quanto vai custar?

Antes de redigir um projeto de pesquisa, alguns passos são relevantes. Em primeiro lugar, exigem-se *estudos preliminares* que permitem verificar o estado da questão que se pretende desenvolver: o aspecto teórico dela e os estudos e pesquisas já elaborados. Esse esforço é necessário, visto que qualquer objeto de pesquisa implica adequada integração à teoria existente, bem como análise do material já disponível, que é incluída no projeto na seção de "revisão da bibliografia". Em seguida, elabora-se um *anteprojeto* de pesquisa, cuja finalidade é a integração dos diferentes elementos em quadros teóricos e aspectos

100   Capítulo 4

metodológicos adequados, permitindo também ampliar e especificar os quesitos do projeto, a definição dos termos. Finalmente, prepara-se o *projeto definitivo*, mais detalhado, com rigor e precisão metodológicos.

2   ESTRUTURA DE UM PROJETO DE PESQUISA

As instituições de fomento à pesquisa têm exigências próprias para a elaboração de projetos de pesquisa, como é o caso, por exemplo, da Fapesp (2001), que dispõe de um Sistema de Apoio à Gestão (SAGe), que é

> um sistema informatizado da FAPESP que permite ao pesquisador acesso *on-line*, provido pela Internet, utilizado para recebimento de propostas de financiamento a projetos de pesquisa científica e tecnológica e para administração de projetos aprovados em suas linhas de apoio. Ele tem como objetivos: facilitar o fornecimento de informações por parte dos pesquisadores, agilizar procedimentos e possibilitar maior visibilidade das ações da FAPESP, entre outros (MANUAL SAGe VERSÃO 1.2).

Trataremos neste capítulo da estrutura de um projeto de pesquisa segundo NBR 15287 da ABNT (parágrafo 4 e suas divisões). De acordo com a norma citada, temos em um projeto uma parte externa e uma interna. A externa compreende:

a) Capa, elemento opcional, e é composta de:
   - Nome da entidade à qual será submetido, quando solicitado.
   - Nome(s) do(s) autor(es).
   - Título da pesquisa.
   - Subtítulo: se houver, será precedido de dois-pontos.
   - Número do volume: se houver mais de um, constará em cada capa a especificação do respectivo volume.
   - Local (cidade) da entidade onde será apresentado.
   - Ano de depósito (da entrega).

b) Lombada: elemento opcional.
   A parte interna compreende:

a) Elementos pré-textuais:
   - Folha de rosto: elemento obrigatório. É composta de:

Projeto de pesquisa e relatório de pesquisa   101

- Nome(s) do(s) autor(es).
- Título.
- Subtítulo, se houver.
- Número do volume, se houver mais de um, constará em cada folha de rosto (dos volumes) a especificação do respectivo volume.
- Tipo de projeto de pesquisa e nome da entidade à qual será submetido.
- Nome do orientador, coorientador ou coordenador, se houver.
- Local (cidade) da entidade em que será apresentado.
- Ano de depósito (da entrega do projeto).
  - Lista de ilustrações: elemento opcional.
  - Lista de tabelas: elemento opcional.
  - Lista de abreviaturas e siglas: elemento opcional.
  - Lista de símbolos: elemento opcional.
  - Sumário: elemento obrigatório.

b) Elementos textuais:

  - Introdução, que é composta de: tema do projeto, problema que será objeto da investigação, hipótese(s) (se houver, se couber(em)), bem como objetivo(s) e justificativa(s). É ainda fundamental indicar o referencial teórico que dá embasamento à pesquisa, a metodologia que será utilizada, assim como os recursos (orçamento) e o cronograma de realização da pesquisa.
  - A NBR 15287 não trata do desenvolvimento nem da conclusão da pesquisa, visto que ela ainda não foi realizada. É comum, porém, nas universidades, o pedido de apresentação de versão preliminar de um ou outro capítulo a ser desenvolvido durante a pesquisa. De igual forma, a NBR citada não trata de conclusão, evidentemente, por se tratar de projeto. Esta parte, porém, pode ser preenchida com o direcionamento da pesquisa, sempre em consonância com o que se apresentou na introdução.

c) Elementos pós-textuais:

  - Referências: elemento obrigatório.
  - Glossário: elemento opcional.
  - Apêndice: elemento opcional.

- Anexo: elemento opcional.
- Índice remissivo: elemento opcional.

Finalmente, apresenta-se um cronograma, o orçamento da pesquisa, instrumentos de pesquisa e apêndice (se houver).

2.1 Capa e folha de rosto

A apresentação do projeto de pesquisa, respondendo à questão *quem?*, inicia-se propriamente com a folha de rosto (a capa é elemento opcional). São indicados na folha de rosto os elementos essenciais à compreensão do estudo que se pretende realizar. Nas universidades, é comum o projeto iniciar-se com o nome da instituição à qual o orientador pertence.

O título, acompanhado ou não de subtítulo, difere do tema. Enquanto este último sofre um processo de delimitação e especificação, para torná-lo viável à realização da pesquisa, o título sintetiza o conteúdo da investigação.

Portanto, o título de uma pesquisa não corresponde ao *tema*, nem à *delimitação do tema*, mas emana dos *objetivos geral e específicos*, quase como uma "síntese" deles. Pode comportar um subtítulo: nesse caso, o título será mais abrangente, ficando a caracterização para o subtítulo.

Toda pesquisa tem um responsável, que se denomina coordenador. Em raros casos, mais de uma pessoa partilha essa posição. O nome do coordenador deve vir em destaque, e, frequentemente, é o único que aparece. Quando uma pesquisa é publicada, é comum aparecer depois do nome do coordenador a abreviatura *Coord.* entre parênteses. Portanto, seu âmbito de responsabilidade é muito amplo. Nas universidades, esse papel é exercido por um orientador, que é um professor doutor.

Se a pesquisa for realizada por uma equipe de pesquisadores, logo depois da folha de rosto temos uma página reservada à descrição da equipe técnica, que compreende: nome da entidade, coordenador da pesquisa, relação completa do pessoal técnico, conforme o leitor pode verificar na ilustração que adiante apresentamos.

O local independe daquele em que se pretende coletar os dados. Refere-se à cidade em que se encontra sediada a universidade, entidade ou a equipe de pesquisa, tendo precedência sobre ela o local da sede da universidade. O ano de realização do projeto é suficiente; é supérflua a indicação do mês.

2.2 Objeto

Objeto (tema) é o assunto que se deseja provar ou desenvolver. Responde à pergunta: *o que* se vai pesquisar? Pode surgir de uma dificuldade prática enfrentada pelo coordenador, da sua curiosidade científica, de desafios encontrados na leitura de outros trabalhos ou da própria teoria. Pode: (1) ter sido sugerido pela entidade responsável pela parte financeira, portanto, encomendado (o que não lhe tira o caráter científico, desde que não se interfira no desenrolar da pesquisa); ou (2) encaixar-se em temas amplos, determinados por uma entidade que se dispõe a financiar pesquisas e que promove concorrência entre pesquisadores, distribuindo a verba de que dispõe entre os que apresentam os melhores projetos. Independentemente de sua origem, o tema é, nessa fase, necessariamente amplo, mas deve estabelecer com precisão o assunto geral sobre o qual se deseja realizar a pesquisa.

Dotado necessariamente de um sujeito e de um objeto, o tema passa por um processo de especificação. *O processo de delimitação do tema* só é dado por concluído quando se faz a limitação geográfica (espacial) e temporal dele, com vistas na realização da pesquisa. Muitas vezes, as verbas disponíveis determinam uma limitação maior do que o desejado pelo coordenador, mas, se se pretende um trabalho científico, é preferível o aprofundamento à extensão.

2.3 Problema

A formulação do problema prende-se ao tema proposto: ela esclarece a dificuldade específica com a qual se defronta e que se pretende resolver por intermédio da pesquisa. Para ser cientificamente válido, um problema deve passar pelo crivo das seguintes questões:

a) Pode o problema ser enunciado em forma de pergunta?

b) Corresponde a interesses pessoais (capacidade), sociais e científicos (de conteúdo e metodológicos)? Esses interesses estão harmonizados?

c) Constitui-se o problema em questão científica, ou seja, relacionam-se entre si pelo menos duas variáveis?

d) Pode ser objeto de investigação sistemática, controlada e crítica?

e) Pode ser empiricamente verificado em suas consequências? (SCHRADER, 1974, p. 20).

2.4 Hipótese básica e hipóteses secundárias

O ponto básico do tema, individualizado e especificado na formulação do problema, que deve ser uma dificuldade sentida, compreendida e definida, necessita de uma resposta, "provável, suposta e provisória", isto é, uma hipótese. A principal resposta é denominada hipótese básica, que pode ser complementada por outras, que recebem a denominação de secundárias. Há diferentes formas de hipóteses; entre elas:

a) As que afirmam, em uma situação, a presença ou ausência de certos fenômenos.

b) As que se referem à natureza ou características de dados fenômenos, em uma situação específica.

c) As que apontam a existência ou não de determinadas relações entre fenômenos.

d) As que preveem variação concomitante, direta ou inversa, entre certos fenômenos etc.

Hipóteses secundárias são afirmações (toda hipótese é uma afirmação) complementares da hipótese básica. Podem:

a) Abarcar em detalhes o que a hipótese básica afirma em geral.

b) Englobar aspectos não especificados na básica.

c) Indicar relações deduzidas da primeira.

d) Decompor em pormenores a afirmação geral.

e) Apontar outras relações que podem ser encontradas etc.

2.5 Variáveis

Toda hipótese é o enunciado geral de relações entre, pelo menos, duas variáveis. Por sua vez, variável é um conceito que contém ou apresenta valores, tais como: quantidades, qualidades, características, magnitudes, traços etc. O conceito é um objeto, processo, agente, fenômeno, problema etc. Maiores informações sobre problema, hipóteses, variáveis e conceitos podem ser encontradas nas seções 3.3 e 4.4 do Capítulo 5, assim como nos Capítulos 4 e 5 do livro *Metodologia científica* (Atlas, 2020), das mesmas autoras deste livro.

2.5.1 Variáveis independente, dependente, de controle e interveniente

Na indicação das variáveis, deve-se especificar se são independentes, dependentes, de controle, interveniente etc. Identifica-se como variável independente a que é decisiva para que ocorra determinado fenômeno, ou resultado; ela se constitui na causa de uma consequência ou de um efeito. Será variável dependente a que é efeito, consequência da variável independente; não se manipula a variável dependente, mas apenas se observa a existência das consequências da manipulação da variável independente. A variável de controle identifica-se com a propriedade que pode afetar a variável dependente, mas que se neutraliza ou anula por meio de manipulação estabelecida, para que não produza consequências entre a variável independente e a variável dependente. Já a variável interveniente define-se como o fator que teoricamente afeta o fenômeno objeto de observação; ele não pode ser manipulado nem medido (cf. RICHARDSON, 2015, p. 129-130). Freixo (2012, p. 204) considera ainda a variável parasita (que é chamada também de concorrente ou moderadora): "é considerada uma segunda variável independente, ou, dito de oura forma mais objetiva, diria que se trata de uma variável independente secundária". É um tipo de variável que deve merecer a atenção do investigador, verificando se sua existência afeta a relação da variável independente com a dependente.

2.5.2 Relação entre variáveis

Os principais tipos de relações entre variáveis são: (1) *simétrica*, em que nenhuma das variáveis exerce influência sobre a outra, quando então pouco interesse tem para a ciência; (2) *recíproca*, em que cada uma das variáveis é, alternadamente, causa e efeito, exercendo contínuo efeito uma sobre a outra, condição até certo ponto frequente em Ciências Sociais; (3) *assimétrica*, em que uma variável (independente) exerce efeito sobre a outra (dependente). A relação assimétrica é o cerne da análise nas Ciências Sociais: deve-se sempre procurar pelo menos uma relação assimétrica, mesmo que a maioria das hipóteses prediga relações de reciprocidade. Em outras palavras, deve-se buscar uma relação causal entre variáveis independentes e dependentes, que pode ser:

a) *Determinista*: "se X (independente) ocorre, sempre ocorrerá Y (dependente)".

b) *Suficiente*: "a ocorrência de X é suficiente, independentemente de qualquer outra coisa, para a subsequente ocorrência de Y".

Capítulo 4

c) *Coextensiva*: "se X ocorre, então ocorrerá Y".

d) *Reversível*: "se X ocorre, então Y ocorrerá; e se Y ocorre, então X ocorrerá".

e) *Necessária*: "se X ocorre, e somente X, então ocorrerá Y".

f) *Substituível*: "se X ocorre, então Y ocorre, mas se H ocorre, então também Y ocorrerá".

g) *Irreversível*: "se X ocorre, então Y ocorrerá, mas se Y ocorre, então nenhuma ocorrência se produzirá".

h) *Sequencial*: "se X ocorre, então ocorrerá mais tarde Y".

i) *Contingente*: "se X ocorre, então ocorrerá Y somente se M estiver presente".

j) *Probabilista* ou *estocástica*: "dada a ocorrência de X, então provavelmente ocorrerá Y" (a mais comum das relações em Ciências Sociais).

2.6 Objetivo

O objetivo pode ser geral e específico. A formulação do objetivo de uma pesquisa responde às questões *para quê?* e *para quem?*

O objetivo geral relaciona-se com a visão global e abrangente do tema, com o conteúdo intrínseco, quer dos fenômenos e eventos, quer das ideias estudadas. Vincula-se diretamente à própria significação da tese proposta pelo projeto.

O objetivo específico apresenta caráter mais concreto. Tem função intermediária e instrumental, permitindo, de um lado, atingir o objetivo geral e, de outro, aplicar o objetivo geral a situações particulares.

2.7 Justificativa

É o único item do projeto que apresenta respostas à questão *por quê?* De suma importância, em geral é o elemento que contribui mais diretamente na aceitação da pesquisa pela(s) pessoa(s) ou entidade(s) que vai(ão) financiá-la. Consiste numa exposição sucinta, porém completa, das razões de ordem teórica e dos motivos de ordem prática que tornam importante a realização da pesquisa. Deve enfatizar.

a) O estágio em que se encontra a teoria relativa ao tema.

b) As contribuições teóricas que a pesquisa pode trazer:
- Confirmação geral.

Projeto de pesquisa e relatório de pesquisa **107**

- Confirmação na sociedade particular em que se insere a pesquisa.
- Especificação para casos particulares.
- Clarificação da teoria.
- Resolução de pontos obscuros etc.

c) Importância do tema do ponto de vista geral.

d) Importância do tema para os casos particulares em questão.

e) Possibilidade de sugerir modificações no âmbito da realidade abarcada pelo tema proposto.

f) Descoberta de soluções para casos gerais e/ou particulares etc.

A justificativa não apresenta citações de outros autores. Difere da teoria de base, que vai servir de elemento unificador entre o concreto da pesquisa e o conhecimento teórico da ciência na qual se insere. Portanto, quando se trata de analisar as razões de ordem teórica ou se referir ao estágio de desenvolvimento da teoria, não se pretende explicitar o referencial teórico que se irá adotar, mas apenas ressaltar a importância da pesquisa no campo da teoria.

Deduz-se dessas características que, para a redação da justificativa, ao conhecimento científico do pesquisador soma-se boa parte de criatividade e capacidade de convencer.

2.8 Metodologia

A especificação da metodologia da pesquisa responde, a um só tempo, às questões *como?*, *com quê?*, *onde?*, *quanto?* Corresponde aos seguintes componentes:

2.8.1 Métodos de abordagem

A maioria dos especialistas faz distinção entre método e métodos, por se situarem em níveis claramente distintos, no que se refere à sua inspiração filosófica, ao seu grau de abstração, à sua finalidade mais ou menos explicativa, à sua ação nas etapas mais ou menos concretas da investigação e ao momento em que se situam.

Partindo do pressuposto dessa diferença, o método caracteriza-se por uma abordagem mais ampla, em nível de abstração mais elevado, dos fenômenos da natureza e da sociedade. É, portanto, denominado método de abordagem. Ele engloba:

108 Capítulo 4

a) Método indutivo: a aproximação dos fenômenos caminha geralmente para planos cada vez mais abrangentes, indo das constatações mais particulares às leis e teorias (conexão ascendente).

b) Método dedutivo: parte de teorias e leis para predizer a ocorrência dos fenômenos particulares (conexão descendente).

c) Método hipotético-dedutivo: inicia-se pela percepção de uma lacuna nos conhecimentos sobre a qual formula hipóteses e, pelo processo de inferência dedutiva, testa a predição da ocorrência de fenômenos abrangidos pela hipótese.

d) Método dialético: penetra o mundo dos fenômenos através de sua ação recíproca, da contradição inerente ao fenômeno e da mudança dialética que ocorre na natureza e na sociedade.

2.8.2 Métodos de procedimento

Constituem etapas mais concretas da investigação, com finalidade restrita em termos de explicação geral dos fenômenos menos abstratos. Pressupõem uma atitude concreta em relação ao fenômeno e estão limitadas a um domínio particular. Nas Ciências Sociais, os principais métodos de procedimento são:

a) Histórico.

b) Comparativo.

c) Monográfico ou estudo de caso.

d) Estatístico.

e) Tipológico.

f) Funcionalista.

g) Estruturalista.

h) Etnográfico.

Geralmente, em uma pesquisa, além do método de procedimento estatístico, utiliza-se outro ou outros, que devem ser assinalados.

2.8.3 Técnicas de pesquisa

Indicando *como* a pesquisa será realizada, devem-se relacionar no projeto os instrumentos referentes às técnicas selecionadas para a coleta de dados, como: tópicos da entrevista, questionário e formulário, testes ou escalas de medida de opiniões e atitudes. Dispensa-se tal quesito apenas no caso em que a técnica escolhida for a de observação.

Consideram-se técnicas de pesquisas um conjunto de preceitos ou processos de que se serve uma ciência; consistem também na habilidade para usar esses preceitos ou normas, na obtenção de seus propósitos. Correspondem, portanto, à parte prática de coleta de dados. Apresentam duas grandes divisões: *documentação indireta*, que abrange a pesquisa documental e a bibliográfica, e *documentação direta*. Esta última subdivide-se em:

a) Observação direta intensiva, com as técnicas da:
   - Observação: utiliza os sentidos na obtenção de determinados aspectos da realidade. Não consiste apenas em ver e ouvir, mas também em examinar fatos ou fenômenos que se deseja estudar. Pode ser: sistemática, assistemática; participante, não participante; individual, em equipe; na vida real, em laboratório.
   - Entrevista: é uma conversa efetuada face a face, de maneira metódica, que proporciona ao entrevistador, verbalmente, a informação que lhe é necessária. Tipos: padronizada ou estruturada, despadronizada ou não estruturada, painel.

b) Observação direta extensiva, que apresenta as técnicas de:
   - Questionário: constituído por uma série de perguntas que devem ser respondidas por escrito e sem a presença do pesquisador.
   - Formulário: roteiro de perguntas enunciadas pelo entrevistador e preenchidas por ele com as respostas do pesquisado.
   - Medidas de opinião e de atitudes: instrumento de padronização, por meio do qual se pode assegurar a equivalência de diferentes opiniões e atitudes, com a finalidade de compará-las.
   - Testes: instrumentos utilizados com a finalidade de obter dados que permitam medir o rendimento, a frequência, a capacidade ou a conduta de indivíduos, de forma quantitativa.
   - Sociometria: técnica quantitativa que procura explicar as relações pessoais entre indivíduos de um grupo.
   - Análise de conteúdo: permite a descrição sistemática, objetiva e quantitativa do conteúdo de uma comunicação.

- História de vida: tenta obter dados relativos à experiência íntima de alguém que tenha significado importante para o conhecimento do objeto em estudo.
- Pesquisa de mercado: é a obtenção de informações sobre o mercado, de maneira organizada e sistemática, tendo em vista ajudar o processo decisivo nas empresas e minimizar a margem de erros.

Independentemente da(s) técnica(s) escolhida(s), deve-se descrever tanto a característica quanto a forma de sua aplicação, indicando, inclusive, como se pensa codificar e tabular os dados obtidos.

2.8.4 Delimitação do universo (descrição da população de pesquisa)

Universo ou população é o conjunto de seres animados ou inanimados que apresentam pelo menos uma característica em comum. Se N é o número total de elementos do universo ou população, ele pode ser representado pela letra maiúscula X, tal que $X_N = X_1; X_2; X_3, ...; X_N$. A delimitação do universo consiste em explicitar que pessoas ou coisas, fenômenos etc. serão pesquisados, enumerando suas características comuns, como, por exemplo, sexo, faixa etária, organização a que pertencem, comunidade onde vivem etc.

2.8.5 Tipos de amostragem

A amostragem só ocorre quando a pesquisa não é censitária, isto é, não abrange a totalidade dos componentes do universo, surgindo a necessidade de investigar apenas uma parte dessa população. O problema da amostragem é, portanto, escolher uma parte (ou amostra), de tal forma que ela seja a mais representativa possível do todo e estabelecida com base nos resultados obtidos relativos a essa parte. Por meio dela, podem-se inferir, o mais legitimamente possível, os resultados da população total, se esta fosse investigada. O conceito de amostra é que a ela constitui uma porção ou parcela, convenientemente selecionada do universo (população); é um subconjunto do universo. Se n é o número de elementos da amostra, ela pode ser representada pela letra minúscula x, tal que $x = x_1; x_2; x_3; ...; x_n$ onde $x_n < X_N$ e $n \leq N$. Há duas grandes divisões no processo de amostragem: a **não probabilista** e a **probabilista**. A primeira, ao não fazer uso de uma forma aleatória de seleção, não pode ser objeto de certos tipos de tratamento estatístico, o que diminui a possibilidade de inferir para o todo os resultados obtidos para a amostra. É por esse motivo que a amostragem não probabilista é pouco utilizada. Apresenta os tipos: *intencional, por juris, por tipicidade* e *por quotas*. A segunda baseia-se na escolha aleatória dos pesquisados, significando o aleatório que a seleção se faz de forma que cada membro da população tem *a mesma probabilidade* de ser escolhido. Esse procedimento permite a utilização de tratamento estatístico, que possibilita compensar erros amostrais e outros aspectos relevantes para a representatividade e significância da amostra. Divide-se em: *aleatória simples, sistemática, aleatória de múltiplo estágio, por área, por conglomerados ou grupos, de vários degraus ou estágios múltiplos, de fases múltiplas* (multifásica ou em várias etapas), *estratificada e amostra-tipo* (amostra principal, amostra a *priori* ou amostra-padrão). Finalmente, se a pesquisa necessitar, podem-se selecionar grupos rigorosamente iguais pela técnica de comparação de par, comparação de frequência e randomização.

Além de caracterizar o tipo de amostragem utilizado, devem-se descrever as etapas concretas de seleção da amostra.

2.8.6 Tratamento estatístico

Os dados colhidos pela pesquisa apresentam-se "em bruto", necessitando da utilização da estatística para seu arranjo, análise e compreensão. Outra parte importante é a tentativa de determinação da fidedignidade dos dados, por intermédio do grau de certeza que se pode deles. A estatística não é um fim em si mesma, mas instrumento poderoso para a análise e interpretação de um grande número de dados, cuja visão global, pela complexidade, torna-se difícil. Nessa etapa do projeto de pesquisa, devem-se explicitar:

a) Se se pretende realizar um experimento e de que tipo. O pesquisador pode optar pelo método da concordância positiva ou negativa; pelo método da diferença ou plano clássico de prova, ou uma de suas numerosas variantes, como: (1) projeto antes-depois; (2) projeto antes-depois com grupo de controle; (2) projeto quatro grupos-seis estudos; (3) projeto depois somente com grupo de controle; (4) projeto *ex post facto*; (5) projeto de painel. Pode ainda optar pelo método conjunto de concordância e diferença; pelo método dos resíduos e pelo método da variação concomitante.

b) Se se exercerá controle sobre determinadas variáveis e quais. Variável de controle é o fator, fenômeno ou propriedade que o investigador neutraliza ou anula propositadamente em uma pesquisa, com a

112 **Capítulo 4**

finalidade de impedir que interfira na análise da relação entre as variáveis independente e dependente.

c) Qual o nível de significância que se exigirá. Geralmente, para estudos exploratórios, admite-se um nível de significância de 90%, calculando-se o erro das estimativas segundo as frequências amostrais.

d) Que medidas estatísticas utilizará. As principais medidas da estatística descritiva são:

- Medidas de posição: média, mediana, moda, quartis, percentis etc.
- Medidas de dispersão: amplitude, desvio-padrão etc.
- Comparação de frequências: razão, proporção, percentagem, taxas etc.
- Apresentação dos dados: série estatística, tabelas ou quadros, gráficos etc.

e) Que testes de hipóteses empregará. Trata-se aqui de estatística inferencial. Os mais importantes, para aplicação em pesquisas sociais, são: t de Student, para comparação entre médias e X^2, para discernir diferenças entre as proporções observadas.

Para o aprofundamento do estudioso nos aspectos metodológicos da pesquisa, indicamos os livros *Metodologia científica* e *Técnicas de pesquisa*, das mesmas autoras (Atlas, 2020). O primeiro apresenta, em detalhes e com exemplos, métodos de abordagem, métodos de procedimento e plano de prova (experimento). O segundo, as técnicas de pesquisa, os processos e tipos de amostragem, estatística descritiva e estatística inferencial.

2.9 Embasamento teórico

Respondendo ainda à questão *como?*, aparecem aqui os elementos de fundamentação teórica da pesquisa e, também, a definição dos conceitos empregados.

2.9.1 Teoria de base

A finalidade da pesquisa científica não é apenas um relatório ou descrição de fatos levantados empiricamente, mas o desenvolvimento de caráter interpretativo, no que se refere aos dados obtidos. Para tal, é imprescindível correlacionar a pesquisa com o universo teórico, optando-se por um modelo teórico que sirva de embasamento à interpretação do significado dos dados e fatos colhidos ou levantados.

Todo projeto de pesquisa deve conter premissas ou pressupostos teóricos sobre os quais o pesquisador (o coordenador e os principais elementos de sua equipe) fundamentará sua interpretação.

Pode-se tomar como exemplo um estudo que correlaciona atitudes individuais e grupais de autoridade e subordinação na organização da empresa, tendo como finalidade discernir comportamentos rotulados como de "chefia" e "liderança", relacionando-os com a maior ou menor eficiência no cumprimento dos objetivos da organização. Uma das possíveis teorias que se aplicam às atitudes dos componentes da empresa é a do tipo ideal de autoridade legítima, descrita por Weber.

Para o autor, três seriam os tipos de autoridade: (1) a autoridade *tradicional* fundamenta-se na crença na "santidade" das tradições e na legitimidade do *status* dos que derivam sua autoridade da tradição; (2) a autoridade em base *racional, legal, burocrática* repousa na crença em normas ou regras impessoais e no direito de comandar dos indivíduos que adquirem autoridade de acordo com essas normas; (3) a autoridade *carismática* tem suas raízes no devotamento à "santidade" específica e excepcional, ao heroísmo, ou no caráter exemplar (exemplar é determinado pelas circunstâncias e necessidades específicas do grupo) de um indivíduo e nos modelos normativos por ele revelados ou determinados. O modelo teórico da autoridade legítima não exclui sistemas concretos de autoridade que incorporam dois ou mais elementos dos três tipos.

2.9.2 Revisão da bibliografia

Pesquisa alguma parte hoje da estaca zero. Mesmo que exploratória, isto é, de avaliação de uma situação concreta desconhecida, alguém ou um grupo, em algum lugar, já deve ter feito pesquisas iguais ou semelhantes, ou mesmo complementares de certos aspectos da pesquisa pretendida. Uma procura de tais fontes, documentais ou bibliográficas, torna-se imprescindível para a não duplicação de esforços, a não "descoberta" de ideias já expressas, a não inclusão de lugares- comuns no trabalho.

A citação das principais conclusões a que outros autores chegaram permite salientar a contribuição da pesquisa realizada, demonstrar contradições ou reafirmar comportamentos e atitudes. Tanto a confirmação, em dada comunidade, de resultados obtidos em outra sociedade quanto a enumeração das discrepâncias são de grande importância.

114   **Capítulo 4**

2.9.3 Definição dos termos

A ciência lida com conceitos, isto é, termos simbólicos que sintetizam as coisas e os fenômenos perceptíveis na natureza, no mundo psíquico do homem ou na sociedade, de forma direta ou indireta. Para que se possa esclarecer o fato ou fenômeno que se está investigando e ter possibilidade de comunicá-lo de forma não ambígua, é necessário defini-lo com precisão.

Termos como *temperatura, QI, classe social*, precisam ser especificados para a compreensão de todos: o que significa *temperatura elevada*? Acima de 30ºC ou 100ºC? A representação do *QI* compreende os conceitos de capacidade mental, criatividade, discernimento etc.; portanto, devem ser esclarecidos. E *classe social*? Entende-se por ela a inserção do indivíduo no sistema de produção ou sua distribuição em camadas segundo a renda? Até expressões como *pessoa idosa* requerem definição: a partir de que idade o indivíduo é considerado *idoso* para fins de pesquisa? 60, 65, 70 ou mais?

Outro fato que deve ser levado em consideração é que os conceitos podem ter significados diferentes, de acordo com o quadro de referência ou a ciência que os emprega; por exemplo, *cultura* pode ser entendida como conhecimento literário (popular), conjunto dos aspectos materiais, espirituais e psicológicos que caracteriza um grupo (Sociologia e Antropologia) e cultivo de bactérias (Biologia). Além disso, uma mesma palavra, por exemplo, *função*, pode ter vários significados dentro da própria ciência que a utiliza. Dessa forma, a definição dos termos esclarece e indica o emprego dos conceitos na pesquisa.

2.9.4 Conceitos operacionais e indicadores

A especificação dos conceitos operacionais, assim como dos indicadores do conceito, é uma continuação da definição dos termos, em caráter mais concreto, em relação a um conjunto de instruções para a manipulação ou observação dos fatos ou fenômenos. Em outras palavras, a definição operacional de um conceito ou de um termo consiste na indicação das operações necessárias para produzir, medir, analisar etc. um fenômeno. Os indicadores são as etapas concretas dessas operações. Por exemplo, falando de temperatura, especificamos que será medida pela altura da coluna de mercúrio de um termômetro com uma escala de graus centígrados. Referindo-nos ao QI, precisaremos de todos os detalhes dos testes que deverão medir a capacidade mental, a criatividade, o discernimento etc. e que fatores tomaremos como indicadores da pontuação obtida pelos diferentes indivíduos nesses testes. Finalmente, em relação à classe social, se na definição dos termos se optou pelo conceito de Weber, no conceito operacional especifica-se que elas se diferenciam pelo tipo de propriedade (posses), pelo modo de aquisição e pela situação geral (social, política, cultural etc.); em relação aos indicadores, determina-se o uso de pontuação baseada em: renda, escolaridade, profissão, itens de conforto doméstico, posse de carro etc. Portanto, os indicadores são os fatores que serão medidos, com suas pontuações especificadas, indicando o número mínimo e/ou máximo de pontos para cada classe, de acordo com as diferenças que devem apresentar, segundo nosso conceito operacional. É evidente que a classificação dos indivíduos, segundo classes sociais, terá outros indicadores, fundamentados em outro conceito operacional, se, na definição dos termos, a opção tivesse sido pelo conceito de classe de Marx, por exemplo.

A definição dos termos, assim como a especificação dos conceitos operacionais e dos indicadores, é uma tarefa que permeia todo o desenvolvimento do projeto de pesquisa, desde os estudos preliminares até a construção dos instrumentos de pesquisa. Muitas vezes, depois de elaborado um questionário ou formulário, há necessidade de definir conceitos e termos indicadores nele utilizados. Para maiores detalhes, ver seção 4.4 do Capítulo 5.

2.10 Cronograma

A elaboração de um cronograma de pesquisa responde à pergunta *quando?* A pesquisa deve ser dividida em partes, fazendo-se a previsão do tempo necessário para passar de uma fase a outra. Não esquecer que, se determinadas partes podem ser executadas simultaneamente pelos vários membros da equipe que vai realizar a pesquisa, existem outras que dependem das fases anteriores, como é o caso da análise e interpretação, cuja realização depende da codificação e tabulação, só possíveis depois de colhidos os dados.

2.11 Orçamento

Respondendo à questão *quantos será necessário despender?*, o orçamento distribui os gastos por vários itens, que devem necessariamente ser separados. Inclui:

a) Pessoal: do coordenador aos pesquisadores de campo, o ganho de todos os elementos deve ser computado, seja ele global, mensal, semanal, seja por hora/atividade, incluindo os programadores de computador,

b) Material, subdividido em:

- Elementos consumidos no processo de realização da pesquisa, como papel, canetas, lápis, cartões ou plaquetas de identificação

116 Capítulo 4

dos pesquisadores de campo, hora/computador, digitação, xerox, encadernação etc.

- Elementos cuja posse pode retornar à entidade financiadora, ou equipamentos a serem adquiridos para a execução da pesquisa: computadores, *notebook, tablets,* calculadoras etc.

2.12 Instrumentos de pesquisa

Ainda indicando *como* a pesquisa será realizada, devem-se anexar ao projeto os instrumentos referentes às técnicas selecionadas para a coleta de dados. Desde os tópicos da entrevista, passando pelo questionário e o formulário, até os testes ou escalas de medida de opiniões e atitudes, a apresentação dos instrumentos de pesquisa deve ser feita, dispensando-se tal quesito apenas no caso em que a técnica escolhida for a de observação.

2.13 Referências bibliográficas

A lista de referências bibliográficas final, apresentada no projeto de pesquisa, abrange livros, teses de doutorado, dissertações de mestrado, artigos científicos e documentos utilizados na pesquisa (ver Capítulo 6 deste livro).

2.14 Apêndice

Apresenta(m)-se apêndice(s) no projeto se eles forem necessários. Apêndice é elemento opcional.

2.15 Observações práticas

O formato do papel utilizado para imprimir o projeto de pesquisa é A4. As margens são as seguintes: esquerda e superior: 3 cm; direita e inferior: 2 cm. A fonte (tipográfica) é 12 para todo o texto, exceto para as citações diretas de mais de três linhas, legendas, notas de rodapé e textos constantes de quadros, tabelas, gráficos que utilizarão fonte menor. O espaçamento é 1,5. Citações com mais de três linhas são compostas com espaço interlinear simples, "devem ser destaca-das com recuo de 4 cm da margem esquerda, com letra menor que a do texto utilizado e sem as aspas" (parágrafo 5.3 da NBR 10520 da ABNT). Em relação à paginação, as páginas pré-textuais são contadas, mas o número, ao imprimir o texto, não deve ficar aparente.

Apresentamos a seguir um exemplo de projeto de pesquisa.

INSTITUTO NACIONAL DE ESTUDOS BRASILEIROS

DETERMINAÇÃO DAS ASPIRAÇÕES DOS TRABALHADORES
NA EMPRESA INDUSTRIAL

Fulano(a) de Tal – Coordenador(a)

SÃO PAULO

2020

Capítulo 4

Equipe Técnica

INEB – INSTITUTO NACIONAL DE ESTUDOS BRASILEIROS
Rua ————————
CEP —————— São Paulo (SP)
Fone: (011) ———

Coordenador(a): ———
Endereço
Telefone

Sociólogo Sênior – nome
Endereço
Telefone

Sociólogo Júnior – nome
Endereço
Telefone

Psicólogo – nome
Endereço
Telefone

Estatístico – nome
Endereço
Telefone

[...]
Equipe de pesquisa de Campo – alunos...

OBJETO

Tema

Aspirações dos trabalhadores.

Delimitação do tema

Aspirações dos trabalhadores das empresas industriais de grande porte, no município de São Paulo, no momento atual (2017).

Problema

Será que as categorias ocupacionais (burocrática e de produção) e os *status* ocupados na estrutura organizacional levam o empregado a possuir diferentes tipos de aspirações?

Hipótese básica

O empregado do setor burocrático, ocupando uma posição na alta administração, tende a dar preferência à satisfação com o trabalho realizado; o trabalhador do setor de produção, ocupando posições mais baixas na estrutura da organização, tende a dar preferência a bons salários; os empregados, tanto do setor burocrático quanto do setor de produção, ocupando posições médias na empresa, tendem a dar preferência à possibilidade de promoção.

Hipóteses secundárias

1. A classificação dos itens variará menos sob a influência de problemas particulares enfrentados pelo trabalhador do que com os gerados pela própria organização.

2. Os fatores originários da estrutura social da empresa têm maior influência na classificação dos itens do que os decorrentes da estrutura organizacional.

3. Os atributos intrínsecos do trabalhador exercem influência em sua classificação dos itens:

   - Os trabalhadores do sexo feminino dão maior importância às condições ambientais do trabalho; os do sexo masculino, à oportunidade de promoção.
   - Os trabalhadores mais jovens consideram mais importante ter boas relações com os companheiros de trabalho; os mais velhos, o reconhecimento do valor de seu trabalho.
   - Os trabalhadores com companheiro dão preferência à estabilidade no trabalho; os sem companheiro, à oportunidade de promoção.

4. O salário percebido e a expectativa em relação a ele influem na classificação do item "bons salários":

   - O item "bons salários" tende a variar de colocação de forma inversamente proporcional ao salário percebido pelo trabalhador.

120   Capítulo 4

- Trabalhadores com igual faixa salarial tendem a classificar "bons salários" em posição semelhante.
- Algumas vezes, problemas de relacionamento humano, independentemente de outros fatores, tendem a elevar a classificação do item "bons salários".
- Os períodos imediatamente anteriores e os bem posteriores ao aumento dos valores do salário mínimo influem nas aspirações, elevando a classificação do item "bons salários".
- Imediatamente após o aumento salarial do trabalhador, a classificação do item "bons salários" sofre rebaixamento.

Variáveis

Hipótese básica: X (variável independente) = *status*
M (variável moderadora) = categoria ocupacional
Y (variável dependente) = tipo de aspiração

Hipóteses secundárias:
1. X_1 = problemas particulares enfrentados pelo trabalhador
   X_2 = problemas gerados pela própria organização
   Y = maior ou menor classificação dos itens

2. X_1 = fatores originários da estrutura social da empresa
   X_2 = fatores decorrentes da estrutura organizacional
   Y = maior ou menor influência na classificação dos itens

3. X = atributos intrínsecos do trabalhador (sexo, idade, estado conjugal)
   Y = classificação dos itens

4. X_1 = salário percebido
   X_2 = expectativa em relação ao salário
   X_3 = aumento salarial
   Y = classificação do item "bons salários"

Relação entre variáveis

A relação entre as variáveis independentes identificadas e as dependentes deverá ser assimétrica do tipo probabilista ou estocástica.

OBJETIVO

Objetivo geral

Verificar os motivos específicos extrínsecos e intrínsecos que influem e/ou determinam as aspirações dos trabalhadores em relação à natureza organizacional e social da empresa industrial.

Objetivos específicos

- Examinar se os problemas particulares do trabalhador têm maior influência em suas aspirações em relação à empresa do que os gerados pela própria organização.
- Da mesma forma, analisar a relação entre fatores originados da estrutura organizacional e da estrutura social, no que se refere às alterações de aspirações.
- Observar a influência do aumento salarial nas aspirações do trabalhador.
- Determinar a viabilidade da utilização das aspirações do trabalhador como incentivo para o aumento da produtividade.

JUSTIFICATIVA

A teoria da motivação relacionada com a tarefa executada desenvolveu-se rapidamente nos países industrialmente desenvolvidos a partir da década de 50. Todavia, atualmente, ainda são válidas as colocações de Fürstenberg da estrutura de motivos "racionais utilitários", "racionais valorativos", "tradicionais" e "emocionais", que formam uma tipologia de atitudes que proporciona dados significativos em relação à eficiência dos estímulos materiais e psicológicos para o aumento da produtividade.

[...]

Por outro lado, a verificação da real satisfação do trabalhador com a tarefa realizada pode servir de subsídio na discussão teórica desenvolvida por Friedmann, com seu conceito de "dupla alienação", e por Schelsky, com seu ponto de vista da relação pouco conflitante do trabalhador com a máquina e a reforma mecanizada de produção.

[...]

A análise, se houver, da posição do trabalhador perante o quesito "bons salários", como não sendo o único e mais importante motivador, permite verificar que a nossa sociedade pode e deve, à semelhança das industrialmente desenvolvidas, considerar a função relevante da organização humana e social no âmbito da empresa, percebendo, por trás dos motivos monetarizados, a insatisfação com as relações grupais.

[...]

O aumento da produtividade dos trabalhadores, de qualquer nível, significa custos mais baixos por unidade produzida, permitindo à empresa firmar-se num mercado competitivo e instável, típico de sociedades não planificadas.

[...]

A utilização dos incentivos adequados, para o aumento da produtividade, traz economias à empresa e permite um desenvolvimento harmonioso das relações interpessoais no âmbito da organização.

[...]

METODOLOGIA

Método de abordagem

Será utilizado o método indutivo com inferência indutiva da amostra para a população, especificamente generalizações estatísticas.

Métodos de procedimento

Serão empregados, concomitantemente, os métodos estatístico e funcionalista. [...]

Técnicas de pesquisa

As técnicas de coleta de dados de observação direta extensiva consistirão:

1. Em um questionário, não identificado, a ser preenchido pelo pesquisado, colocando 10 itens em ordem de preferência. O próprio instrumento apresenta uma introdução explicativa para facilitar a compreensão e o preenchimento, sem a ajuda do pesquisador. Entretanto, os que responderem ao questionário serão também entrevistados com o auxílio de um formulário, e nesse momento deverão devolver o questionário, a fim de que os dois instrumentos possam ser atribuídos à mesma pessoa, com vistas ao cruzamento dos dados obtidos. A tabulação final conferirá pontos às diferentes classificações, da seguinte forma: 10 pontos para a primeira opção, 9 para a segunda, e assim sucessivamente, até a décima opção, cujo valor será 1 ponto. A seguir, será feita uma somatória do número de primeiras escolhas, multiplicada pelos 10 pontos, de segundas, por 9 pontos etc. O número final obtido por cada item será então classificado, para se ter a posição final de cada um (ver modelo no Apêndice).

2. Em um formulário, já previamente codificado, com exceção das perguntas abertas, que serão submetidas ao processo de listagem, o pesquisador deverá deixar bem claro ao entrevistado que o formulário não é identificado, para evitar distorções que poderão ocorrer por receio do conhecimento, por parte da direção da empresa, das opiniões do pesquisado. A apuração final das questões fechadas será mecânica ou por meio de computador; será manual a das questões abertas.

A tabulação deverá levar a cruzamentos, com tabelas de dupla e tripla entrada; esses cruzamentos serão determinados pelas hipóteses enunciadas.

Delimitação do universo

Trabalhadores assalariados efetivos (registrados em carteira de trabalho), de ambos os sexos, com no mínimo 16 anos de idade, pertencentes a empresas industriais de grande porte do município de São Paulo.

Tipo de amostragem

Aleatória, de vários degraus ou estágios múltiplos.

1ª etapa: por conglomerados. As empresas serão agrupadas de acordo com o ramo de produção a que se dedicam, sendo sorteados de forma aleatória simples dez conglomerados. As empresas componentes de cada conglomerado formarão subconjuntos, sendo escolhidos dez também de forma aleatória simples. Portanto, a amostra englobará 100 empresas.

2ª etapa: estratificada. Os trabalhadores da empresa formarão sete estratos: três no setor burocrático e quatro no setor de produção. De cada estrato serão retirados, de forma aleatória simples, números rigorosamente iguais de elementos para serem pesquisados. O total de indivíduos de cada estrato será de 5, correspondendo a 35 pessoas por empresa e a um total de 3.500 trabalhadores entrevistados.

Tratamento estatístico

Para a comprovação das hipóteses secundárias 4d e 4e, escolheu-se o experimento do projeto painel, variante do plano clássico de prova.

Dessa forma, três momentos (um anterior à determinação do aumento do salário mínimo, outro imediatamente após o aumento e o terceiro, posterior [dois meses depois]) serão utilizados para a coleta de dados por intermédio de questionário. O formulário só será utilizado uma vez, na primeira etapa, já que as hipóteses 4d e 4e fazem menção específica apenas à alteração da classificação do item "bons salários", causada pelo salário percebido e pela expectativa referente a ele. As demais hipóteses não requerem nova coleta de dados.

A variável de controle escolhida foi o ramo de produção a que se dedica a empresa sorteada. Em outras palavras, os dados colhidos serão analisados independentemente do tipo de indústria em que trabalham os pesquisados.

O nível de significância que se exigirá será de 90%. Medidas estatísticas utilizadas: desvio-padrão e percentagem. Os dados deverão ser apresentados por intermédio de tabelas. O teste de hipóteses que se utilizará, devido ao fato de se trabalhar com percentagens, será o X_2 (qui quadrado).

EMBASAMENTO TEÓRICO

Teoria de base

A pesquisa tomará como fundamento a teoria da motivação humana formulada por A. H. Maslow, que permite entender as razões que levam os homens a trabalhar; ela ajuda a compreender alguns dados aparentemente contraditórios sobre os homens, obtidos por pesquisas desenvolvidas principalmente nos EUA, Alemanha e França, ao mesmo tempo que sugere novos modos de considerar dados antigos. A teoria estabelece que há cinco espécies gerais de necessidades: fisiológicas, de segurança, de aceitação, de *status* e de autorrealização;

elas apresentam uma hierarquia, vindo no topo as necessidades de *status* e autor-realização.

A teoria afirma ainda que as necessidades se dividem em de carência e de abundância. A satisfação das necessidades de carência apenas remove a insatisfação, ao passo que a autorrealização é uma fonte potencial de satisfação e felicidade. Dessa forma, a autorrealização está diretamente relacionada, na empresa, com as oportunidades do indivíduo de fazer uso de seus conhecimentos e experiência, influindo na sua produtividade.

[...]

Revisão da bibliografia

Muitas tentativas têm sido feitas, principalmente em países desenvolvidos, para investigar, com vistas à sua utilização como incentivo, as necessidades que os trabalhadores consideram como as mais importantes.

[...]

Brown (1967, p. 159-160) indica que: (a) "não há incentivo ideal", isto é, este varia de cultura para cultura e de indivíduo para indivíduo; (b) "a 'lei dos retornos decrescentes' aplica-se a todos os incentivos materiais". Em outras palavras, à medida que uma recompensa material aumenta, o desejo por mais recompensas desse tipo diminui; (c) "os incentivos podem conflitar com outros motivos", principalmente com aqueles ligados a temores relativos às próprias posições na empresa; (d) "o dinheiro, como incentivo, tem menos importância do que até agora se supunha", constituindo exceção as sociedades (ou funções) em que os trabalhadores recebem salários muito baixos ou durante períodos de inflação, quando, então, o dinheiro se converte em um poderoso incentivo; (e) "os motivos tendem a ser monetarizados: as pessoas foram ensinadas que o dinheiro é a chave da satisfação, de modo que, quando sentem que algo está errado em sua vida, naturalmente pedem mais dinheiro. Uma demanda por dinheiro sem dúvida indica que elas desejam *alguma coisa*, mas não nos diz o quê". Dessa forma, quando em uma empresa os salários já são adequados (relativamente a outras empresas do mesmo ramo) e os trabalhadores apresentam constante reivindicação por mais dinheiro significa que a empresa enfrenta um problema de moral baixo, de relações humanas, ou outros problemas desse tipo, e, sem poder remediar a situação, esses trabalhadores pensam no dinheiro como solução óbvia. Dito de outra forma, "eles sentem que, quando as condições são insatisfatórias, merecem incentivos extras para compensar as desvantagens do emprego".

[...]

Bakke (1948, p. 36-51), May Smith (1953, p. 183-187), Mathewson (1955, p. 63-65) e Lewis (1957, p. 112-127) indicam cinco fatores que agem como incentivos ou desincentivos na empresa, conforme o caso: (1) as exigências e especificações do trabalho [...]; (2) o sistema de comunicações [...]; (3) o sistema de *status* [...]; (4) o sistema de recompensas e punições [...]; (5) o organograma [...].

Wyatt, Sangdn e Stock (1937, p. 11) pesquisaram 325 trabalhadores em uma fábrica inglesa, pedindo-lhes que colocassem dez itens em ordem de importância. Em primeiro lugar surgiu "estabilidade no trabalho", em segundo "boas condições de trabalho"; o item "bons salários" ficou em sexto lugar.

[...]

Definição dos termos, conceitos operacionais e indicadores

Aspirações dos trabalhadores: compreende todos os fatores materiais, psicológicos ou sociais, que o trabalhador tem a expectativa de ver satisfeitos pela estrutura organizacional e/ou social da empresa.

Indicadores:

- a) Materiais: bons salários; boas instalações no local de trabalho; possibilidades de recreação; assistência médico-hospitalar.
- b) Psicológicos: estar satisfeito com o trabalho que realiza, possibilidades de promoção; estabilidade no trabalho; reconhecimento da importância de seu trabalho.
- c) Sociais: boas relações com os companheiros de trabalho; bom relacionamento entre chefia e subordinados.

Incentivos: compreende todos os fatores materiais, psicológicos ou sociais, que alteram a produtividade do trabalhador, aumentando-a.

Setor burocrático da empresa: corresponde a todas as funções e cargos de caráter administrativo.

Conceito operacional alta administração (até, inclusive, chefes de departamento); administração média (posições de chefia ou de assessoria); empregados (sem autonomia de decisão).

Conceito operacional do setor de produção da empresa: chefia; escalão intermediário (mestre, contramestre, supervisor e outros); operários qualificados e especializados; operários semiespecializados, não especializados, auxiliares e equivalentes.

[...]

126 Capítulo 4

CRONOGRAMA										
	Jan.	Fev.	Mar.	Abr.	Maio	Jun.	Jul.	Ago.	Set.	Out.
Preparação do projeto de pesquisa	–	–								
Aplicação da pesquisa-piloto		–								
Reformulação do projeto e alteração do instrumento de pesquisa			–							
Execução da primeira fase da pesquisa			–	–						
Execução da segunda fase da pesquisa				–	–					
Execução da terceira fase da pesquisa							–			
Codificação, apuração e tabulação					–	–	–		–	
Análise dos dados						–	–	–	–	–
Interpretação dos resultados e conclusões							–	–		–
Redação do relatório									–	–
Digitação										–
Apresentação final										–

ORÇAMENTO

1. Pessoal

Coordenador – horas/atividade _____ X R$ = R$
Sociólogo sênior – horas/atividade _____ X R$ = R$

[...]

Gastos de transporte _____
Equipe de campo _____ dias X R$
Equipe de campo _____ dias X R$ = R$
[...]

2. Material consumido

Material de escritório = R$
Hora/computador   = R$
Digitação   = R$
[...]

3. Material permanente

Aquisição de computadores, *notebooks* e *tablets*: R$...
Aquisição de calculadoras: R$...
[...]

Aluguel de sala _____ meses X R$ = R$
[...]

Total R$

128   Capítulo 4

INSTRUMENTOS DE PESQUISA

Questionário

As pessoas têm opiniões diferentes a respeito do que é mais importante para se ter plena satisfação no trabalho. Com frequência, a opinião de alguns é tomada como sendo a de todos, por falta de dados reais a esse respeito. Gostaríamos de saber, na *sua* opinião, quais são as condições de trabalho fundamentais para que um indivíduo se considere satisfeito no seu trabalho.

Enumere, em ordem de preferência, assinalando com o nº 1 a principal condição, com o nº 2 aquela que considera importante em segundo lugar e assim sucessivamente, até a décima proposição:

	Espaço destinado à classificação
Assistência médico-hospitalar	( )
Boas instalações no local de trabalho (instalações que visem proporcionar maior segurança e conforto; limpeza; luminosidade; sanitários adequados e em número suficiente; comida satisfatória etc.);	( )
Boas relações com os companheiros de trabalho	( )
Bom relacionamento entre chefia e subordinados	( )
Bons salários	( )
Estabilidade no trabalho (possibilidade de permanecer na empresa)	( )
Estar satisfeito com o trabalho que realiza	( )
Possibilidade de promoção	( )
Possibilidade de recreação (clubes esportivos; colônia de férias; associações)	( )
Reconhecimento da importância de seu trabalho	( )

Formulário

1. O atendimento médico-hospitalar fornecido pela empresa é: 1   ☐

(1) Ótimo (2) Bom (3) Regular (4) Ruim (5) Péssimo

2. Considera as instalações de seu local de trabalho: 2   ☐

(1) Ótimas (2) Boas (3) Regulares (4) Ruins (5) Péssimas

3. As relações com seus companheiros de trabalho são: 3   ☐

(1) Ótimas (2) Boas (3) Regulares (4) Ruins (5) Péssimas

4. O relacionamento com seus chefes é: 4   ☐

(1) Ótimo (2) Bom (3) Regular (4) Ruim (5) Péssimo

5. Seu salário, comparado com o de posições próximas é: 5   ☐

(1) Ótimo (2) Bom (3) Regular (4) Ruim (5) Péssimo

6. Sua estabilidade (possibilidade de permanecer na empresa) é: 6   ☐

(1) Ótima (2) Boa (3) Regular (4) Ruim (5) Péssima

7. Sua satisfação com o trabalho que realiza é: 7   ☐

(1) Ótima (2) Boa (3) Regular (4) Ruim (5) Péssima

8. A possibilidade de promoção na sua empresa é: 8   ☐

(1) Ótima (2) Boa (3) Regular (4) Ruim (5) Péssima

9. As possibilidades de recreação na empresa são: 9   ☐

(1) Ótimas (2) Boas (3) Regulares (4) Ruins (5) Péssimas

10. Quando se trata do reconhecimento da importância do seu trabalho, você diria que ele é: 10   ☐

(1) Ótimo (2) Bom (3) Regular (4) Ruim (5) Péssimo

11. Cite três situações, ambientais ou de relação social, que considera mais vantajosas em sua empresa:

(1) _____

(2) _____

(3) _____

12. Cite três situações, ambientais ou de relação social, que considera mais desvantajosas em sua empresa:

(1) _____

(2) _____

(3) _____

13. Em relação a problemas pessoais e/ou familiares você diria que neste momento: 13 ☐

(1) Não tem nenhum

(2) Tem alguns

(3) Tem muitos

14. Função e cargo: 14 ☐

Setor burocrático

(1) Alta administração (inclusive chefes de departamento)

(2) Administração média (posições de chefia ou de assessoria)

(3) Funcionários (sem autonomia de decisão)

Setor de produção

(1) Chefia

(2) Escalão intermediário (mestre, contramestre, supervisor e outros)

(3) Operários qualificados e especializados

(4) Operários semiespecializados, não especializados, auxiliares e equivalentes

15. Sexo   15 ☐

(1) Masculino (2) Feminino

16. Faixa etária: 16 ☐

(1) de 16 |----- 18 anos

(2) de 18 |----- 25 anos

(3) de 25 |----- 35 anos

(4) de 35 |----- 45 anos

(5) de 45 |----- 55 anos

(6) de 55 anos e mais

17. Estado conjugal: 17 ☐

1. Com companheiro (casado, amigado)

2. Sem companheiro (solteiro, separado, desquitado, divorciado, viúvo)

18. Salário (em salários-mínimos) 18 ☐

(1) Abaixo de 1 s.m.

(2) de 1 s.m. |----- 2 s.m.

(3) de 2 s.m. |----- 4 s.m.

(4) de 4 s.m. |----- 6 s.m.

(5) de 6 s.m. |----- 8 s.m.

(6) de 8 s.m. |----- 10 s.m.

(7) de 10 s.m. |----- 12 s.m.

(8) de 12 s.m. |----- 14 s.m.

(9) de 14 s.m. |----- 16 s.m.

(10) de 16 s.m. |----- 18 s.m.

(11) de 18 s.m. |----- 20 s.m.

(12) de 20 s.m. |----- 22 s.m.

(13) de 22 s.m. |----- 24 s.m.

(14) de 24 s.m. |----- 26 s.m.

(15) de 26 s.m. e mais

REFERÊNCIAS BIBLIOGRÁFICAS

ACKOFF, Russel L. *Planejamento de pesquisa social*. Tradução de Leonidas Hegenberg, Octanny Silveira da Mota. São Paulo: Herder: Edusp, 1968.

ARGYRIS, Chris. *Personalidade e organização*: o conflito entre o sistema e o indivíduo. Rio de Janeiro: Renes,1968.

BROWN, James Alexander Campbell. *Psicologia social da indústria*. Tradução de Hugo Benatti Junior. São Paulo: Atlas, 1976.

APÊNDICE

Modelo de Tabulação

FATORES	F	1º	2º	3º	4º	5º	6º	7º	8º	9º	10º	$\sum F V$	CLASSIFICAÇÃO
	V	10	9	8	7	6	5	4	3	2	1		
Assistência médico-hospitalar													
Boas instalações no local de trabalho													
Boas relações com os companheiros de trabalho													
Bom relacionamento entre chefia e subordinados													
Bons salários													
Estabilidade no trabalho													
Estar satisfeito com o trabalho que realiza													
Possibilidade de promoção													
Possibilidade de recreação													
Reconhecimento da importância de seu trabalho													

3 PESQUISA-PILOTO OU PRÉ-TESTE

Uma vez terminado o projeto de pesquisa definitivo, a tentação de iniciar imediatamente a pesquisa é muito grande. Todas as etapas foram previstas, as hipóteses enunciadas, as variáveis identificadas, a metodologia minuciosamente determinada, incluindo as provas estatísticas a que serão submetidos os dados colhidos; portanto, por que não começar imediatamente a coleta de dados?

A resposta encontra-se em toda parte: nenhuma montadora de automóveis, por exemplo, lança um novo modelo sem antes construir protótipos e testá-los. Qual a razão desse comportamento? A resposta é que muitos fatos não podem ser previstos em uma prancheta de desenho, no que respeita ao desempenho real do carro, com seus inúmeros componentes. Dessa forma, o automóvel deve ser testado em condições concretas de funcionamento, para que, encontrando-se defeitos, sejam poupados tempo e dinheiro com seu aperfeiçoamento, antes que o modelo entre em linha de montagem.

Com a pesquisa ocorre o mesmo. Como exemplo, tome-se o instrumento de coleta de dados, que pode ser o questionário. A equipe de especialistas que o preparou vivenciou o problema durante certo espaço de tempo. Todas as perguntas parecem necessárias e bem formuladas, mas... e o entrevistado? Tomará contato com o assunto no momento da pesquisa. Só pensará nele quando um pesquisador estiver entrevistando-o. Compreenderá ele todas as perguntas? Estarão elas redigidas, utilizando a linguagem que lhe é comum? Ou terá dúvidas sobre o significado das questões e sobre o sentido de algumas palavras? Só a experiência o dirá. Dessa forma, a pesquisa-piloto tem como uma das principais funções testar o instrumento de coleta de dados. É por esse motivo que se recomenda, mesmo se o instrumento definitivo for o questionário, a utilização, no pré-teste, do formulário, com espaço suficiente para que o pesquisador anote as reações do entrevistado, sua dificuldade de entendimento, sua tendência para esquivar se de questões polêmicas ou delicadas, seu embaraço com questões pessoais etc. A pesquisa-piloto evidenciará ainda: ambiguidade das questões, existência de perguntas supérfluas, adequação ou não da ordem de apresentação das questões, se são muito numerosas ou, ao contrário, necessitam ser complementadas etc. Uma vez constatadas as falhas, reformula-se o instrumento, conservando, modificando, ampliando, desdobrando ou alterando itens; explicitando melhor algumas questões ou modificando a redação de outras; perguntas abertas (e uma grande parte deve ser aberta na pesquisa-piloto) podem ser fechadas, utilizando as próprias respostas dos entrevistados, desde que não haja muita variabilidade.

Ainda em relação ao questionário, o pré-teste poderá evidenciar se ele apresenta ou não três elementos de suma importância:

1. Fidedignidade: será possível obter os mesmos resultados, independentemente da pessoa que o aplica?
2. Validade: os dados obtidos são todos necessários à pesquisa? Nenhum fato, dado ou fenômeno foi deixado de lado na coleta?
3. Operatividade: o vocabulário é acessível a todos os entrevistados e o significado das questões é claro?

Outra importante finalidade da pesquisa-piloto é verificar a adequação do tipo de amostragem escolhido. O pré-teste é sempre aplicado para uma amostra reduzida, cujo processo de seleção é *idêntico* ao previsto para a execução da pesquisa, mas os elementos entrevistados não poderão figurar na amostra final (para evitar contaminação). Muitas vezes, descobre-se que a seleção é por demais onerosa ou viciada. Em suma, inadequada, necessitando ser modificada. A aplicação da pesquisa-piloto é também um bom teste para os pesquisadores.

Finalmente, o pré-teste permite também a obtenção de uma estimativa sobre os futuros resultados, podendo, inclusive, alterar hipóteses, modificar variáveis e relação entre elas. Dessa forma, haverá maior segurança e precisão para a execução da pesquisa.

4   RELATÓRIO TÉCNICO E/OU CIENTÍFICO: ESTRUTURA

Circula no meio acadêmico um gênero textual denominado relatório, que se constitui do relato das mais diversas atividades, salientando entre elas a de uma pesquisa científica. Configura-se como texto em que se discorre detalhadamente sobre o desenvolvimento de um trabalho ou de uma pesquisa científica em determinado período. Como todo gênero textual, os relatórios também têm uma estrutura relativamente estável, que orienta tanto seu produtor como seu leitor.

No parágrafo 3.24, a NBR 10719 define relatório técnico e/ou científico como "documento que descreve formalmente o progresso ou resultado de pesquisa científica e/ou técnica". Estabelece então no parágrafo 4 sua estrutura:

Parte externa:
- Capa (opcional)
- Lombada (opcional)

Parte interna:
- Elementos pré-textuais
- Elementos textuais
- Elementos pós-textuais

Os elementos pré-textuais são constituídos de:
- Folha de rosto (obrigatório)
- Errata (opcional)
- Agradecimentos (opcional)
- Resumo na língua vernácula (obrigatório) [não há nos relatórios técnicos e/ou científicos a versão em língua estrangeira]
- Lista de ilustrações (opcional)
- Lista de tabelas (opcional)
- Lista de abreviaturas e siglas (opcional)
- Lista de símbolos (opcional)
- Sumário (obrigatório)

Os elementos textuais são:
- Introdução (obrigatório)
- Desenvolvimento (obrigatório)
- Conclusão (obrigatório)

Os elementos pós-textuais compreendem:
- Referências (obrigatório)
- Glossário (opcional)
- Apêndice (opcional)
- Anexo (opcional)
- Índice (opcional)
- Formulário de identificação (opcional)

Comentamos a seguir apenas alguns dos elementos estruturais do relatório técnico e/ou científico, visto que seus elementos coincidem com o do projeto de pesquisa.

136 **Capítulo 4**

4.1 Capa e folha de rosto

Em relação à capa, estabelece no parágrafo 4.1.1.1: "Recomenda-se incluir: nome e endereço da instituição responsável; número do relatório; ISSN (se houver), elaborado conforme a ABNT NBR 10525; título e subtítulo (se houver); classificação de segurança (se houver)." A segunda, terceira e quarta capa não devem conter informações. A lombada é elemento opcional.

O anverso da folha de rosto é regulado pelo parágrafo 4.2.1.1.1, que estabelece serem seus elementos:

a) nome do órgão ou entidade responsável que solicitou ou gerou o relatório;

b) título do projeto, programa ou plano que o relatório está relacionado;

c) título do relatório;

d) subtítulo, se houver, deve ser precedido de dois pontos, evidenciando a sua subordinação ao título. O relatório em vários volumes deve ter um título geral. Além deste, cada volume pode ter um título específico;

e) número do volume. Se houver mais de um, deve constar em cada folha de rosto a especificação do respectivo volume, em algarismo arábico;

f) código de identificação, se houver. Recomenda-se que seja formado pela sigla da instituição, indicação da categoria do relatório, data, indicação do assunto e número sequencial do relatório na série;

g) classificação de segurança. Todos os órgãos, privados ou públicos, que desenvolvam pesquisa de interesse nacional de conteúdo sigiloso, devem informar a classificação adequada, conforme a legislação em vigor;

h) nome do autor ou autor-entidade. O título e a qualificação ou a função do autor podem ser incluídos, pois servem para indicar sua autoridade no assunto. Caso a instituição que solicitou o relatório seja a mesma que o gerou, suprime-se o nome da instituição no campo de autoria;

i) local (cidade) da instituição responsável e/ou solicitante;

j) ano de publicação, de acordo com o calendário universal (gregoriano), deve ser apresentado em algarismos arábicos.

O verso da folha de rosto é composto dos seguintes elementos (parágrafo 4.2.1.1.2):

Projeto de pesquisa e relatório de pesquisa 137

a) equipe técnica, elemento opcional, indica a comissão de estudo, colaboradores, coordenação geral, entre outros. O título e a qualificação ou a função do autor podem ser incluídos, pois servem para indicar sua autoridade no assunto;

b) dados internacionais de catalogação-na-publicação, elemento opcional, deve conter os dados de catalogação-na-publicação, conforme o Código de Catalogação Anglo-Americano vigente. Os dados internacionais de catalogação-na-publicação serão obrigatórios quando não utilizado o formulário de identificação.

4.2 Introdução do relatório de pesquisa

A introdução compreende: tema do projeto, problema, hipótese ou hipóteses (se couber ou couberem), objetivos e justificativa. E, ainda, metodologia e instrumentos de pesquisa, bem como o referencial teórico que embasa a pesquisa. Finalmente, acrescentam-se orçamento e cronograma de sua execução.

4.3 Revisão bibliográfica

Repete-se a revisão bibliográfica do projeto, com acréscimo de novos livros ou artigos científicos que tenham chegado ao conhecimento da equipe, já que a pesquisa bibliográfica não se encerra com a elaboração do projeto.

4.4 Desenvolvimento: discussão e resultados

O desenvolvimento é a fase de apresentação das discussões e dos resultados. Fase de análise e interpretação.

A quantidade e a natureza dos dados a serem apresentados determinam a divisão dessa parte em capítulos e seções. A ordem da divisão deve estar relacionada com a colocação das hipóteses, isto é, das sucessivas afirmações nelas contidas.

Os dados serão apresentados de acordo com sua análise, o que, na pesquisa quantitativa, implica análise de conteúdo e análises estatísticas, incorporando no texto apenas tabelas, quadros, gráficos e outras ilustrações estritamente necessárias à compreensão do desenrolar do raciocínio; os demais deverão aparecer em apêndice. Na pesquisa qualitativa, as análises são realizadas com base na hermenêutica-dialética, análise do discurso, análise crítica do discurso, semiótica.

A função de um relatório de pesquisa não é aliciar o leitor, mas demonstrar as evidências a que se chegou através da pesquisa. Portanto, na seleção do

138   Capítulo 4

material a ser apresentado, o pesquisador evita ser dirigido pelo desejo natural de ver confirmadas suas previsões se os dados as refutam. Todos os dados pertinentes e significativos devem ser apresentados, e, se algum resultado for inconclusivo, é necessário apontá-lo.

As relações e correlações entre os dados obtidos constituem o cerne dessa parte do relatório, que deve oferecer evidências à verificação das hipóteses, que se processa na seção seguinte.

A fase de interpretação dos resultados corresponde à parte mais importante do relatório. É aí que são transcritos os resultados, agora sob a forma de evidências para a confirmação ou refutação das hipóteses. Estas se dão segundo a relevância dos dados, demonstrados na parte anterior. Quando os dados são irrelevantes, inconclusivos, insuficientes, não se pode nem confirmar nem refutar a hipótese, e tal fato deve ser apontado não apenas sob o ângulo da análise estatística, mas também correlacionado com a hipótese enunciada.

Novamente, aconselha-se a divisão em capítulos, segundo o conteúdo das diferentes hipóteses, indo da mais geral (básica) às particulares, ou vice-versa. É necessário assinalar:

a) As discrepâncias entre os fatos obtidos e os previstos nas hipóteses.

b) A comprovação ou a refutação das hipóteses, ou, ainda, a impossibilidade de realizá-las.

c) A especificação da maneira pela qual foi feita a validação das hipóteses no que concerne aos dados.

d) O valor da generalização dos resultados para o universo, no que se refere aos objetivos determinados.

e) A maneira pela qual se pode maximizar o grau de verdade das generalizações.

f) Como a convalidação empírica permite atingir o estágio de enunciado de leis.

g) Como as provas obtidas mantêm a sustentabilidade da teoria, determinam sua limitação ou até a sua rejeição.

4.5 Conclusões

A apresentação e a análise dos dados, assim como a interpretação dos resultados, encaminham naturalmente às conclusões. Estas devem:

a) Evidenciar as conquistas alcançadas com o estudo.
b) Indicar as limitações e as reconsiderações.
c) Apontar a relação entre os fatos verificados e a teoria.
d) Representar "a súmula em que os argumentos, conceitos, fatos, hipóteses, teorias, modelos se unem e se completam" (TRUJILLO FERRARI, 1982, p. 295).

As conclusões são redigidas de forma precisa e categórica; devem ser pertinentes e relacionadas diretamente às diferentes partes do trabalho. Não podem perder-se em argumentações que não fazem parte da exposição nem apresentar novas informações e citações (argumento de autoridade). Devem manter relação com os dados obtidos e as hipóteses enunciadas.

4.6 Recomendações e sugestões

As recomendações consistem em indicações, de ordem prática, de intervenções na natureza ou na sociedade, de acordo com as conclusões da pesquisa.

As sugestões, por sua vez, são importantes para o desenvolvimento da ciência: apresentam novas temáticas de pesquisa, inclusive levantando novas hipóteses e abrindo caminho a outros pesquisadores.

4.7 Referências bibliográficas

Inclui todas as obras (livros e artigos científicos) já apresentadas no projeto, acrescidas das que foram sucessivamente utilizadas durante a execução da pesquisa e a redação do relatório.

4.8 Apêndice

O apêndice, elemento opcional, é composto de material trabalhado pelo próprio pesquisador, como: tabelas, quadros, gráficos e outras ilustrações que não figuram no texto; assim como o(s) instrumento(s) de pesquisa.

4.9 Anexo

O anexo, elemento opcional, é constituído de elementos esclarecedores de outra autoria; devem ser limitados, incluindo apenas o estritamente necessário à compreensão de partes do relatório.

LEITURA RECOMENDADA

CASTRO, Cláudio de Moura. *A prática da pesquisa*. 2. ed. São Paulo: Pearson Prentice Hall, 2014. Caps. 2, 3, 9.

GIL, Antonio Carlos. *Como elaborar projetos de pesquisa*. 5. ed. São Paulo: Atlas, 2017. Caps. 1, 2, 3, 5, 21.

MARINHO, Pedro. *A pesquisa em ciências humanas*. Petrópolis: Vozes, 1980. Cap. 2.

RUDIO, Franz Victor. *Introdução ao projeto de pesquisa científica*. 42. ed. Petrópolis: Vozes, 2014. Caps. 4 e 8.

SALOMON, Délcio Vieira. *Como fazer uma monografia*. 13. ed. São Paulo: Martins Fontes, 2014. Caps. 6, 8, 10.

5
Trabalhos acadêmicos: estrutura e apresentação gráfica

1 NORMAS DA ABNT

Todo trabalho científico (dissertação de mestrado, tese de doutorado, artigo científico, TCC) segue normas de apresentação, quer nacionais (ABNT), quer internacionais (Vancouver, APA). No Brasil, a Associação Brasileira de Normas Técnicas é responsável por um conjunto de normas que regulam: a confecção de projetos de pesquisa (NBR 15287), a redação de resumo (NBR 6028), a apresentação de citações diretas e indiretas (NBR 10520), a numeração progressiva das seções de trabalhos acadêmicos (NBR 6024), a elaboração de sumário (NBR 6027), a apresentação de trabalhos acadêmicos (NBR 14724), os relatórios técnico-científicos (NBR10719), a confecção de referências bibliográficas (NBR 6023).

2 ASPECTOS FORMAIS DOS TRABALHOS ACADÊMICOS

Cuidamos nesta seção do tamanho do papel que será utilizado para imprimir o trabalho, numeração das folhas do trabalho redigido, divisão das seções e da forma gráfica do parágrafo

2.1 Tamanho do papel e margens

O texto, digitado utilizando-se o espaço 1,5, é impresso em um lado das folhas de papel A4 (210 mm × 297 mm). Os espaçamentos laterais e inferiores e superiores da mancha são os seguintes (ver Figura 1):

142 **Capítulo 5**

a) Margem superior: 3 cm.

b) Margem inferior: 2 cm.

c) Margem direita: 2 cm.

d) Margem esquerda: 3 cm.

2.2 Numeração das folhas

A numeração das folhas, feita em algarismos arábicos, inicia-se logo após as páginas de rosto (frontispício) e outras que vêm antes do sumário, como dedicatória, epígrafe, agradecimentos. Todavia, a contagem delas dá--se desde a folha de rosto, que seria a primeira. Essas páginas iniciais não apresentam numeração aparente. Em geral, a numeração visível inicia-se no sumário; ela pode ser colocada à direita ou no centro, no alto, ou no centro ou à direita, embaixo.

2.3 Divisão das seções

Dois são os tipos de seções: as não numeradas e as numeradas.

São centralizadas as seções sem indicativos numéricos, como: errata, agradecimentos, lista de ilustrações, lista de abreviaturas e siglas, lista de símbolos, resumos, sumário, referências, glossário, apêndice(s), anexo(s) e índice(s) devem ser centralizados.

Já as seções numeradas (parágrafo 5.2.3 da NBR 14724). Já as seções numeradas seguem as seguintes normas:

> O indicativo numérico, em algarismo arábico, de uma seção precede seu título, alinhado à esquerda, separado por um espaço de caractere. Os títulos das seções primárias [capítulos] devem começar em página ímpar (anverso), na parte superior da mancha gráfica e ser separados do texto que os sucede por um espaço entre as linhas de 1,5. Da mesma forma, os títulos das subseções devem ser separados do texto que os precede e que os sucede por um espaço entre as linhas de 1,5. Títulos que ocupem mais de uma linha devem ser, a partir da segunda linha, alinhados abaixo da primeira letra da primeira palavra do título (parágrafo 5.2.2 da NBR 14724).

É frequente o uso de letras maiúsculas para os dizeres de capítulo (que pode ser digitado normalmente em claro, ou destacado em **bold**). A primeira divisão de um capítulo pode ser digitada usando letras maiúsculas. Se essa primeira divisão comportar subdivisões, as subdivisões terão apenas a primeira letra da primeira palavra escrita em letra maiúscula.

A numeração dos capítulos é feita em algarismos arábicos, não seguidos de ponto e prescinde da palavra *capítulo*. A divisão dos capítulos em seções é feita com algarismos arábicos consecutivos, separados por ponto (ver, por exemplo, como se dá a divisão das seções neste capítulo).

Para evitar exageros na formação numérica consecutiva, recomenda-se, depois da quarta divisão, o uso de letras maiúsculas do alfabeto (A, B, C). O parágrafo 4 da NBR 6024, ao tratar de seções, estabelece que se deve "limitar a numeração progressiva até a seção quinária". Ainda de acordo com a norma, a seção primária é constituída pelo número do capítulo; suas divisões serão: secundária, terciária, quaternária, quinária. Assim, por exemplo, o capítulo 2 teria como primeira divisão a seção 2.1; o capítulo 3 teria a seção 3.1; o capítulo 9, a seção 9.1. Todavia, é comum os trabalhos acadêmicos omitirem o número do capítulo nas seções, de modo que a primeira seção do capítulo 5, por exemplo, seria 1 (e não 5.1), a primeira seção do capítulo 7 seria 1 (e não 7.1). Os capítulos são numerados com algarismos arábicos.

2.4 Paragrafação

O parágrafo pode receber cinco, sete ou dez espaços adiante da margem esquerda. O estilo de apresentação dos parágrafos sem o dente de entrada, com todo o texto encostado à margem esquerda e colocando-se um espaço entre os parágrafos não é usual no Brasil.

3 ESTRUTURA DO TRABALHO ACADÊMICO

Após a coleta de dados, sua codificação e tabulação, tratamento estatístico, análise e interpretação, os resultados estão prontos para ser redigidos: é hora de passar à etapa da redação do trabalho acadêmico (dissertação de mestrado, tese de doutorado, TCC). Sua estrutura é regulada pela NBR 14724.

Os dois primeiros elementos são a capa (elemento obrigatório) e a lombada (elemento opcional). Em seguida temos os elementos pré-textuais, que incluem:

- Folha de rosto (elemento obrigatório)

- Errata (elemento opcional)
- Folha de aprovação (elemento obrigatório)
- Dedicatória (elemento opcional)
- Agradecimentos (elemento opcional)
- Epígrafe (elemento opcional)
- Resumo na língua vernácula (elemento obrigatório)
- Resumo em língua estrangeira (elemento obrigatório)
- Lista de ilustrações (elemento opcional)
- Lista de tabelas (elemento opcional)
- Lista de abreviaturas e siglas (elemento opcional)
- Lista de símbolos (elemento opcional)
- Sumário (elemento obrigatório)

Concluída a parte pré-textual, temos os elementos textuais, que compreendem:

- Introdução
- Desenvolvimento
- Conclusão

Finalizamos um trabalho acadêmico com os elementos pós-textuais:
- Referências (elemento obrigatório)
- Glossário (elemento opcional)
- Apêndice (elemento opcional)
- Anexo (elemento opcional)
- Índice (elemento opcional)

3.1 Capa

A capa (ver Figura 2) de um trabalho acadêmico (dissertação de mestrado, tese de doutorado), segundo a NBR 14724 (parágrafo 4.1.1), deve conter:

a) nome da instituição (opcional);
b) nome do autor;
c) título: deve ser claro e preciso, identificando o seu conteúdo e possibilitando a indexação e recuperação da informação;
d) subtítulo: se houver, deve ser precedido de dois pontos, evidenciando a sua subordinação ao título;

Trabalhos acadêmicos: estrutura e apresentação gráfica 145

e) número do volume: se houver mais de um, deve constar em cada capa a especificação do respectivo volume;

f) local (cidade) da instituição onde deve ser apresentado;

g) ano de depósito (da entrega).

3.2 Elementos pré-textuais

São elementos pré-textuais, como já vimos: folha de rosto, ficha catalográfica (que deve ficar no verso da folha de rosto), errata (elemento opcional), folha de aprovação, dedicatória, agradecimentos, epígrafe, resumo e *abstract*, relação de quadros e tabelas, sumário.

3.2.1 Folha de rosto

A folha de rosto de dissertações de mestrado e teses de doutorado, normalmente, segue orientações estabelecidas pelas mais diversas universidades. É comum cada uma delas dispor de um manual de normas. Para a NBR 14724 (parágrafo 4.2.1.1.1), a folha de rosto (anverso) é composta de:

a) nome do autor;

b) título;

c) subtítulo, se houver;

d) número do volume, se houver mais de um, deve constar em cada folha de rosto a especificação do respectivo volume;

e) natureza: tipo do trabalho (tese, dissertação, trabalho de conclusão de curso e outros) e objetivo (aprovação em disciplina, grau pretendido e outros); nome da instituição a que é submetido; área de concentração;

f) nome do orientador e, se houver, do coorientador;

g) local (cidade) da instituição onde deve ser apresentado;

h) ano de depósito (da entrega) (Ver Figura 3 deste capítulo).

3.2.2 Ficha catalográfica

O verso da folha de rosto "deve conter os dados de catalogação-na-publicação, conforme o Código de Catalogação Anglo-Americano vigente" (parágrafo 4.2.1.1.2 da NBR 14724).

146   **Capítulo 5**

Recomenda-se consultar uma bibliotecária para preencher a ficha catalográfica. Esta vem à esquerda, de preferência no verso da folha de rosto (Figura 4). A ficha catalográfica aparece no verso da folha de rosto.

3.2.3 Errata

Terminada a redação e impressão do texto, se o pesquisador notar algum erro que possa comprometer seu trabalho, poderá fazer uma errata. Ela é, portanto, um elemento opcional. Traz o nome do autor da pesquisa (sobrenome e nome), título da obra em destaque. Ano. A expressão tese ou dissertação, conforme o caso; a especificação da titulação (Mestrado em Sociologia, Doutorado em Ciências Sociais), entre parênteses; traço (–), nome da faculdade, nome da universidade, local e ano. Exemplo:

> LEHFELD, Neide Aparecida de Souza. *Estudo de grupos familiares migrantes carentes*: suas formas de organização interna. 1980. Dissertação (Mestrado em Ciências Sociais) – Fundação Escola de Sociologia e Política de São Paulo, São Paulo, 1980.

Folha	Linha	Onde se lê	Leia-se
22	14	Solipcismo	Solipsismo

A errata é posta depois da folha de rosto. Diz a norma: "apresentada em papel avulso ou encartado, acrescida ao trabalho depois de impresso", ou seja, depois de impresso o texto e feito seu acabamento (encadernação ou espiral), ao se perceber algum erro, o pesquisador pode veicular uma folha avulsa com os erros e suas correções, encaixando-a, de forma solta, logo no início do trabalho.

3.2.4 Folha de aprovação

Contém espaço destinado para assinatura dos examinadores, segundo a ordem de arguição com a indicação do orientador (Figura 5).

A folha de aprovação é elemento obrigatório. Segundo o parágrafo 4.2.1.3 da NBR 14724,

> deve ser inserida após a folha de rosto, constituída pelo nome do autor do trabalho, título do trabalho e subtítulo (se houver), natureza (tipo do trabalho, objetivo, nome da instituição a que é submetido, área de concentração) data de aprovação, nome, titulação e assinatura dos componentes da banca examinadora e

instituições a que pertencem. A data de aprovação e as assinaturas dos membros componentes da banca examinadora devem ser colocadas após a aprovação do trabalho.

3.2.5 Dedicatória, agradecimentos, epígrafe

Dedicatória, agradecimentos e epígrafe, como já expusemos, são elementos opcionais. Dedicatória é o oferecimento do trabalho a determinada pessoa ou pessoas. Geralmente, ela é breve e endereçada a pessoa(s) específica(s).

Na seção de agradecimentos, o pesquisador lembra as pessoas que contribuíram de maneira relevante à elaboração do trabalho. Em geral, os enunciados são expressos de maneira simples e sóbria, dando destaque especial ao orientador do trabalho.

A lista de agradecimentos, quando há, inclui: orientador, professores do curso de graduação e pós-graduação, colegas que colaboraram com o pesquisador, amigos, parentes, instituição fomentadora da pesquisa.

Além da dedicatória, pode aparecer uma epígrafe (frase concisa, com a indicação do autor, que dê orientação à leitura do texto). As epígrafes precisam estar relacionadas com o conteúdo do trabalho. Não são ornamentais. Uma epígrafe retirada de um livro de autoajuda, por não ter relação com o trabalho, pode soar estranha à academia (Figuras 6 e 7).

3.2.6 Resumo e *abstract*

Dois resumos são apresentados em um trabalho acadêmico: um redigido em português e outro em uma língua estrangeira: em inglês, chama-se *abstract*. Se o pesquisador faz uma versão do resumo em francês, ele se chamará *résumé*; se o fizer em espanhol, se chamará *síntese*.

Em geral, é redigido pelo próprio autor, ao término do trabalho, comparando-o com a introdução, para que não haja contradições e incoerências (Figura 8).

O resumo consiste numa síntese do trabalho realizado. Conforme o parágrafo 3.1 da NBR 6028 da ABNT, "o resumo deve ressaltar o objetivo, o método, os resultados e as conclusões do documento". A norma estabelece ainda no parágrafo 3.3: "O resumo deve ser composto de uma sequência de frases concisas, afirmativas e não de enumeração de tópicos. Recomenda-se o uso de parágrafo único." É escrito com verbo na voz ativa e na terceira pessoa do singular. Em relação à extensão, a norma estabelece que ele conterá de 150 a 500 palavras no caso de trabalhos acadêmicos (teses de doutorado, dissertações de mestrado e outros) e relatórios técnico-científicos.

148 **Capítulo 5**

Abstract (segundo resumo) é uma versão do resumo em português (primeiro resumo). Apresenta-se primeiramente o resumo em português e, em seguida, uma versão desse resumo em inglês, francês, ou outra língua aceita pela universidade.

Depois do segundo resumo (versão do resumo em língua estrangeira), podemos ter dedicatória, agradecimentos e epígrafe (todos esses elementos, como já expusemos, são opcionais). Dedicatórias, geralmente, são breves e endereçadas a pessoas específicas. A lista de agradecimentos, quando há, inclui: orientador, professores do curso de graduação e pós-graduação, colegas que colaboraram com o pesquisador, amigos, parentes, instituição fomentadora da pesquisa. As epígrafes precisam estar relacionadas com o conteúdo do trabalho. Não são ornamentais. Uma epígrafe retirada de um livro de autoajuda, por não ter relação com o trabalho, pode soar estranha à academia.

3.2.7 Relação de quadros e tabelas

A relação de quadros e tabelas é opcional. Constitui-se do número do quadro ou tabela, seguido do título e da página onde se encontra. Se o autor optar pela apresentação dessas listas, deve iniciar cada uma delas em uma folha separada.

3.2.8 Sumário

O sumário deve incluir todos os títulos principais de partes, capítulos e suas seções (subdivisões); depois dos dizeres de partes (se houver), capítulos e seções, coloca-se o número da folha correspondente onde o assunto é tratado (Figura 9).

3.3 Elementos textuais: o corpo do trabalho

Constituem elementos textuais a introdução, o desenvolvimento e a conclusão, todos elementos obrigatórios.

3.3.1 Introdução

Apresenta o objeto, os objetivos, a justificativa, a metodologia do trabalho, a teoria de base, os resultados e uma breve descrição do conteúdo dos capítulos. É redigida ao final da redação do texto da pesquisa. Resumo, introdução e conclusão devem apresentar coerência. Por isso, a necessidade de redigi-los concomitantemente.

3.3.2 Desenvolvimento

Fundamentação lógica do trabalho, cuja finalidade é expor e demonstrar suas principais teses. É subdividido em partes, capítulos, seções, subseções, cada um deles numerado progressivamente.

3.3.3 Conclusão, recomendações, sugestões

Conclusões consistem em um resumo completo da argumentação desenvolvida no corpo do trabalho.

Ao final das conclusões e separadamente, o pesquisador poderá fazer recomendações e sugestões para se atuar sobre os fenômenos estudados e/ou prosseguir nos estudos.

3.4 Elementos pós-textuais

Os elementos pós-textuais compreendem: referências bibliográficas (elemento obrigatório, apêndices, anexos (se houver), glossário (elemento opcional), índice remissivo (elemento opcional).

3.4.1 Referências bibliográficas

Apresenta-se na seção de referências bibliográficas uma relação das obras consultadas (livros, teses de doutorado, dissertações de mestrado, artigos científicos impressos e eletrônicos, filmes, vídeos), seguindo, normalmente, a NBR 6023 da Associação Brasileira de Normas Técnicas (ABNT).

3.4.2 Apêndices e anexos

Apêndice refere-se a todo material elaborado pelo próprio autor, como tabelas, gráficos, desenhos, mapas e outras figuras ilustrativas; técnicas de pesquisa utilizadas (questionário, formulário, entrevista, história de vida e semelhantes); organogramas, fluxogramas, cronogramas.

Anexo engloba todo documento auxiliar não elaborado pelo autor: quadros e tabelas estatísticos, legislação, estatutos, regimentos, ilustrações etc.

3.4.3 Glossário

O glossário consiste na explicitação, em ordem alfabética, dos termos específicos e/ou técnicos, contidos no trabalho.

3.4.4 Índice remissivo de assuntos e/ou autores

Índice remissivo é uma lista de palavras-chave, em ordem alfabética, com a indicação do número das diferentes folhas ou páginas em que se encontram. É elemento do trabalho científico que facilita a localização dos diversos temas tratados no trabalho, assim como a referência aos autores citados (Figura 10).

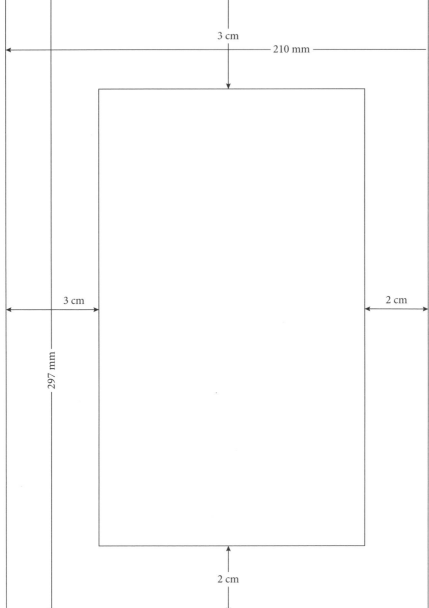

Figura 1. *Dimensões do papel e distribuição do texto.*

Figura 2. *Capa.*

Capítulo 5

EVA MARIA LAKATOS

O TRABALHO TEMPORÁRIO
Nova Forma de Relações Sociais no Trabalho

Tese apresentada à Escola de Sociologia
e Política de São Paulo para obtenção do
grau de Livre-Docente.

São Paulo
1979

Figura 3. *Folha de rosto.*

Trabalhos acadêmicos: estrutura e apresentação gráfica   153

301   LAKATOS, Eva Maria

L192t O trabalho temporário: nova forma de relações sociais no trabalho. São Paulo, Escola de Sociologia e Política de São Paulo (Instituição Complementar da Universidade de São Paulo) 1979.

659 p. ilus. 2 v.

Bibliografia

Tese apresentada à Escola de Sociologia e Política de São Paulo (Instituição Complementar da Universidade de São Paulo) para obtenção do grau de Livre-Docente.

1. Sociologia. 2. História – Revolução Industrial. 3. História – Sistema Feudal. 4. Metodologia – Sociologia. I. Titulo.

Figura 4. *Ficha catalográfica.*

154 Capítulo 5

NOME DO AUTOR

TÍTULO DA OBRA

Tese de doutorado aprovada como requisito parcial para a obtenção do título de doutor em Administração pela Faculdade de Economia e Administração da Universidade de São Paulo.

Habilitação: Ciências Sociais

Data de Aprovação
_____/_____/_____

Banca Examinadora:

_____
Prof. Dr. José das Neves
Orientador
Universidade de . . . .

_____
Profa. Dra. Lúcia Medeiros
Universidade de . . . .

_____
Profa. Dra. Maria Aparecida
Universidade de . . . .

_____
Prof. Dr. Roberto Oliveira
Universidade de . . . .

_____
Prof. Dr. Osmar Nogueira
Universidade de . . . .

Figura 5. *Folha de aprovação.*[1]

---

[1] Na folha de aprovação de tese de doutorado, cinco são os examinadores. A folha de aprovação de dissertação de mestrado contém apenas três examinadores.

Figura 6. *Dedicatória.*

Além da dedicatória, pode aparecer uma epígrafe em nova folha:

Figura 7. *Epígrafe.*

RESUMO

Este texto, que focaliza o trabalho temporário em São Paulo, Santo André, São Bernardo, São Caetano e Rio de Janeiro, objetiva caracterizar a diferença entre o trabalhador temporário e o trabalhador com emprego fixo. Divide-se em duas partes: uma geral e outra específica. Na parte geral, preocupamo-nos com o enquadramento teórico do trabalho temporário entendido como consequência de uma relação triangular, regulamentada por uma legislação específica entre o empregador, que é a agência de mão de obra temporária, o trabalhador temporário e a empresa-cliente, que utiliza os serviços do trabalhador temporário. Demonstramos que o trabalho temporário é uma decorrência de certos fatores históricos que alteraram as relações sociais formais de produção, as relações sociais no trabalho, o grau de desenvolvimento econômico da sociedade e as formas de trabalho organizado. Em outras palavras, o trabalho temporário é uma consequência do sistema fabril de produção, surgindo espontaneamente em determinada etapa do desenvolvimento econômico, inserindo-se geralmente em formas específicas de organização do trabalho (determinadas pela tecnologia e pluralistas), sob certas condições: organização contratual, contratos individuais e contratos baseados na ocupação. A parte específica, fundamentada em uma pesquisa realizada em 1976, com trabalhadores temporários de São Paulo, Santo André, São Bernardo, São Caetano (ABC) e Rio de Janeiro, leva-nos à conclusão de que existe um conjunto de características (atributos) que diferenciam o trabalhador temporário do trabalhador com emprego fixo. Essas características são uma decorrência da atividade exercida e do tempo de exercício da função de temporário; o trabalhador é encaminhado a ela exclusivamente pela insuficiência de oferta de empregos (fixos) perante a procura.

Figura 8. *Resumo.*

158 **Capítulo 5**

SUMÁRIO

Introdução, 15

Parte Geral, 19
1 A SOCIEDADE PRÉ-INDUSTRIAL: DO FEUDALISMO À REVOLUÇÃO INDUSTRIAL, 21
   1.1 Etapas do desenvolvimento econômico, 23
      1.1.1 Século X, 23
      1.1.2 Alta Idade Média, 27
      1.1.3 Séculos XIV e XV, 31
      1.1.4 Séculos XV a XVII, 35
      1.1.5 Segunda metade do século XVII, 39
      1.1.6 Fim do século XVII, 43
   1.2 Fases da organização industrial, 49
   [...]
2 INDUSTRIALIZAÇÃO E INDUSTRIALISMO: PRIMÓRDIOS E DESENVOLVIMENTO DA INDÚSTRIA, 108
   [...]
3 O TRABALHO TEMPORÁRIO COMO RESULTANTE DO DESENVOLVIMENTO ECONÔMICO E DAS ALTERAÇÕES NAS RELAÇÕES DE TRABALHO, 221
   [...]

Parte Especial – volume 2
   [...]
4 METODOLOGIA DA PESQUISA, 359
   [...]
5 ANÁLISE DOS RESULTADOS DA PESQUISA: EVIDÊNCIAS EMPÍRICAS, 402
   [...]

CONCLUSÕES E RECOMENDAÇÕES, 587

Apêndice A – Formulário, 598
Apêndice B – Tabelas, 604
Referências, 652

Figura 9. *Sumário.*

Trabalhos acadêmicos: estrutura e apresentação gráfica · 159

ÍNDICE REMISSIVO

Ação, pesquisa em, 162

Aikenhjead, John Douglas, 40, 42, 45, 50, 51

Albaug, Ralph M., 21

Âmbitos de estudo, 63

American Association of Colleges for Teacher Education, 24

American Educational Research Association, 24

Amostragem

    composição na, 63-65

    conceito de, 29

    de área, 70-72

    de estágios múltiplos, 74-75

    de julgamentos, 73-74

    de população, 62-75

    de cotas, 73

etc.

Fonte: RUMMEL, Francis K. *Introdução aos procedimentos de pesquisa em educação.* Tradução de Jurema Alcides Cunha. Porto Alegre: Globo, 1977. p. 347.

Figura 10. *Índice remissivo.*

4 TRABALHO DE CONCLUSÃO DE CURSO (TCC)

O TCC é o primeiro passo da atividade científica do pesquisador. Algumas faculdades exigem que seus alunos realizem um trabalho científico de final de curso, geralmente denominado *monografia*.

4.1 Conceitos de monografia

No campo das Ciências Sociais, a técnica da monografia teve início com o sociólogo francês Frederico Le Play.

São numerosos e variados os conceitos dos diferentes autores sobre monografia. Asti Vera (1979, p. 164) define monografia como sendo o "tratamento escrito de um tema específico", e Salomon (2014, p. 256), como o "tratamento escrito de um tema específico que resulte de pesquisa científica com escopo de apresentar uma contribuição relevante ou original e pessoal à ciência". Farina, citado por Salvador (1980, p. 32) considera a monografia como "um estudo científico de uma questão bem determinada e limitada, realizado com profundidade e de forma exaustiva", e Alonso, também citado por Salvador (1980, p. 32) define-a como "descrição ou tratado especial de determinada parte de uma ciência ou de um assunto particular".

Para a American Library Association, monografia "é um trabalho sistemático e completo sobre um assunto particular, usualmente pormenorizado no tratamento, mas não extenso no alcance".

Monografia significa, portanto, para Asti Vera, um tema específico qualquer que recebe tratamento escrito. Salomon acrescenta que, além da interpretação científica, o estudo deve trazer uma contribuição válida para a ciência. Do ponto de vista de Farina, a monografia exige uma limitação do tema, para se dar um tratamento aprofundado e exaustivo. Alonso indica que a limitação se refere a uma das partes da ciência ou a apenas um aspecto dessa ciência.

Trata-se, portanto, de um estudo sobre um tema específico ou particular, com suficiente valor representativo, que obedece a rigorosa metodologia. Investiga determinado assunto não só em profundidade, mas também considerando todos os seus ângulos e aspectos, dependendo dos fins a que se destina.

Tem como base a escolha de uma unidade ou elemento social, sob duas circunstâncias: (1) ser suficientemente representativo de um todo, cujas características são analisadas; (2) ser capaz de reunir os elementos constitutivos de um sistema social, ou de refletir as incidências e fenômenos de caráter autenticamente coletivo.

4.2 Características

Analisando os diferentes conceitos, pode-se observar que a monografia apresenta algumas características:

a) Trabalho escrito, sistemático e completo.
b) Tema específico ou particular de uma ciência ou parte dela.
c) Estudo pormenorizado e exaustivo, abordando vários aspectos e ângulos do fenômeno investigado.
d) Tratamento extenso em profundidade, mas não em alcance (nesse caso é limitado).
e) Uso de metodologia científica.
f) Contribuição importante, original e pessoal para a ciência.

A característica essencial não é a extensão, como querem alguns autores, mas o caráter do trabalho (tratamento de um tema delimitado) e atualidade da tarefa, isto é, o nível da pesquisa, que está intimamente ligado aos objetivos propostos para a sua elaboração.

Barquero (1979, p. 16-25) analisa a monografia sob os seguintes aspectos:

a) A monografia não é:
   • Repetir o que já foi dito por outro, sem apresentar nada de novo ou em relação ao enfoque, ao desenvolvimento ou às conclusões.
   • Responder a uma espécie de questionário; não é executar um trabalho semelhante ao que se faz em um exame ou deveres escolares.
   • Manifestar meras opiniões pessoais, sem fundamentá-las com dados comprobatórios logicamente correlacionados e embasados em raciocínio.
   • Expor ideias demasiado abstratas, alheias às preocupações, aos conhecimentos ou desejos pessoais do autor da monografia.
   • Manifestar erudição livresca, citando frases irrelevantes, não pertinentes e mal assimiladas, ou desenvolver textos sem conteúdo ou distanciados da experiência de cada caso.
b) A monografia é:

162   **Capítulo 5**

- Um trabalho que observa e acumula observações.
- Organiza essas informações e observações.
- Procura relações e regularidades que pode haver entre elas.
- Indaga sobre os seus porquês.
- Utiliza de forma inteligente leituras e experiências para comprovação de suas teses.
- Comunica aos demais seus resultados.

c) São finalidades da monografia:

- Descobrir e redescobrir a verdade.
- Esclarecer fatos ou teorias obscuras ou não plenamente conhecidos.
- Enriquecer e aprofundar o rol de noções científicas por intermédio de um trabalho metódico e rigoroso.
- Ordenar e hierarquizar conhecimentos e experiências.
- Comunicar eficazmente as descobertas.

d) As afirmações científicas que compõem a monografia:

- Expressam uma descoberta verdadeira.
- São acompanhadas de provas. Para muitos, é a comprovação que distingue o científico daquele que não o é. Em consequência, pode-se afirmar que a maior arte de uma investigação científica consiste na procura de provas conclusivas.
- Pretendem ser objetivas, ou seja, independentes do pesquisador que as apresenta: qualquer outro investigador deve poder encontrar o mesmo resultado, isto é, verificar as afirmações ou, com o seu trabalho, refutá-las ou modificá-las.
- Possuem uma formulação geral. A ciência procura, classifica e relaciona fatos ou fenômenos com a intenção de encontrar os princípios gerais que os governam.
- São geralmente sistemáticas; portanto, ordenadas segundo princípios lógicos.
- Expõem interpretações e relações entre os tatos-fenômenos, assim como suas regularidades.

4.3 Objetivos

A monografia corresponde a dois objetivos distintos: um externo e outro interno. O objetivo externo ocorre quando visa satisfazer a um requisito para

Trabalhos acadêmicos: estrutura e apresentação gráfica 163

obtenção de grau, título ou avaliação escolar. O objetivo interno tem em vista uma satisfação interior do pesquisador.

Para Barquero (1979, p. 27-28), os objetivos da monografia são:

a) Manifestar a própria personalidade:
   - Revelando gostos e tendências.
   - Exteriorizando espírito de iniciativa e criatividade.
   - Demonstrando amplitude de juízos.
   - Revelando capacidade de seleção em função de metas determinadas.
   - Revelando progressiva liberdade no trato científico.
b) Expor:
   - A própria cultura e experiência adquirida de leituras, vivência, conhecimento etc.
   - A capacidade analítica e valorativa em relação a princípios, objetivos e critérios próprios.
   - A capacidade de distinguir fatos de opiniões, bem como diferentes relações entre os fatos e os fenômenos;
   - As próprias opiniões, deduções, realizações etc.
c) Comunicar por escrito o resultado de uma descoberta pessoal.

4.4 Tipos de monografia

Os estudantes, ao longo de suas carreiras, precisam apresentar uma série de trabalhos que se diferenciam uns dos outros quanto ao nível de escolaridade e quanto ao conteúdo. Em geral, para o término do curso de graduação, os estudantes têm o compromisso de elaborar um trabalho baseado sobretudo em fontes bibliográficas. À medida que ascende na carreira universitária, esses trabalhos vão exigindo maior embasamento, mais reflexão, mais amplitude e criatividade.

Alguns autores, apesar de darem o nome genérico de *monografia* a todos os trabalhos científicos, diferenciam uns dos outros de acordo com o nível da pesquisa, profundidade e finalidade do estudo, metodologia utilizada e originalidade do tema e das conclusões.

Dessa maneira, podem-se distinguir três tipos de trabalhos monográficos: TCC, dissertação de mestrado e tese de doutorado, que obedecem a esta ordem crescente, em relação à originalidade, à profundidade e à extensão.

164 Capítulo 5

Salomon (2014, p. 256) classifica a monografia em dois sentidos:

a) Em sentido *estrito* identifica-se com a *tese*: tratamento escrito de um tema específico que resulte de pesquisa científica com o escopo de apresentar uma contribuição relevante ou original e pessoal à ciência.

b) Em sentido *lato* é todo trabalho científico de *primeira mão* que resulte de *pesquisa*. Consideram-se nesta categoria: as *dissertações científicas*, as *dissertações de mestrado*, as antigas *exercitações* e *tesinas*, as *memórias científicas*, os *college papers* das universidades americanas, os *informes científicos ou técnicos* e obviamente a própria *monografia* no *sentido acadêmico*, ou seja, o tratamento escrito aprofundado de um só assunto, de maneira descritiva e analítica, em que a reflexão é a tônica (está entre o ensaio e a tese e nem sempre se origina de outro tipo de pesquisa que não seja a bibliográfica e a de documentação).

Para Salvador (1980, p. 32), a monografia pode ser:

a) Escolar, por constituir-se em trabalho de caráter didático, apresentado ao final de um curso específico; é elaborada por alunos de "iniciação à pesquisa e como preparação de seminários". É também chamada de trabalho de média divulgação, porque baseada em dados de segunda mão.

b) Científica, por constituir-se em trabalho científico apresentado ao final do curso de mestrado.

4.5 Escolha do tema do trabalho de conclusão de curso

Na escolha do tema, o pesquisador pode tomar a iniciativa, selecionando um assunto ou problema de trabalho, de acordo com suas preferências. Pode aceitar o tema indicado pelo professor ou escolher um tópico, constante de uma relação oferecida pelo orientador, tendo sempre em vista o seu interesse. O tema geral de um estudo também "pode ser sugerido por alguma vantagem prática ou interesse científico ou intelectual em benefício dos conhecimentos sobre certa situação particular", afirmam Selltiz, Jahoda, Deutsh e Cook (1965, p. 33-34). Outros pontos importantes a serem considerados: relevância do assunto, áreas controvertidas ou obscuras, natureza e extensão da contribuição.

Em relação ao tema escolhido, observa-se ainda se ele:

Trabalhos acadêmicos: estrutura e apresentação gráfica 165

a) Tem valor científico.
b) Não é extenso demais ou muito restrito.
c) É claro e bem delineado.

Escolhido o tema, a primeira coisa a fazer é procurar conhecer o que a ciência atual sabe sobre ele, para não cair no erro de apresentar como novo o que já é conhecido há tempos, de demonstrar o óbvio, ou de preocupar-se em demasia com detalhes sem grande importância, desnecessários ao estudo. Esse trabalho prévio abrange três aspectos:

a) Orientação geral sobre a matéria que vai ser desenvolvida.
b) Conhecimento da bibliografia pertinente.
c) Reunião, seleção e ordenação do material levantado.

A bibliografia relacionada com o estudo, muitas vezes, é indicada pelo próprio professor e/ou orientador. Nesse caso, o estudante tem à sua disposição o material necessário ao seu trabalho.

No conhecimento da bibliografia, faz-se necessário consultar, ler e fichar os estudos já realizados sobre o tema, com espírito crítico. Inicia-se com os trabalhos mais gerais para, em seguida, atingir os estudos mais específicos.

O trabalho de investigação (teórico ou prático, bibliográfico ou de campo) dá oportunidade ao pesquisador para explorar determinado tema ou problema, levando-o a um estudo com maior ou menor profundidade e/ou extensão. Possibilita o desenvolvimento de sua capacidade de coletar, organizar e relatar informações obtidas e, mais, de analisar e até de interpretar os dados de maneira lógica e apresentar conclusões.

4.6 Introdução, desenvolvimento e conclusão do TCC

Os trabalhos científicos (TCC, dissertação de mestrado, tese de doutorado), em geral, apresentam a mesma estrutura: introdução, desenvolvimento e conclusão (ver seção 3 deste capítulo). Pode haver diferença quanto ao material, o enfoque dado, a utilização desse ou daquele método, dessa ou daquela técnica, mas não em relação à forma e a estrutura. Varia também o grau de profundidade da pesquisa.

Em linhas gerais temos em um TCC:

a) Introdução: formulação clara do tema de investigação, do problema examinado, da justificativa, do objetivo, da importância da

166 Capítulo 5

metodologia utilizada e rápida referência a trabalhos anteriores realizados sobre o mesmo assunto.

b) Desenvolvimento: apresenta a fundamentação lógica do trabalho de pesquisa, cuja finalidade é expor e demonstrar as principais teses defendidas. No desenvolvimento, podem-se levar em consideração três fases ou estágios: explicação, discussão e demonstração:

- Explicação "é o ato pelo qual se faz explícito o implícito, claro o escuro, simples o complexo" (ASTI VERA, 1979, p. 169). Explicar é apresentar o sentido de uma noção, é analisar e compreender, procurando suprimir o ambíguo ou obscuro.

- Discussão é o exame, a argumentação e a explicação da pesquisa: explicita, discute, fundamenta e enuncia as proposições.

- Demonstração é a dedução lógica do trabalho; implica o exercício do raciocínio. Demonstra que as proposições, para atingirem o objetivo formal do trabalho e não se afastarem do tema, devem obedecer a uma sequência lógica.

c) Conclusão: fase final do trabalho de pesquisa que, assim como a introdução e o desenvolvimento, possui uma estrutura própria. Consiste em um resumo da argumentação dos dados constantes das duas primeiras partes do trabalho. Da conclusão devem constar a relação existente entre as diferentes partes da argumentação e a união das teses defendidas. Deve estar em consonância com a introdução, bem como com o objetivo proposto. Daí a necessidade de redigi-la paralelamente à introdução e ao resumo.

4.7 Plano de trabalho

Após a explicitação clara e objetiva do tema, passa-se à elaboração de um plano que poderá sofrer alterações futuras. Há duas maneiras de realizá-lo:

a) Elaborar uma espécie de sumário, anotando partes (se houver), capítulos e seções (divisão dos capítulos).

b) Redigir afirmações que serão expandidas no texto futuro. Essa forma exige mais reflexão, pois é necessário conhecer não apenas os vários tópicos que serão discutidos, mas também ter noção do que se pretende demonstrar.

Vejamos inicialmente um exemplo de plano de trabalho por organização de tópicos a serem desenvolvidos.

PLANO DE TRABALHO

1 Introdução
2 Fases da organização da produção

   2.1 Relações sociais formais de produção

      2.1.1 Sistema familiar
      2.1.2 Sistema de corporações
      2.1.3 Sistema doméstico
      2.1.4 Sistema fabril

   2.2 Relações sociais no trabalho

      [...]

3 As elites e a introdução dos processos de industrialização

   3.1 Elite dinástica

      3.1.1 Realistas
      3.1.2 Tradicionalistas
      3.1.3 Decadentes

   3.2 A Classe média

      [...]

Conclusões

Vejamos agora uma segunda forma de plano de trabalho a ser executado, em que, em vez de tópicos (capítulos, seções), temos frases que permitirão desenvolvimento futuro.

PLANO DE TRABALHO COM A REDAÇÃO DE FRASES

1 A organização da produção abrange as relações sociais formais de produção, mais duradouras e estáveis, e as relações sociais do trabalho.

   1.1 As relações sociais formais de produção resultam dos direitos definidos de acesso ao particular meio de vida e de participação nos resultados do processo de produção.

      1.1.1 Caracterizam o sistema familiar de produção as relações sociais formais de produção, aliadas a um baixo nível de técnica, com instrumentos de produção simples e de baixo custo; nesse caso, o ato de produção possui caráter individual e as relações sociais são vistas como servidão feudal.

> 1.1.2 As relações sociais formais de produção, na estrutura das corporações, ocorrem entre três classes de membros: mestres, artesãos e aprendizes, reunidos no lar da oficina.
>
> 1.1.3 As relações sociais formais de produção, no sistema doméstico, englobam apenas duas classes no processo produtivo: os trabalhadores (ou famílias de trabalhadores), de um lado, e o empresário, de outro, ligados apenas por um vínculo salarial (salários para os primeiros e o produto acabado para o segundo).
>
> 1.1.4 As relações sociais formais de produção, no sistema fabril, mantêm e acentuam a existência de duas classes: compradores e vendedores de uma mercadoria: o trabalho.
>
> 1.2 As relações sociais no trabalho compreendem as relações que se originam da associação entre indivíduos no processo cooperativo de produção; são, portanto, de caráter direto ou primário, envolvendo contatos pessoais.

5 DISSERTAÇÃO DE MESTRADO

5.1 Conceitos

A dissertação de mestrado é "um estudo teórico, de natureza reflexiva, que consiste na ordenação de ideias sobre determinado tema" (SALVADOR, 1980, p. 35). Para Rehfeldt (1980, p. 62), ela consiste na "aplicação de uma teoria já existente para analisar determinado problema". Salomon (2014, p. 263) entende que a dissertação de mestrado é "o trabalho que se exige como condição para obtenção do título de mestre e que, no jargão acadêmico, tem sido denominado 'tese de mestrado'". Salomon complementa:

> Não são poucos os que defendem que o título de "mestre" deveria ser conferido àquele que demonstra, pelo curso e pela tese defendida, capacidade de assimilar e interpretar autores e transmitir esse conhecimento a alunos de graduação. No doutorado, neste caso, caberia a função de formar o cientista e o pesquisador, autênticos "produtores de conhecimento científico".

A dissertação é, portanto, um tipo de trabalho científico apresentado ao final do curso de pós-graduação, visando obter o título de mestre. Requer defesa de tese. Como estudo teórico, de natureza reflexiva, exige sistematização, ordenação e interpretação dos dados e, por ser um estudo formal, exige metodologia própria do trabalho científico.

A estrutura da dissertação de mestrado é idêntica à da tese de doutorado e à do TCC (ver seção 3 deste capítulo); esses três tipos de trabalhos científicos apenas se distinguem pela profundidade da pesquisa, análise e interpretação dos dados coletados.

5.2 Tipos de dissertação

Para Salvador (1980, p. 35), a dissertação pode ser:

a) Expositiva: é a que reúne e relaciona material obtido de diferentes fontes, expondo o assunto com fidedignidade e demonstrando habilidade não só de levantamento, mas também de organização.

b) Argumentativa: é a que requer interpretação das ideias apresentadas e o posicionamento do pesquisador.

A dissertação de mestrado é de natureza semelhante à da tese de doutorado, no sentido de que contribui, de modo substancial, na solução de problemas relevantes, embora possa apresentar nível de pesquisa de menor profundidade.

Além do aspecto da profundidade de pesquisa, existem as limitações de tempo, de recursos e de esforços que, geralmente, restringem a extensão e a quantidade do estudo, aspectos que não podem deixar de ser considerados em trabalhos desse tipo.

5.3 Escolha do tema da dissertação de mestrado

Dado que o tema de uma dissertação de mestrado requer tratamento científico, ele deve ser específico. Como não é possível um indivíduo dominar a totalidade de uma ciência, faz-se necessário selecionar um tema que possa ser tratado em profundidade.

Vantagens de especialização:

a) Possibilidade de investigar, em profundidade, uma parte da ciência, chegando a conclusões e deduções mais concretas.

b) Facilidade de encontrar um método mais adequado, que leve ao conhecimento aprofundado através de técnicas e instrumentos de trabalho.

c) Viabilidade da pesquisa bibliográfica, que será impossível se o tema não for restrito, específico, dada a quantidade de textos existentes.

170   **Capítulo 5**

Entretanto, não se devem perder de vista os perigos que a especialização apresenta, ou seja, ela impede o trabalho de síntese e de correlação entre as ciências, dá uma visão unilateral dos fatos e fenômenos e, ainda, prejudica no tocante aos outros conhecimentos que extrapolam a especialização.

O tema escolhido deve apresentar as seguintes qualidades:

a) Ser adequado à cultura geral, às preferências pessoais, aos idiomas que conhece e à especialidade que domina.

b) Ser apropriado aos meios físicos (tempo e recursos financeiros) de que o pesquisador dispõe.

c) Encontrar disponibilidade de orientação acadêmica da área em questão.

d) Ser importante, estar ligado a uma questão teórica ou concreta que afeta um segmento substancial da sociedade.

e) Não ser nem demasiado extenso nem muito restrito. A extensão prejudica a profundidade e a restrição pode levar ao pouco desenvolvimento de questões importantes.

f) Ser claro e bem delimitado, para ser bem compreendido e objetivo, facilitando o domínio do tema.

g) Ser original, quer na abordagem, quer nas conclusões a que o pesquisador chega.

h) Ser exequível, isto é, possibilitar chegar a uma conclusão válida.

Para uma adequada seleção do tema, faz-se necessário responder às seguintes questões:

a) Que conhecimento e/ou experiências possuo do tema?

b) De que documentação e/ou experimentação necessito?

c) Posso obter a documentação com facilidade?

d) Existem técnicas adequadas de experimentação?

e) Que possíveis enfoques prevejo?

f) Interesso-me pela procura de soluções para o problema?

g) Tenho possibilidade de conseguir a orientação de um especialista no assunto?

Numa segunda fase, deve-se tentar compreender o tema, ou seja:

a) Levantar conjeturas sobre possíveis enfoques, planejando a estratégia do caminho a percorrer.

b) Delimitar o tema, fugindo das grandes formulações, assim como de aspectos distantes da experiência pessoal e dos meios de documentação.

c) Analisar a formulação do tema em sua totalidade, isto é, seu significado literal explícito e seu significado implícito (BARQUERO, 1979, p. 34-35).

5.4 Problemas, hipóteses e variáveis

Enquanto o tema de uma pesquisa é uma proposição até certo ponto abrangente, a formulação do problema é mais específica: indica exatamente qual a dificuldade que se pretende resolver.

Para Rudio (2014, p. 94),

> formular o problema consiste em dizer, de maneira explícita, clara, compreensível e operacional, qual a dificuldade com a qual nos defrontamos e que pretendemos resolver, limitando o seu campo e apresentando suas características. Desta forma, o objetivo da formulação do problema é torná-lo individualizado, específico, inconfundível.

O problema, antes de ser considerado apropriado, deve ser analisado sob o aspecto de sua valoração:

a) Viabilidade: poder ser eficazmente resolvido através da pesquisa.

b) Relevância: deve ser capaz de trazer conhecimentos novos.

c) Novidade: estar adequado ao estádio atual da evolução científica e trazer novo enfoque e/ou soluções.

d) Exequibilidade: poder chegar a uma conclusão válida.

e) Oportunidade: atender a interesses particulares e gerais.

Uma vez formulado o problema cientificamente válido, propõe-se uma resposta suposta, provável e provisória, isto é, uma hipótese. Ambos, problemas e hipóteses, são enunciados de relações entre variáveis (fatos, fenômenos); a diferença reside em que o problema se constitui em sentença interrogativa, e a hipótese em sentença afirmativa mais específica.

A hipótese é um enunciado geral de relações entre variáveis (fatos, fenômenos), formulado como solução provisória para determinado problema, apresentando caráter explicativo ou preditivo, compatível com o conhecimento científico (coerência externa) e revelando consistência lógica (coerência interna), sendo passível de verificação empírica em suas consequências.

Uma variável pode ser considerada uma classificação ou medida; uma quantidade que varia; um conceito, constructo ou conceito operacional que contém ou apresenta valores; aspecto, propriedade ou fator, discernível em um objeto de estudo e passível de mensuração. Os valores que são adicionados ao conceito, constructo ou conceito operacional, para transformá-lo em variável, podem ser quantidades, qualidades, característica, magnitudes, traços etc., que se alteram em cada caso particular e são totalmente abrangentes e mutuamente exclusivos. Por sua vez, o conceito operacional pode ser um objeto, processo, agente, fenômeno, problema etc.

Um estudo deve ter pelo menos duas variáveis: independente e dependente. Para análise dos tipos e relações entre variáveis, ver *Metodologia científica*, das mesmas autoras (Atlas, 2020, Cap. 5).

Suponhamos o seguinte exemplo:

TEMA: O ARTESANATO NA REGIÃO DE FRANCA

Problema: Continua o artesanato uma atividade tradicional, transmitida de geração para geração, ou se configura uma opção para a mão de obra ociosa?

Hipótese: O artesanato é uma atividade complementar que tende a uma diminuição diante da concorrência dos produtos industrializados.

Variáveis: X (variável independente) = concorrência dos produtos industrializados;

Y_1 (primeira variável dependente) = diminuição da atividade de artesanato;

Y_2 (segunda variável dependente) = transformação do artesanato em atividade complementar.

5.5 Plano de trabalho da dissertação de mestrado

A elaboração do plano de trabalho (esquema) obedece à estrutura comum dos trabalhos científicos. As partes componentes, como foi explicitado ao se tratar do TCC, englobam:

a) **Introdução:** consiste na formulação do tema (objeto), que deve ser delimitado no tempo e no espaço, com adjetivo e adjuntos adverbiais, problematização, justificativa, objetivos, metodologia e referência teórica (teoria de base).

b) **Desenvolvimento:** corpo da dissertação de mestrado. Inclui: revisão da literatura, formulação do problema, hipóteses e variáveis, pressupostos teóricos, descrição dos métodos e técnicas da pesquisa, explicitação dos conceitos, análise e interpretação dos dados. A disposição do corpo da dissertação faz-se em três estágios: explicação, discussão e demonstração. O desenvolvimento é subdividido em partes (se houver necessidade), capítulos e seções.

c) **Conclusões:** apresentação dos principais resultados obtidos, vinculados à hipótese de investigação, cujo conteúdo foi comprovado ou refutado, bem como se ajusta à solução do problema proposto na introdução. A conclusão é escrita concomitantemente à introdução e ao resumo, para que não haja incoerência.

Vejamos a seguir um exemplo de plano de trabalho de dissertação de mestrado.

TÍTULO: O CONCEITO DE SAÚDE COMO PARTE DE UM PROGRAMA DE EDUCAÇÃO DA SAÚDE (Luiz Maria Pinto)

INTRODUÇÃO

1 EDUCAÇÃO DA SAÚDE – REVISÃO DA LITERATURA, ANÁLISE CRÍTICA E SUGESTÕES

   1.1 Conceito de saúde

   1.2 Papel da educação da saúde

      1.2.1 Visão histórica

      1.2.2 Objetivos

      1.2.3 Campos de ação

      1.2.4 A quem compete a prática da educação da saúde?

   1.3 A saúde escolar e a educação da saúde na escola

      1.3.1 Papel da escola

      1.3.2 Saúde escolar

      1.3.3 Educação da saúde corno parte da saúde escolar

         1.3.3.1 Conteúdo do programa de educação da saúde

         1.3.3.2 Operacionalização do programa de educação da saúde

      1.3.4 Educação da saúde na escola brasileira

2 CONCEITO DE TRABALHO NA EDUCAÇÃO DA SAÚDE

   2.1 Aspectos do conceito de trabalho

      2.1.1 Ser humano e suas necessidades básicas

      2.1.2 Trabalho como atividade

174   Capítulo 5

2.2   Educação para o trabalho na escola
   2.2.1   Educação como processo integral
   2.2.2   Adolescente, trabalho e escola
   2.2.3   Educação para o trabalho na escola: aspectos legais
   2.2.4   Educação para o trabalho na escola: análise crítica

3   METODOLOGIA DA PESQUISA

3.1   Problema

3.2   Hipóteses

3.3   Variáveis

3.4   Pressupostos teóricos

3.5   Conceitos operacionais
   3.5.1   Conceitos, constructos, termos teóricos e definição operacional*
   3.5.2   Conceitos utilizados na dissertação

3.6   Universo

3.7   Variante do plano clássico de Mil

3.8   Escolha de grupos

3.9   Descrição da técnica de análise do conteúdo

3.10   Descrição da técnica da entrevista: pré-teste

3.11   Coleta e organização dos dados obtidos na entrevista

3.12   Descrição da técnica do formulário

4   ANÁLISE DOS RESULTADOS DA PESQUISA: EVIDÊNCIAS EMPÍRICAS

4.1   Descrição da população pesquisada

4.2   Descrição dos encontros

4.3   Análise e interpretação dos resultados

4.4   Comprovação da hipótese básica

4.5   Comprovação das hipóteses secundárias

4.6   Importância do conceito de trabalho na educação da saúde

CONCLUSÕES

REFERÊNCIAS BIBLIOGRÁFICAS

* Além da definição precisa do conceito de saúde (que faz parte do exemplo de nosso plano de trabalho), é necessário estabelecer um conceito operacional, que se define como "conjunto de instruções de como medir o conceito" (CASTRO, 2014, p. 179). Suponhamos: "Entendemos por educação da saúde a presença de conteúdo programático sobre saúde e sobre necessidades básicas do ser humano nos programas curriculares de instituições de ensino fundamental e médio". Com essa definição operacional, ou semelhante, é possível medir o número de escolas que se ocupam desse conteúdo.

5.6 Avaliação metodológica do trabalho

Realizado o plano de trabalho, deve-se revê-lo cuidadosamente, utilizando as seguintes indagações:

a) A hipótese está explícita? Como o problema pode ter vários aspectos, é necessário subordinar as proposições menos importantes às mais importantes.

b) Foram apresentados os antecedentes de observação e leitura que conduziram à hipótese? Independentemente de sua origem, a hipótese deve ter uma justificativa intelectual. Em decorrência desse fato, há necessidade de conexão entre a hipótese de trabalho e a teoria existente sobre o assunto.

c) Os problemas e hipóteses foram propostos em termos científicos? A dissertação de mestrado é uma tentativa de demonstrar e não de persuadir. A linguagem deve levar em consideração os conceitos. "Se a terminologia existente é considerada confusa [...], o trabalho deve tentar esclarecer o uso que dela faz" (GOODE; HATT, 1969, p. 463).

d) O plano de pesquisa foi apresentado em pormenores de modo que sua lógica seja aparente? O trabalho deve demonstrar o que realmente ocorreu e nem sempre o que se esperava.

e) As várias subproposições foram derivadas e relacionadas com as observações contidas no trabalho? Geralmente, o pesquisador dispõe de maior número de dados coletados do que os necessários para a elaboração do trabalho. Deve selecionar os mais importantes para os fins que tem em vista. Além disso, todos os dados necessários têm de ser explicitados.

f) O corpo do trabalho realmente resume e indica nova pesquisa? Essa parte do trabalho deve condensar todos os dados pertinentes e aqueles que podem sugerir ideias para uma nova pesquisa (GOODE; HATT, 1969, p. 462-464).

Para Trujillo Ferrari (1982, p. 280), realiza-se a crítica do plano de trabalho por meio do questionamento referente ao assunto, ao conteúdo e aos procedimentos:

176 **Capítulo 5**

(a) Indagações relacionadas com o assunto:

1. O tema escolhido foi definido adequadamente no que diz respeito à pertinência, precisão e especificação?
2. O tema tem significado quanto à teoria com a prática? Ou, ainda, o tema está proposto de modo suficiente e tem potencialidade de significância?
3. O tema não é mais uma duplicação de trabalhos já realizados?
4. O tema tem adequada limitação espacial, temporal e funcional?
5. O objetivo do relatório é muito ambicioso ou corresponde à relevância do conhecimento que pretende alcançar?
6. Os objetivos foram pesquisados em profundidade?

(b) Indagações relacionadas com o conteúdo:

1. Os termos e conceitos-chave estão suficientemente explicitados?
2. Os termos e conceitos são adequados ou suficientes para a formação de indicadores e índices?
3. As hipóteses estão explicitadas e propostas em termos científicos?
4. Prestou atenção adequada nas leituras e as hipóteses inferidas são correspondentes?
5. A bibliografia compulsada é a mais adequada para o domínio em questão?

(c) Indagações relacionadas aos procedimentos:

1. O roteiro da pesquisa foi observado à risca nos seus pormenores para que a lógica não seja apenas aparente?
2. Os dados obtidos na pesquisa servem para testar as proposições fundamentais?

5.7 Redação

A redação da dissertação de mestrado é realizada em consonância com as exigências da comunidade científica. Para mais detalhes, ver seção 5 deste capítulo.

6 TESE DE DOUTORADO

A tese de doutorado é uma das modalidades de trabalho científico cuja origem se encontra na Idade Média. Na época, a defesa de tese nas universidades representava

Trabalhos acadêmicos: estrutura e apresentação gráfica **177**

o momento culminante de quem aspirava ao título de *doctor* (mestre), que era equivalente ao de "douto" ou "sábio". Sua prática traduz a concreção ou a institucionalização do método filosófico da época: a *disputatio* (sucessor do maiêutico socrático e do dialético (platônico): cabia ao candidato defender uma *tese* contra as opiniões contrárias ou objeções de seus examinadores (*antítese*). Vitoriosa a tese, surgia uma nova teoria ou doutrina e consagrava-se um novo filósofo ou teólogo. Nascida com a própria Universidade, a tese veio varando os tempos, mesmo na fase científica, e se mantém até hoje (SALOMON, 2014, p. 268-269).

Hoje, a exigência da tese faz-se em dois níveis: para obtenção do título de doutor ou de livre-docente.

6.1 Conceitos

São várias, mas não contraditórias, as definições de teses formuladas por diferentes autores:

- Tese é "opinião ou posição que alguém sustenta e está preparado para defender" (BARRASS, 1979, p. 152).
- "Proposição que trata de demonstrar [...], enunciação prévia do assunto ou doutrina, objeto de exame e discussão", que se deve "apresentar, sustentar e defender em discussão pública contra objeções que lhe devem opor os examinadores" (VEGA, 1969, p. 620).
- Proposição clara e terminantemente formulada em um de seus aspectos formal ou material, que se submete à discussão ou prova, "ato culminante do pensar reflexivo" (WHITNEY, 1958, p. 368).
- Para Leite (1978, p. 1), a tese é "um instrumento de pesquisa destinado a promover a aquisição de novos conhecimentos com o objetivo de interpretação, predição e controle do fenômeno em estudo".
- Severino (2016, p. 234) considera que a tese é uma "abordagem de um único tema, que exige pesquisa própria da área científica em que se situa, com os instrumentos metodológicos específicos"; pode ser de ordem experimental, histórica ou filosófica, versando sempre "sobre um tema único, específico, delimitado e restrito".

A tese apresenta o mais alto nível de pesquisa e requer não só exposição e explicação do material coletado, mas também análise e interpretação dos dados.

178 **Capítulo 5**

É um tipo de trabalho científico que levanta, coloca e soluciona problemas; argumenta e apresenta razões, baseadas na evidência dos fatos, com o objetivo de provar se as hipóteses levantadas são falsas ou verdadeiras.

A tese pode ser considerada como um teste de conhecimento para o candidato, que deve demonstrar capacidade de imaginação, criatividade e habilidade não só para relatar o trabalho, mas também para apresentar soluções para determinado problema.

6.2 Objetivos

O objetivo de uma tese de doutorado, como atividade acadêmica, é o de obtenção do título de doutor ou de livre-docente. Outro objetivo é o de adquirir novos conhecimentos e colaborar na solução de um problema, que pode resultar de estudo teórico ou de pesquisa de campo, de trabalho de laboratório ou experimental.

Como é um trabalho de pesquisa, a tese requer do pesquisador algumas qualidades: "capacidade de planejar, iniciar, conduzir e concluir um projeto de pesquisa" e saber "utilizar os conhecimentos adquiridos". A tese deve ser um "estudo exaustivo da literatura científica", diretamente relacionado "com o tema escolhido", e contribuir para o "enriquecimento do saber no âmbito do assunto nela focalizado" (LEITE, 1978, p. 1). Por isso, requer reflexão, iniciativa e persistência no trabalho, dado que engloba a exposição do problema e sua correspondente solução. O pesquisador deve "estudar e resolver uma questão ainda não explorada, esforçando-se para que a sua tese seja uma verdadeira 'contribuição aos conhecimentos humanos existentes'" (SIQUEIRA, 1969, p. 47).

6.3 Elementos textuais: introdução, desenvolvimento e conclusão da tese de doutorado

A estrutura dos trabalhos acadêmicos é sempre a mesma, que para tese de doutorado, dissertação de mestrado, TCC (ver seção 3 deste capítulo). O que diferencia esses trabalhos científicos é a profundidade da pesquisa, bem como a capacidade de discussão da teoria e da análise dos dados coletados.

6.3.1 Introdução

Detalhando o que apresentamos na estrutura da tese de doutorado, temos:

 a) Escolha do tema (a ideia central do trabalho deve ser exposta de modo claro e preciso). Escolhido o tema, passa-se à sua delimitação no tempo e no espaço. Tanto nos trabalhos teóricos quanto nos que se voltam para atividades práticas, é importante que o pesquisador estabeleça limites no tempo e no espaço, porque é impossível conhecer e analisar dados referentes a um período muito longo ou a área muito extensa.

b) Problematização: levantar uma ou mais questões, cuja resposta será explicitada no decorrer da exposição.

c) Justificativa da escolha do tema: deve enfocar um ou mais dos seguintes aspectos:

- Relevância do estudo para a ciência.
- Esclarecimentos de aspectos obscuros.
- Complementação de estudos anteriores.
- Contribuição para a solução de problemas etc.

d) Objetivos: a formulação dos objetivos significa definir com precisão o que se visa com o trabalho sob dois aspectos: geral e específico:

- Geral: diz respeito à ideia central que serve de fio condutor no estudo proposto de fenômenos e eventos particulares; esse objetivo está relacionado à compreensão geral do todo, vinculando-se diretamente à própria significação da tese que se propõe defender e explanar.
- Específicos: em âmbito mais concreto, compreendem etapas intermediárias que, sob aspectos instrumentais, permitem atingir o objetivo geral.

e) Definição dos termos: trata-se do esclarecimento dos termos ou conceitos utilizados, apresentando definição precisa e operacional do ponto de vista adotado (ver seção 4.4 deste capítulo, em que se trata de construção de conceitos).

f) Indicação da metodologia: exposição dos métodos de abordagem e de procedimentos, assim como das técnicas utilizadas.

6.3.2 Desenvolvimento

Parte principal do corpo da tese, o desenvolvimento descreve o que ocorreu na pesquisa, apresenta a teoria, discute-a e expõe os resultados obtidos. Compreende os seguintes elementos:

180   **Capítulo 5**

a) Revisão da literatura: consiste em uma síntese, a mais completa possível, do estado da ciência da área da pesquisa, bem como da teoria de base escolhida.

b) Metodologia ou procedimentos metodológicos:

- Formulação do problema, enunciado de hipóteses, determinação das variáveis e indicação dos tipos de relação entre eles.

- Explicitação dos procedimentos metodológicos, incluindo a descrição dos instrumentos de pesquisa (observação, questionário, formulário, testes, escalas de atitude etc.).

- Indicação do tratamento e inferência estatística.

- Seleção do universo e da amostra.

- Informações sobre a coleta de dados.

b) Construção dos argumentos: compreende a técnica para expor os argumentos no desenrolar da tese. Para Galliano (1979, p. 130-131), há três tipos de técnicas de argumentação: por oposição, por progressão e por cronologia (ver seção 4.5 deste capítulo).

c) Apresentação, análise e interpretação dos dados:

- Apresentação e discussão dos resultados alcançados, correlacionados com o sentido intrínseco da(s) hipótese(s) da pesquisa.

- Demonstração das relações existentes entre o fato ou fenômenos estudados e outros fatores.

- Interpretação crítica dos dados, verificando se eles comprovam ou refutam a(s) hipótese(s) através dos testes de hipótese.

6.3.3 Conclusão

A conclusão arrola os principais resultados do trabalho realizado, vinculados à hipótese de investigação, cujo conteúdo foi comprovado ou refutado, bem como ajusta-se à solução do problema proposto na introdução. A conclusão é escrita concomitantemente à introdução e ao resumo, para que não haja incoerência.

6.4 Elementos pós-textuais: referências, apêndices, anexos, glossário, índice remissivo

Esta parte referencial engloba:

a) Referências bibliográficas (elemento obrigatório).

b) Apêndice e anexos: tanto no caso do apêndice (material elaborado pelo autor), quanto do anexo (dados complementares de outra autoria), somente deve ser apresentado o que é essencial à compreensão do desenvolvimento do raciocínio e seu fundamento. Nem todos os trabalhos acadêmicos compreendem apêndices e anexos. Eles são elementos opcionais.

c) Glossário: é elemento opcional, em que se definem termos e conceitos adotados.

d) Índice remissivo de assuntos e/ou autores: é opcional. Entretanto, facilita a pesquisa e utilização do conteúdo do trabalho por estudiosos.

6.5 Construção de conceitos

Os conceitos representam fatos, fenômenos, ou os seus aspectos que estão sendo investigados. Em consequência, para formular uma proposição, utilizam-se conceitos como símbolos dos fenômenos que estão sento inter-relacionados.

Trujillo Ferrari considera os conceitos como construções lógicas, estabelecidas de acordo com um sistema de referência e formando parte dele; não são dados pela experiência e, por esse motivo, é preciso estabelecê-los pela análise. São considerados ou como instrumentos de trabalho do cientista ou como termos técnicos do vocabulário da ciência. Em outras palavras, a imagem que se tem do fato ou fenômeno, captada pela percepção, necessita ser objeto de conceituação, pois, mediante um dispositivo conceitual, podem tornar-se inteligíveis os acontecimentos ou experiências que se dão no mundo real. Assim,

> a função da conceituação é refletir, através de conceitos precisos, aquilo que ocorre no mundo dos fenômenos existenciais; a conceituação consiste em ajustar o termo mais adequado, capaz de exprimir, através do seu significado, o que realmente se oferece na realidade, e não que a realidade existencial tenha que se ajustar ao conceito (TRUJILLO FERRARI, 1974, p. 98).

6.5.1 Conceitos, constructos e termos teóricos

A conceituação abrange conceitos de observação direta e indireta, constructos e termos teóricos, que se apresentam com grau crescente de abstração. Kaplan (1969, p. 57-59) indica o seguinte *continuum*:

Capítulo 5

a) Conceitos de observação direta, colocados no degrau inferior da escala de abstração, descrevem um fenômeno (ou objeto) através da enumeração de seus detalhes perceptíveis. Exemplos: cavalo, criança, peso.

b) Conceitos de observação indireta, aos quais, além da enumeração dos detalhes perceptíveis (com ou sem instrumentos adequados), acrescenta-se uma conclusão sobre os detalhes do conceito escolhido. Exemplos: moléculas, genes, eclipse solar. Na escala de abstração, os conceitos de observação indireta encontram-se no degrau intermediário e, juntamente com os de observação direta, proporcionam esquemas descritivos.

c) Constructos, em nível mais elevado de abstração, constituem o primeiro passo em direção à formulação de uma teoria. São elaborados, criados ou adotados, de forma consistente e sistemática, tendo em vista determinada finalidade científica. Em primeiro lugar, referem-se a esquemas teóricos, relacionando-se de diversas formas a vários outros constructos e, em segundo lugar, são definidos e especificados de forma que possam ser observados e medidos. Exemplos: energia, atitude, motivação.

d) Termos teóricos, situados no último nível de abstração, consistem na relação de conceitos e constructos. Exemplos: capitalismo, anomia, libido, superego, nível energético, salto quântico.

6.5.2 Definição operacional

A definição operacional segue o caminho inverso do percorrido pela conceituação, visto que o estudioso pode encontrar um sistema de conceitos e constructos adequados e válidos para sua pesquisa. Para realizar observações, classificações, medições etc., necessita decompor esses conceitos e constructos até atingir os fatos, fenômenos, comportamentos e atividades reais. Os passos a serem dados na definição operacional são descritos por Lazarsfeld (*In:* BOUDON; CHAZEL, LAZARSFELD., 1979, p. 136-41):

a) Representação, acompanhada de imagens do conceito, que geralmente não é muito precisa, porque ou é preexistente, ou nasce da própria observação. Exemplo: "moral da empresa" representada pelo "modo pelo qual os empregados veem ou se relacionam com a empresa". Nesse caso, é preciso que o pesquisador estabeleça com precisão o que entende por "moral da empresa". Suponhamos: "Entende-se por moral da empresa, para fins desta pesquisa, o aumento da produtividade, a redução de acidentes de trabalho, a redução de defeitos nos produtos manufaturados, a redução de faltas ao trabalho". É necessário, portanto, estabelecer o que possa ser medido, contado.

b) Especificação ou a descoberta dos componentes, elementos ou aspectos do conceito, isto é, suas dimensões. Exemplo: no conceito de "desenvolvimento" encontramos as dimensões ritmo, setores, classes sociais e outras.

c) Escolha dos indicadores das dimensões, considerados como dados observáveis, que permitem apreender as dimensões, a presença ou ausência de determinado atributo. Exemplo: considera-se um indivíduo "prudente" desde que cumpra certo número de atos (indicadores) rotulados como característicos de pessoas prudentes, em oposição à pessoa imprudente.

d) Formação de índices, que sintetizem os dados obtidos ao longo das etapas precedentes. Exemplo: considerando-se conceito de "desenvolvimento", se se escolher como dimensão o ritmo e, como indicador, o grau de inflação, pode-se ter como índice o "custo de vida".

6.6 Construção dos argumentos

Na elaboração de teses, deve-se fazer uso do raciocínio lógico para se chegar a conclusões válidas. A argumentação tem em vista justificar e persuadir, objetivando convencer o leitor em relação a determinadas ideias ou posições.

6.6.1 Conceito e natureza da reflexão

Refletir é pensar sobre um assunto com a finalidade de alcançar uma conclusão pessoal. A distinção entre a reflexão e o simples pensar significa chegar a uma conclusão de cunho pessoal. Em consequência, quem reflete estabelece uma sequência de ideias: pode-se chegar a conclusões novas através da reflexão, de forma dedutiva, partindo do geral para o particular (preponderante nas ciências formais: Matemática, Lógica, Filosofia) ou por meio da indução, isto é, partindo do particular para o geral (ciências fatuais: naturais e sociais).

Tanto nas ciências formais quanto nas fatuais, a reflexão é imprescindível. Nas últimas, as hipóteses científicas, confirmadas experimentalmente, e as grandes invenções exigem não apenas a observação, mas também a reflexão; nas ciências formais, cujo caráter é puramente especulativo e racional, a presença da reflexão é mais decisiva porque é exclusiva.

184 **Capítulo 5**

Segundo Fragata (1980, p. 50-60), para que a reflexão atinja nível científico, deve apresentar as seguintes qualidades básicas:

a) Penetração: ir ao âmago da questão, para atingir os aspectos ocultos, a fim de descobrir coisas novas.

b) Persistência: ir até às últimas consequências, com constância, para realmente chegar à parte central da questão.

c) Precisão: agir com lógica, seguindo um esboço determinado e sem se afastar dele. De outra forma, perde-se por caminhos que não são possíveis de percorrer com profundidade.

d) Calma: evitar envolvimento, pois as emoções prejudicam o raciocínio.

6.6.2 Estrutura do desenvolvimento da argumentação

O objetivo de uma tese é convencer, afirmando ou contestando proposições, isto é, questões que envolvem divergências de opinião e possibilitam ao autor uma tomada de posição favorável ou contrária.

Salvador (1980, p. 185-188) apresenta dois tipos de argumentação:

a) **Argumentação informal:** compõe-se de declarações seguidas de provas, obedecendo às seguintes fases:

• Declaração de uma proposição ou opinião: a validade de uma proposição pode ser comprovada, quando apresentada como opinião pessoal; contestada ou refutada, se atribuída a outra pessoa.

• Concordância ou discordância pessoal: quando trata de provar uma opinião, de início, enumeram-se as razões que lhe conferem uma aparência de falsidade, para contestá-las; ao contrário, quando se deseja refutá-la, apresentam-se as razões que pareçam afirmar a tese, para, mais tarde, negá-las.

• Refutação ou aprovação: quando se trata de defender uma tese, opõe-se aos argumentos que parecem negá-la, apresentando outros que a confirmem, obviamente mais numerosos e consistentes. Age-se de forma contrária, quando se deseja negar uma tese: opõe-se aos argumentos que parecem prová-la, apresentando os que a contestam.

• Conclusão: síntese da proposição inicial e dos argumentos que a aprovam ou refutam.

b) **Argumentação formal:** difere da informal no que diz respeito aos objetivos. Compõe-se das seguintes fases:

- Argumentação de uma proposição: a forma da apresentação deve possibilitar a divergência de opiniões tanto no caso em que se deseja comprová-la quanto refutá-la.

- Análise da proposição: em primeiro lugar, define-se com precisão o significado da proposição e de seus termos, indicando claramente a posição que se deseja adotar ou rejeitar. A seguir, examinam-se criticamente as proposições opostas, visando: aceitar uma e rejeitar outra (proposições contraditórias), refutar ambas (posição contrária) ou propor uma solução intermediária (esquema dialético: tese, antítese e síntese). Em geral, o ser humano tem a tendência de aceitar, em uma discussão, a última proposição apresentada. Em consequência desse fato, deve-se, no caso de proposições contrárias ou contraditórias, examinar primeiro aquela que se deseja refutar e por último a que se pretende aceitar.

- Formação de argumentos: consiste em apresentar as provas ou as razões que confirmam a posição assumida, ou contestam as ideias que se deseja refutar. "No caso de uma tese, a demonstração tanto pode significar a refutação das afirmações julgadas inconsistentes quanto a confirmação da proposição adotada. Não é suficiente enunciar as proposições que nos convêm, ainda quando estas tenham a seu favor a falência das razões contrárias ou a falência das teses opostas. É necessário demonstrá-la positivamente" (SALVADOR, 1980, p. 187). Os argumentos devem ser expostos em ordem gradativa, indo dos mais frágeis aos mais consistentes, levando em consideração que as pessoas se fixam mais nos últimos.

- Conclusão: apresenta uma síntese das provas expostas, expressando claramente a essência da posição adotada ou refutada.

6.6.3 Tipos de argumentação

A construção do corpo do trabalho pode conter argumentos de oposição, de progressão e por cronologia (GALLIANO, 1979, p. 30-31). Vejamos:

a) **Construção por oposição:** é o desenvolvimento do pensamento dialético. Consiste na apresentação de duas posições fundamentais,

186 Capítulo 5

referentes ao enfoque de um tema. Ressaltando-se as oposições ou contradições, surgem novos elementos convergentes ou divergentes entre si, cuja função é comprovar ou rejeitar hipóteses, ideias etc., ou servir de argumentos complementares para elas. Procede-se da seguinte forma: os aspectos que se opõem frontalmente são desenvolvidos separadamente (tese e antítese), depois analisados em conjunto, objetivando a confrontação e a integração (síntese).

b) **Construção por progressão:** os diferentes elementos são relacionados, levando-se em consideração a sequência lógica, de forma que seja evidenciada sempre a relação entre um elemento e seu antecedente. Os aspectos positivos e negativos de um elemento não devem aparecer uns após os outros, mas entrelaçados em relações comparativas.

c) **Construção por cronologia:** o menos satisfatório dos tipos de argumentação. O desenvolvimento da ideia obedece rigorosamente à sequência temporal dos acontecimentos.

7 REDAÇÃO

A redação do trabalho científico consiste na expressão, por escrito, dos resultados da investigação. Trata-se de uma exposição fundamentada do material recolhido, estruturado, analisado, interpretado e elaborado de forma objetiva, clara e precisa. Supõe domínio do assunto e do nível de linguagem adequado que o pesquisador utiliza para transmitir seus conhecimentos. Torna-se, portanto, importante conhecer as normas especiais da linguagem científica.

A redação de um trabalho científico requer a observância das seguintes normas:

a) Saber o que se vai escrever, para que e para quem.

b) Escrever sobre o que se conhece.

c) Concatenar as ideias e informar de maneira lógica.

d) Respeitar as regras gramaticais.

e) Evitar argumentação demasiadamente abstrata.

f) Usar vocabulário técnico quando necessário.

g) Evitar repetição de detalhes supérfluos.

h) Manter a unidade e o equilíbrio das partes.

i) Fazer revisão do que se escreveu.

Para Severino (2016, p. 163), "a fase da redação consiste na expressão literária do raciocínio desenvolvido no trabalho". Nunes (1997, p. 67) entende que na redação do trabalho científico é preciso observar:

a) A necessidade de utilizar linguagem técnica na área específica da pesquisa, dado que é impossível elaborar trabalho científico sem lançar mão desse recurso.

b) A necessidade de apresentar proposições controláveis em termos de rigor linguístico e que permitam à comunidade científica, na qual o trabalho está inserido, entender a comunicação.

Em qualquer campo científico, é imprescindível o uso de linguagem técnica em seus aspectos estritos e rigorosos, a fim de que a comunicação se faça de modo adequado aos estudiosos da área.

Na redação, levando em consideração os aspectos básicos de conteúdo, forma e correção, observam-se:

a) Estrutura: conjunto articulado das partes, tendo em vista o relacionamento entre elas, que devem estar em função do todo.

b) Conteúdo: apresentação de ideias básicas e coerentes.

c) Expressão: forma e correção.

d) Adequação: correspondência ao tema proposto.

7.1 Conteúdo

Para a redação de qualquer trabalho científico, o interessado precisa ler, se possível, o mais exaustivamente, obras que tratem de teorias e conhecimentos já existentes, relativos ao problema da investigação.

A leitura diária de um jornal ou de uma revista amplia a visão e aguça o espírito crítico. Permite ao leitor entrar em contato com os mais diversos problemas, ideias, princípios e diferentes informações nacionais e internacionais, sobre os mais variados assuntos.

Para a leitura de livros e artigos científicos, o pesquisador deve estar apto a ler criticamente as obras mais adequadas a sua especialidade.

O rádio, a TV e a Internet também podem oferecer conhecimentos, principalmente documentários, noticiários, filmes instrutivos etc. Todavia, todo assunto necessita ser discutido com objetividade e realismo, selecionando-se e anotando-se, com cuidado, os mais necessários ao trabalho em pauta.

188   Capítulo 5

7.2 Forma

Significa expressar-se bem, focalizando imagens e comparações, usando palavras adequadas ou outros recursos mais eficientes, a fim de transmitir ideias claras, objetivas e coerentes. O aperfeiçoamento da forma requer muita leitura dos autores da área do pesquisador, quer de livros, quer de artigos científicos, a fim de conseguir certo desembaraço de expressão.

São qualidades da redação:

a) **Simplicidade:** consiste no uso de termos simples, evitando-se os pomposos, controvertidos e/ou afetados. Na formulação das ideias, devem-se empregar construções simples e espontâneas. A simplicidade no escrever significa clareza de pensamento. Os cientistas necessitam escrever de modo direto, sóbrio, sem uso de jargões e evitar a prolixidade.

b) **Clareza:** é regra básica da redação, uma vez que o autor escreve para os seus leitores. A preocupação fundamental deve ser a de informar, explicar e descrever determinado assunto de maneira interessante e atraente. Além da contribuição de ideias pessoais, torna-se importante oferecer ao leitor informações precisas e sérias. Afirma Barras (1979, p. 31): "A clareza de raciocínio é indispensável para a aplicação do método científico e deve refletir-se na clareza com que se escreve".

c) **Precisão:** consiste no emprego de palavras ou expressões adequadas, usando termos apropriados, que definam com rigor as ideias. A precisão é a regra que necessita acompanhar o autor do início ao final do trabalho. Convém escolher palavras e apreender seu significado, que não podem ser vulgares nem ter sentido dúbio, impreciso ou duplo, devendo ajustar-se à importância do assunto. O tratamento de um tema exige ser compreensivo; o enunciado deve ser pleno e a argumentação conduzida de modo correto. É necessário o autor estar consciente das limitações de seu conhecimento.

d) **Concisão:** refere-se à exposição das ideias em poucas palavras. O autor precisa expressar-se com objetividade e não ser prolixo. É importante evitar as longas explicações com pormenores insignificantes. Precisão, brevidade e exatidão são características de um trabalho conciso.

e) **Imparcialidade:** a quem escreve impõe-se a necessidade de mostrar que domina bem o assunto, não se deixando influenciar por ideias preconcebidas, ou valorizar em demasia a importância de seu trabalho.

Seu julgamento precisa ser exato e justo. "Pressupostos, extrapolações e generalizações devem basear-se em suficientes evidências e devem estar de acordo com tudo quanto se sabe a propósito do assunto" (BARRASS, 1979, p. 32).

f) **Originalidade:** significa novidade na forma da exposição do trabalho e também no conteúdo. O pesquisador deve apresentar ideias diferentes das já conhecidas, tanto na forma de expressão, quanto na de conteúdo. Refere-se, portanto, a tema ainda não estudado, apresentado pela primeira vez, sem imitar ou copiar qualquer modelo. O texto a ser apresentado deve ter características próprias e ser inédito.

g) **Objetividade:** aborda o que é válido, prático, estritamente adequado às circunstâncias, evitando divagações. Em ciência, toda afirmação deve basear-se em provas e não em opiniões infundadas. O bom cientista evita o uso exagerado de expressões de reserva ou ressalva. Nos trabalhos científicos, autor procura convencer o leitor com base em provas, apoiando-se em verdades claramente formuladas, com argumentações lógicas. Evitam-se frases que sugiram algo sem fundamentação.

h) **Ordem:** a informação e as ideias devem ser compreensíveis e apresentadas em ordem lógica. São necessárias explicações suficientes, claras, integrais, com os dados dispostos de forma ordenada.

i) **Harmonia:** significa disposição bem coordenada entre as partes de um todo. Apresentam-se as informações e as ideias em uma sequência lógica, a fim de que o leitor possa compreendê-las facilmente.

j) **Acuidade:** refere-se à capacidade de discriminação, de estímulo sensorial, de agudeza. Implica observações cuidadosas, medidas e verificadas, que dependem de palavras precisas e exatas.

Outras características desejáveis na redação científica são:

a) Equilíbrio: apresentando senso de proporções.

b) Coerência: ajustamento no emprego dos termos.

c) Controle: obediência e rigor na organização.

d) Interesse: despertando atenção e agrado.

e) Persuasão: visando convencer sobre o assunto exposto.

f) Sinceridade: valendo-se da franqueza e da honestidade.

g) Unidade: significando uniformidade na disposição do assunto.

190   Capítulo 5

São defeitos a evitar em uma redação de um texto de pesquisa científica:

a) Períodos longos ou breves demais: os primeiros tornam o estilo monótono e cansativo; os segundos prejudicam a clareza. O ideal seria a combinação dos dois, que poderá resultar em mais harmonia, mais equilíbrio para a linguagem.

b) Repetição de palavras: denota pobreza de vocabulário. A solução é a procura de palavras de sentido equivalente, desde que a repetição não seja por motivo enfático. Preocupação maior deve ser com a repetição de ideias. Além disso, ressalte-se: nem toda repetição é imprópria; às vezes, ela é motivada por ênfase.

c) Frases desconexas: períodos confusos, de difícil entendimento.

d) Expressões vulgares: na redação científica, não se admitem a gíria nem o uso de expressões populares impróprias. Os assuntos são abordados com elegância.

e) Chavões: uso de formas de expressão da linguagem corriqueira, do dia a dia.

f) Eco: rima na prosa; eco (sucessão de vogais iguais); cacofonia (repetição de sons desagradáveis); colisão (concorrência das mesmas consoantes).

7.3 Expressão

Enunciação do pensamento por meio da linguagem escrita. Ordem de palavras que funciona como unidade.

7.4 Adequação

Correspondência exata entre os termos de uma redação, que devem estar de acordo com o assunto, o leitor e o momento.

7.5 Tipos de redação

Salvador (1980, p. 192) aponta três tipos de redação:

a) Coloquial: informal, popular, ou seja, própria da linguagem corrente.

b) Literária: bela, harmoniosa, com objetivos estéticos e que impressiona pela elegância e pela estética de expressão. É subjetiva.

c) Técnica: cognoscitiva e racional, própria dos trabalhos científicos. A linguagem técnica (acadêmica e didática) visa à transmissão de conhecimentos. É informativa, argumentativa e tem como finalidade discutir opiniões, conhecimentos, informações. Argumenta, analisa, sintetiza, interpreta e conclui. Convence pela força da argumentação. Caracteriza-se pela precisão, objetividade, exatidão e sobriedade. Busca a verdade acima de tudo.

A linguagem científica é didática e requer o uso do padrão gramatical; evita vocabulário popular ou vulgar, bem como pomposo. Uma de suas finalidades mais importantes é a objetividade.

7.6 Estilo

Estilo na redação de textos científicos é a maneira própria de cada pesquisador escrever o resultado de sua investigação. Resulta da escolha dos meios de expressão adequados à natureza do conteúdo que quer transmitir. Segundo Graves e Hodge, citados por Barras (1979, p. 91), são preocupações do estilo:

a) Eliminação de dificuldades: não usando ornamentos desnecessários, ambíguos, repetições, estruturas fraseológicas sem lógica, referências obscuras etc.

b) Apresentação apropriada: cuidando para que cada ideia esteja em sequência lógica de pensamento.

c) Redação: usando leitura silenciosa e também em voz alta, sem esquecer o equilíbrio sonoro.

d) Linguagem coerente: levando em conta as limitações do leitor e não empregando artifícios retóricos.

O estilo consiste na ordem e no movimento dados ao pensamento. Para Barrass (1979, p. 92),

> um bom estilo depende da inteligência, imaginação e bom gosto de quem escreve; depende da sinceridade, modéstia, planejamento cuidadoso e atenção para com as regras da redação científica.

Vega (1969, p. 690) entende que "o escritor deve fugir do lugar-comum e procurar acomodar-se com exatidão ao pensamento que pretende expressar".

A redação científica é direta, objetiva, devendo não só despertar o interesse do leitor, mas também conservá-lo. Pormenores dispensáveis, repetições, modismos, explicações do óbvio devem ser evitados para não desviar a atenção do leitor. As afirmações precisam ter o apoio das evidências, das provas.

Galliano (1979, p. 121) apresenta um esquema para orientação básica do estilo:

a) Expor as ideias com clareza e objetividade.
b) Utilizar linguagem que siga o padrão gramatical.
c) Redigir com simplicidade, focalizando diretamente os pontos básicos que se quer comunicar.
d) Usar vocabulário técnico só quando necessário.
e) Evitar períodos longos e também frases muito curtas.

Cada autor tem um estilo próprio, mas podem-se observar os seguintes aspectos, na redação de um trabalho científico:

a) Clareza e objetividade.
b) Linguagem direta, precisa e acessível.
c) Frases curtas e concisas.
d) Simplicidade, evitando-se estilo prolixo, retórico ou confuso.
e) Vocabulário adequado.

Finalmente, o estilo também diz respeito à escolha da pessoa gramatical: algumas áreas do conhecimento científico pedem o uso da terceira pessoa, por acreditarem que a impessoalidade traz neutralidade ao texto; outras admitem o uso da primeira pessoa do plural, e, ainda, há áreas que aceitam até mesmo o uso da primeira pessoa, como o leitor pode verificar pela leitura que fizer de muitos artigos científicos.

LEITURA RECOMENDADA

BARRASS, Robert. *Os cientistas precisam escrever*: guia de redação para cientistas, engenheiros e estudantes. Tradução de Leila Novaes, Leonidas Hegenberg. São Paulo: T. A. Queiroz, Edusp, 1979. Caps. 4, 5, 6, 7, 8 e 12.

CERVO, Amado Luiz, BERVIAN, Pedro Alcino; SILVA, Roberto da. *Metodologia científica*. 6. ed. São Paulo: Pearson Prentice Hall, 2014. Cap. 7.

FRAGATA, Júlio S. I. *Noções de metodologia*: para elaboração de um trabalho científico. 3. ed. Porto: Tavares Martins, 1980. Cap. 3.

GALLlANO, A. Guilherme (org.). *O método científico*: teoria e prática. São Paulo: Harper & Row do Brasil, 1979. Segunda Parte, Cap. 10.

LEITE, José Alfredo América. *Metodologia de elaboração de teses*. São Paulo: McGraw-Hill do Brasil, 1978. Caps. 5 e 7.

SALOMON, Délcio Vieira. *Como fazer uma monografia*. 13. ed. São Paulo: WMF Martins Fontes, 2014. Caps. 5 e 9.

SEVERINO, Antônio Joaquim. *Metodologia do trabalho científico*. 24. ed. São Paulo: Cortez, 2016. Cap. 4.

6
Apresentação de citações diretas e indiretas e elaboração de referências bibliográficas

1 CITAÇÕES DIRETAS E INDIRETAS

Citações diretas e indiretas são normatizadas pela Associação Brasileira de Normas Técnicas (ABNT), na NBR 10520. Ao pesquisador cabe, quando faz citações, observar a fidelidade da transcrição (se se tratar de transcrição literal), ou de rigor na paráfrase (citação indireta) que fizer. É sempre necessário não equivocar-se nas citações, afirmando que determinado autor disse o que não disse. Nas citações, observar com precisão o sentido dos verbos, substantivos e expressões que estabelecem limites de sentido, ou que o restringem. Outra preocupação diz respeito aos verbos introdutores das citações: *afirmar, sustentar, definir, descrever, argumentar* etc. A escolha apropriada do verbo introdutor do texto alheio é fundamental, para evitar afirmações indevidas. Finalmente, a ética na pesquisa impede a apropriação de textos alheios. Os créditos de toda citação, direta ou indireta, devem ser referenciados.

1.1 Citação direta

A citação direta consiste na transcrição literal das palavras do autor, respeitando suas características. Deve ser transcrita sempre entre aspas quando ocupar até

Capítulo 6

três linhas (parágrafo 5.2 da NBR 10520) e ser mantida no próprio parágrafo em que aparece. Nesse caso, se houver alguma palavra ou expressão destacada com aspas, estas serão simples (não duplas). Se ocupar mais de três linhas, elas são apresentadas em parágrafo à parte, com recuo lateral à esquerda de 4 cm.

No texto seguinte, Demo (2012, p. 116-117) faz uma breve citação de Cerulo, que, ao final do livro, constará de suas referências bibliográficas [CERULO, K. A. *Non humans in social interaction*. New York: Amazon Digital Service, 2011]. Vejamos a citação:

> Diz Cerulo (2011, p. 446): "Se a vida social é, em larga medida, construída e não programada, então os sociólogos precisam periodicamente considerar e revisar o foco de suas pesquisas". [...] Assim como assegurar que a realidade é invariável rigorosamente, estruturada fixamente, lógico-experimental é uma petição hipotética, não é menos assegurar que a realidade seja dinâmica complexa não linear, híbrida, feita de redes abertas de associações de suas entidades.

Havendo coincidência de autores com o mesmo sobrenome e data, acrescentam-se as iniciais de seus prenomes. Se, ainda assim, houver coincidência, "colocam-se os prenomes por extenso" (parágrafo 6.1.2 da NBR 10520). Exemplo:

(CASTRO, B., 1989, p. 56)
(CASTRO, B., 1989, p. 21)
(OLIVEIRA, Andrade, 2016, p. 53)
(OLIVEIRA, Almeida, 2016, p. 53)

Se houver necessidade de citar diversos documentos de um mesmo autor, cujas datas de publicação coincidam, eles serão distinguidos "pelo acréscimo de letras minúsculas, em ordem alfabética, após a data e sem espaçamento" (parágrafo 6.1.4). Exemplo:

(BUNGE, 1974a, p. 12)
(BUNGE, 1980b, p. 208)

Dentro dos parênteses, os sobrenomes são separados por ponto e vírgula. Fora dos parênteses, são separados pela conjunção *e* se forem dois, e por vírgula e pela conjunção *e* se mais de dois. Exemplo:

Apresentação de citações diretas e indiretas e elaboração de referências bibliográficas 197

(MARCONI; LAKATOS, 2017a, p. 15)

Afirmam Marconi e Lakatos (2017a, p. 15)...

(MARCONI; LAKATOS, 2017a, p. 83; MINAYO, 2014, p. 166)

(BOOTH; COLOMB; WILLIAMS, 2019, p. 222)

Ressaltam Booth, Colomb e Williams (2019, p. 222)...

Se várias obras de um mesmo autor são citadas, o ano de publicação aparece separado por vírgula. Exemplo:

Em três oportunidades, Marconi e Lakatos (2017a, 2017b, 2017c) destacam...

Citações com mais de três linhas, como já dissemos, são transcritas em parágrafo próprio, "destacada com recuo de 4 cm da margem esquerda, com letra menor que a do texto utilizado e sem as aspas" (parágrafo 5.3). Exemplo:

> Para Demo (2011, p. 60), as áreas do conhecimento não são superiores umas às outras e seria fundamental superar a tendência de considerar as Ciências Humanas e sociais menores ou não ciências. Afirma:
>
> ← 4 cm →
>> Do ponto de vista do método científico de cariz lógico-experimental, as Ciências Humanas e sociais mostram dificuldades de aí se encaixarem, embora sempre seja possível esse esforço. Não há qualidade humana que não tenha base quantitativa. Parte da crítica, no entanto, pode ser adequada, porque é comum em Ciências Humanas e sociais o desprezo pela empiria, por exemplo, contentando-se com discursos frouxos, filosofantes, verbosos.

A norma distingue ainda duas formas para as chamadas: (1) se o sobrenome do autor citado ou nome de uma instituição for colocado entre parênteses, ele será grafado com letras maiúsculas; (2) se o sobrenome do autor citado ou nome da instituição de onde o texto provém aparecer fora dos parênteses, ele é grafado apenas com a letra inicial em maiúscula (parágrafo 5 da NBR). Observe a referência a Demo (apenas com a letra inicial em maiúscula) no exemplo anterior e a DEMO no próximo exemplo (agora, entre parênteses e com todas as letras em maiúsculas):

> Através do método científico bem utilizado, conseguimos ver melhor, embora nunca tudo. Desfaz-se, assim, a pretensão de devassar a realidade analiticamente, voltando à modéstia de Einstein: nossas teorias veem facetas seletivas e pequenas; como somos parte da natureza, a vemos como parte, parcialmente (DEMO, 2012, p. 20).

Agora, um exemplo de texto retirado de um livro de uma instituição:

> Lembre que *gender* (gênero) refere-se ao papel, não ao sexo biológico, e é cultural. Evite ambiguidade na identidade sexual ou no papel do gênero utilizando substantivos, pronomes e adjetivos que descrevem especificamente seus participantes. Tendenciosidades sexistas podem ocorrer quando os pronomes são usados sem cuidado, como, por exemplo, quando o pronome masculino *he* (ele) é usado para se referir a ambos os sexos ou quando o pronome masculino ou feminino é usado exclusivamente para definir os papéis pelo sexo (p. ex., *the nurse... she*" [ela]). O uso de *man* (homem) como substantivo genérico ou na terminação de um título ocupacional (por exemplo, *policeman* em vez de *police officer*) pode ser ambíguo e erroneamente sugerir que todas as pessoas do grupo são do sexo masculino. Especifique claramente se você está ser referindo a um ou a ambos os sexos (AMERICAN PSYCHOLOGICAL ASSOCIATION, 2012, p. 96).

Se o nome da instituição aparecer fora dos parênteses, temos:

> Afirma a American Psychological Association (2012, p. 96):
>
> > Lembre que *gender* (gênero) refere-se ao papel, não ao sexo biológico, e é cultural. Evite ambiguidade na identidade sexual ou no papel do gênero utilizando substantivos, pronomes e adjetivos que descrevem especificamente seus participantes. Tendenciosidades sexistas podem ocorrer quando os pronomes são usados sem cuidado, como, por exemplo, quando o pronome masculino *he* (ele) é usado para se referir a ambos os sexos ou quando o pronome masculino ou feminino é usado exclusivamente para definir os papéis pelo sexo (p. ex., *the nurse... she*" [ela]). O uso de *man* (homem) como substantivo genérico ou na terminação de um título ocupacional (por exemplo, *policeman* em vez de *police officer*) pode ser ambíguo e erroneamente sugerir que todas as pessoas do grupo são do sexo masculino. Especifique claramente se você está ser referindo a um ou a ambos os sexos.

Se a obra referenciada é composta de mais de um volume, temos, no corpo do texto:

(SOBRENOME, 2018, v. 1, p. 22-28)

Na lista de referências, temos, por exemplo, se forem dois os volumes:

SOBRENOME, Prenomes. *Título da obra*. Edição. Local: Editora, ano. 2 v.

1.2 Citação indireta

Citações indiretas são constituídas por paráfrases de texto de terceiros. Podem conter um resumo das ideias apresentadas nesse texto de terceiros, ou um comentário, ou uma crítica a ele etc. O parágrafo 3.4 da NBR 10520 assim define *citação indireta*: "texto baseado na obra do autor consultado". Como não se trata de transcrição literal, mas de uma paráfrase, esse tipo de citação não admite aspas.

Duas são as formas de citar textos alheios: fazer referência genérica a toda uma obra e fazer referência precisa a uma página. Na primeira forma, segundo o sistema autor-data, citamos apenas o sobrenome do autor (em letras maiúsculas) e o ano da obra entre parênteses. Referimo-nos nesse caso a toda a obra. Se o sobrenome aparecer no enunciado ("Segundo Silva....."; "como define Medeiros..."), o sobrenome é grafado apenas com a letra inicial em maiúscula. Na segunda forma, temos uma referência a um trecho específico de uma obra, a um parágrafo ou um enunciado. Suponhamos no primeiro caso que estejamos fazendo referência ao livro *Metodologia das ciências sociais*, de Max Weber (5ª edição, publicado pela Cortez Editora em coedição com a Editora Unicamp, em 2016):

> Para Weber (2016), a objetividade das Ciências Sociais apoia-se na neutralidade valorativa. Daí, sua preocupação com o rigor da explicação causal.

A afirmação é genérica; constitui o tema da obra de Weber. Por isso, não se refere a uma página específica. Todavia, se fizermos referência ao conceito de *dominação legal* e nos basearmos em um trecho específico de sua obra, então a indicação precisa da página é necessária:

> Para Weber (2016, p. 544), o tipo mais comum e tecnicamente mais puro de dominação legal é a dominação burocrática. Postula, no entanto, que nenhuma dominação é exclusivamente burocrática, visto que nenhuma é exercida apenas por funcionários contratados.

200   Capítulo 6

Se houver necessidade de fazer referência a mais de uma obra de um autor, onde defende as mesmas ideias, o ano das obras é separado por vírgulas. Suponhamos que estejamos nos referindo ao tratamento que Pedro Demo dá ao argumento de autoridade em *Metodologia científica em ciências sociais* (2014) e *Introdução à metodologia da ciência* (2015). No caso da citação genérica, temos:

> Para Demo (2014, 2015), o argumento de autoridade...

No caso da citação precisa:

> Para Demo (2014, p. 41, 2015, p. 38), não se confundem o argumento de autoridade com a autoridade do argumento.

Se forem relacionados simultaneamente diversos textos de vários autores, estes são separados por ponto e vírgula, em ordem alfabética (parágrafo 6.1.5 da NBR 10520):

> Os livros de metodologia científica (DEMO, 2014, p. 104-122, 2015, p. 90-100; MINAYO, 2014, p. 166; TRIVIÑOS, 2015, p. 21-24), em geral, por causa de sua importância nos estudos sociais, dedicam-se, às vezes extensamente, a explicar o conceito de dialética.

1.3 Citação de citação

De modo geral, deve-se evitar fazer citação que terceiros citaram, o que se denomina *citação de citação*, ou seja, não se teve contato com a obra citada, mas por meio de uma citação de terceiros. Todavia, há casos em que se revela impossível a consulta ao original. Nesse caso, faz-se a citação, valendo-se da expressão latina *apud*. Exemplo:

> Em pesquisa científica, "não formular o problema é andar às cegas" (DEWEY *apud* RUDIO, 2014, p. 19).

1.4 Supressão e acréscimo

Supressões em um texto citado literalmente são indicadas por meio de colchetes e reticências [...]. Da mesma forma, se quem está citando, por necessidade de esclarecimento, fizer alguma interpolação, esta aparecerá entre colchetes. Exemplos:

> Para Minayo (2014, p. 144), "a fenomenologia da *vida cotidiana* trabalha com o fato de que as pessoas se situam na vida com suas angústias e preocupações, em intersubjetividade com seus semelhantes [...] e isso constitui a existência social".
>
> Lima (2007, p. 420) sustenta que "o cientista [aqui, Lima refere-se ao cientista da área de ciências exatas] e o historiador operam com um sistema de filtragem", constituído pela teoria que utiliza: "a ausência de um quadro teórico torna tanto a experiência científica quanto o documento aglomerados cegos".

1.5 Destaque

Se houver necessidade de destacar alguma expressão do texto citado, ao final da citação deve aparecer, entre colchetes, a expressão *destaque nosso* [destaque nosso]. Exemplo:

> Afirma Lima (2007, p. 459) que "não há gênero [refere-se a gêneros textuais] sem a adoção de certas regras básicas, as quais *têm menos uma função normativa do que orientadora do processo de comunicação desejável* [destaque nosso].

1.6 Sistemas de chamada

Dois são os sistemas de chamada: sistema autor-data e o sistema numérico.

No **sistema autor-data**, a referência se dá "pelo sobrenome de cada autor ou pelo nome de cada entidade responsável até o primeiro sinal de pontuação, seguido(s) da data de publicação do documento e da(s) página(s) da citação, no caso de citação direta, separados por vírgula e entre parênteses". Se não há indicação de autoria, faz-se a referência "pela primeira palavra do título seguida de reticências [...], seguida da data de publicação do documento e da(s) página(s) da citação" (NBR 10520, n. 6.3). A norma estabelece ainda que "se o título iniciar por artigo (definido ou indefinido), ou monossílabo [uma preposição acompanhada ou não de artigo definido], este deve ser incluído na indicação da fonte". Exemplo:

No texto, teríamos (além da grafia do título, observar a posição do ano (omite-se a data) e da página):

202 **Capítulo 6**

> Este é um comportamento difícil de entender (REAÇÃO..., 2020, p. A2).
> Faltou um pouco de elegância (A CARTA..., 2020, p. A2).
> É uma administração que provoca calafrios (UM GOVERNO..., 2020, p. A3).
> Como são tortuosos os caminhos dos acordos! (ENFIM um acordo, 2020, p. A3).

Na lista de referências (além da grafia das primeiras palavras do título, observar a posição da página e da data completa):

> REAÇÃO corporativa. *Folha de S. Paulo*, São Paulo, ano 100, n. 33.210, p. A2, 6 mar. 2020.
> A CARTA de Regina. *Folha de S. Paulo*, São Paulo, ano 100, n. 33.210, p. A2, 6 mar. 2020.
> UM GOVERNO de outro mundo. *O Estado de S. Paulo*, São Paulo, ano 141, n. 46.161, p. A3, 6 mar. 2020.
> ENFIM um acordo. *O Estado de S. Paulo*, São Paulo, ano 141, n. 46.161, p. A3, 6 mar. 2020.

No **sistema numérico**, as referências são numeradas sequencialmente, em geral considerando os capítulos (se o texto é dividido por capítulos). A NBR 10520 afirma no parágrafo 6.2:

> Neste sistema, a indicação da fonte é feita por uma numeração única e consecutiva, em algarismos arábicos, remetendo à lista de referências ao final do trabalho, do capítulo ou da parte, na mesma ordem em que aparecem no texto. Não se inicia a numeração das citações a cada página.

Para a norma, ainda, no parágrafo 6.2.1, "a indicação da numeração pode ser feita entre parênteses, alinhada ao texto, ou situada pouco acima da linha do texto em expoente à linha do mesmo, após a pontuação que fecha a citação" (a segunda forma é mais comum):

> Para Demo (1), "a fé dispensa argumento, estabelecendo um vínculo forte e afetivo com entidade transcendental que não cabe no método científico".
> Para Demo,[1] "a fé dispensa argumento, estabelecendo um vínculo forte e afetivo com entidade transcendental que não cabe no método científico".

Apresentação de citações diretas e indiretas e elaboração de referências bibliográficas 203

Na lista de referências, temos:

> [1] DEMO, Pedro. *Praticar ciência*: metodologia do conhecimento científico. São Paulo: Saraiva, 2011. p. 153.

No sistema numérico, ao final do capítulo ou de todo o texto, faz-se uma lista de referências, segundo a ordem em que foram aparecendo no texto, diferentemente, pois, do sistema autor-data, em que a ordenação da lista de referências se faz alfabeticamente pelo sobrenome do autor. Poderíamos, por exemplo, ter numa possível lista de um sistema numérico:

> 1. MARCONI, Marina de Andrade; LAKATOS, Eva Maria. *Metodologia científica*. 7. ed. São Paulo: Atlas, 2017.
> 2. BOOTH, Wayne C.; COLOMB, Gregory G.; WILLIAMS, Joseph M. *A arte da pesquisa*. Tradução de Henrique A. Rego Monteiro. São Paulo: Martins Fontes, 2019.

Se optássemos pelo sistema autor-data, a lista de referências seria por ordem alfabética, com entrada pelo sobrenome do autor:

> BOOTH, Wayne C.; COLOMB, Gregory G.; WILLIAMS, Joseph M. *A arte da pesquisa*. Tradução de Henrique A. Rego Monteiro. São Paulo: Martins Fontes, 2019.
> MARCONI, Marina de Andrade; LAKATOS, Eva Maria. *Metodologia científica*. 7. ed. São Paulo: Atlas, 2017.

No sistema numérico, se um mesmo autor é citado mais de uma vez, temos o uso de expressões latinas grafadas com destaque.

• Se duas ou mais citações de um mesmo autor e de uma mesma obra são feitas em sequência, utiliza-se a expressão latina *idem* (que significa mesmo autor):

No texto, teríamos:

> Para Demo,[1] "método, em ciência, possui a pretensão de oferecer garantias mais ou menos negociáveis, em especial em nos guiar para o destino procurado de produção de conhecimento confiável".

204 **Capítulo 6**

> Ainda segundo Demo,[2] "não sabemos, porém, como a realidade é, porque a interpretamos, mesmo usando método científico".

Na lista de referências, teríamos:

> 1. DEMO, Pedro. *Ciência rebelde*: para continuar aprendendo cumpre desestruturar-se. São Paulo: Atlas, 2012. p. 65.
> 2. *Idem*, 2012, p. 66.

- Também pode aparecer em referências a expressão *ibidem* (= na mesma obra). *Ibidem* é expressão usada quando duas ou mais notas de rodapé se referem à mesma obra. Exemplo:

> 1. DEMO, Pedro. *Ciência rebelde*: para continuar aprendendo cumpre desestruturar-se. São Paulo: Atlas, 2012. p. 65.
> 2. *Idem, ibidem*, p. 66.

O número da referência é destacado, ou seja, a segunda linha de uma referência (quando ela ocupa mais de uma linha) começa sob a primeira letra da linha anterior.

- Se, porém, as citações de um mesmo autor são entremeadas por outro, é outra a expressão latina utilizada (*op. cit.*).

No texto, teríamos:

> Para Demo,[1] "método, em ciência, possui a pretensão de oferecer garantias mais ou menos negociáveis, em especial em nos guiar para o destino procurado de produção de conhecimento confiável".
> A American Psychological Association[2] orienta o pesquisador a reconhecer "as limitações de sua pesquisa" e a abordar "explicações alternativas dos resultados", bem como a discutir "a generalizabilidade, ou validade externa dos resultados".
> Ainda segundo Demo,[3] "não sabemos, porém, como a realidade é, porque a interpretamos, mesmo usando método científico".

Na lista de referências, teríamos:

Apresentação de citações diretas e indiretas e elaboração de referências bibliográficas 205

> 1. DEMO, Pedro. *Ciência rebelde*: para continuar aprendendo cumpre desestruturar-se. São Paulo: Atlas, 2012. p. 65.
> 2. AMERICAN PSYCHOLOGICAL ASSOCIATION. *Manual de publicação APA*. Tradução de Daniel Bueno. Porto Alegre: Penso, 2012. p. 56.
> 3. DEMO, Pedro. *Op. cit.*, p. 66.

A numeração das referências pode ser feita no nível do texto (veja exemplo anterior), ou elevada:

> [1] DEMO, Pedro. *Ciência rebelde*: para continuar aprendendo cumpre desestruturar-se. São Paulo: Atlas, 2012. p. 65.
> [2] AMERICAN PSYCHOLOGICAL ASSOCIATION. *Manual de publicação APA*. Tradução de Daniel Bueno. Porto Alegre: Penso, 2012. p. 56.
> [3] DEMO, Pedro. *Op. cit.*, p. 66.

A expressão *op. cit.* significa que se está referindo a uma obra citada nas páginas anteriores. É usada logo após o nome do autor ou do título (quando a obra não tiver autor), seguida do número da página da citação. Evite o uso de *op. cit.* para referência de capítulo anterior. Sempre que iniciar novo capítulo, ainda que uma obra tenha sido citada em capítulo anterior, repita as informações completas na primeira vez.

Outras expressões latinas usadas em referências:

- **Passim** (= aqui e ali): Essa expressão é usada para indicar que a informação obtida é tratada em várias passagens ao longo do texto referido. Exemplo:

> [33] CASTRO, C. M. *Estrutura e apresentação de publicações científicas*. São Paulo: McGraw-Hill do Brasil, 1990. *Passim*.

- **Apud** (= citado por). É expressão usada quando se transcrevem palavras textuais ou conceitos de um autor a que não se teve acesso diretamente, mas por meio de terceiros. Exemplo:

> [22] CASTRO, 1976. *Apud* KOTAIT, I. *Editoração científica*. São Paulo: Ática, 1981. p. 12.

- **Et al.** Para a NBR 6023 (n. 8.1.1.2), "quando houver quatro ou mais autores, *convém indicar todos*. Permite-se que se indique apenas o primeiro, seguido da expressão *et al.*" [destaque nosso].

Com até três autores, todos são citados:

> CERVO, Amado Luis; BERVIAN, Pedro Alcino; SILVA, Roberto da. *Metodologia científica*. 6. ed. São Paulo: Pearson, 2014.

Com mais de três autores, duas são as formas: (1) citação de todos os autores (forma recomendável). (2) Citação do primeiro autor acompanhado da expressão *et al.* (forma apenas permitida).

No texto, poderíamos ter algo como:

> "Como a interpretação está inextricavelmente ligada à análise [...], pode ser bom apresentar, antes da discussão de processos analíticos, um esclarecimento do processo de interpretação (SELLTIS; JAHODA; DEUTSCH; COOK, p. 439).

Ou:

> "Como a interpretação está inextricavelmente ligada à análise [...], pode ser bom apresentar, antes da discussão de processos analíticos, um esclarecimento do processo de interpretação (SELLTIS *et al.*, p. 439).
> Conforme Selltiz, Jahoda, Deutsch e Cook (1974, p. 275), ...

Ou:

> Conforme Selltiz *et al.* (1974, p. 275), ...

Na lista de referências, teríamos:

> SELLTIZ, Claire; JAHODA, Marie; DEUTSCH, Morton; COOK, Stuart W. *Métodos de pesquisa nas relações sociais*. Tradução de Dante Moreira Leite. São Paulo: Editora Pedagógica e Universitária, 1974.

Ou:

> SELLTIZ, Claire *et al. Métodos de pesquisa nas relações sociais.* Tradução de Dante Moreira Leite. São Paulo: Editora Pedagógica e Universitária, 1974.

• **In.** Expressão usada em duas ocasiões: citação de um capítulo de uma obra do mesmo autor do livro; citação de um capítulo de obra de outro autor. Exemplos:

No texto, poderíamos ter:

> Para Candido (*In*: ABDALA JUNIOR, 2019, p. 27), o incesto, em *Os Maias*, de Eça de Queirós, "não é apenas coragem naturalista, nem truque sensacional. É também semente de significados profundos, é ironia trágica reveladora das nossas impossibilidades".

Na lista de referências, teríamos:

> CANDIDO, Antonio. Eça de Queirós, passado e presente. *In*: ABDALA JUNIOR, Benjamin (org.). *Ecos do Brasil*: Eça de Queirós, leituras brasileiras e portuguesas. São Paulo: Edições Sesc, 2019. p. 15-30.

Agora, imaginemos que um capítulo de Habermas tenha sido sugerido como leitura. Teríamos:

> HABERMAS, Jürgen. Teoria da sociedade de Talcott Parsons: problemas de construção. *In*: HABERMAS, Jürgen. *Teoria do agir comunicativo*: sobre a crítica da razão funcionalista. Tradução de Flávio Beno Siebeneichler. São Paulo: WMF Martins Fontes, 2012. Cap. 7.

Na lista de referências:

> HABERMAS, Jürgen. Teoria da sociedade de Talcott Parsons: problemas de construção. *In*: HABERMAS, Jürgen. *Teoria do agir comunicativo*: sobre a crítica da razão funcionalista. Tradução de Flávio Beno Siebeneichler. São Paulo: WMF Martins Fontes, 2012. v. 2, p. 357-542.

Observações: (1) A expressão latina *In* é acompanhada de dois-pontos. (2) O nome da parte (capítulo) não é destacado (não se grafa com itálico).

208 Capítulo 6

(3) Ao final da referência, coloca-se a informação das páginas iniciais e finais em que o texto se encontra (**não** se abrevia a citação das páginas: p. 122-3; p. 450-69).

• *Sic*. Essa expressão latina é usada para salientar uma informação ou uma grafia indevida que ocorre no texto transcrito. Significa "assim" (= "assim mesmo no original"). Recomenda-se que seu uso se atenha à imprescindibilidade. É de lembrar que a transcrição de textos em trabalhos acadêmico-científicos não segue as mesmas regras da fidelidade exigida em textos de processos judiciais. A transcrição em trabalhos científicos tem relação com o conteúdo da informação. Não se trata de uma "prova", que não pode ser tocada para não perder a validade. O leitor pode estranhar, por exemplo, o rigor de um autor que, numa transcrição literal, depois da palavra *eficiencia* venha a colocar (*sic*), mas, cinco páginas adiante, venha ele mesmo a escrever intrin*s*icamente. Nesse caso, seria preferível colocar o acento em *eficiência,* deixando de salientar a falta de acento (que, convenhamos, é insignificante).

2 PRÁTICA DE ELABORAÇÃO DE REFERÊNCIAS BIBLIOGRÁFICAS

A elaboração de referências bibliográficas no Brasil orienta-se pela NBR 6023, da Associação Brasileira de Normas Técnicas (ABNT). Outra norma utilizada sobretudo em publicações internacionais é a de Vancouver. Trataremos neste capítulo das normas da ABNT, que define referência como "conjunto padronizado de elementos descritivos, retirados de um documento, que permite sua identificação individual" (parágrafo 3.9), e faremos breves comentários com relação à norma Vancouver.

Em regras gerais de apresentação, a norma citada estabelece que, na lista de referências, "as referências devem ser elaboradas em espaço simples, alinhadas à margem esquerda do texto e separadas entre si por uma linha em branco de espaço simples" (n. 6.3). Elas podem aparecer: em rodapé (cada dia menos frequente, e isso se se optar pelo sistema numérico), ao final de capítulos, partes ou de todo o texto (livro), em lista de referências ao final de todo o texto, antes de resumos, resenhas e erratas. A norma estabelece, ainda, em 6.7 que as referências são "ordenadas em uma única lista".

Apresentação de citações diretas e indiretas e elaboração de referências bibliográficas **209**

As informações bibliográficas são retiradas do frontispício da obra. Transcreve-se com rigor o nome do(s) autor(es), bem como o título da obra, local de publicação, nome da editora, ano de publicação.

2.1 Livros

A entrada de uma referência é constituída pelo sobrenome do autor, em letras maiúsculas, seguido por seus prenomes: "O autor deve ser indicado pelo último sobrenome, em letras maiúsculas, seguido do prenome e outros sobrenomes, abreviados ou não, *conforme consta do documento*" (NBR 6023, n. 8.1.1) [destaque nosso]. (Diferentemente da norma Vancouver, em que o sobrenome aparece apenas com a letra inicial maiúscula e os prenomes abreviados, sem pontuação. Exemplo: para Lilia Moritz Schwarcz e Heloisa Murgel Starling, teríamos: Schwarcz LM, Starling HM.) Se os autores forem mais de um, eles são separados por ponto e vírgula (na norma Vancouver, eles são separados por vírgula, como podemos ver no exemplo apresentado). Na referência a obras que apresentam um organizador, coloca-se a abreviatura *org.*, entre parênteses logo após o nome do organizador. Não se pluraliza essa abreviatura, ainda que sejam dois ou mais os organizadores. Exemplos:

MINAYO, Maria Cecília de Souza. *O desafio do conhecimento*: pesquisa qualitativa em saúde. 14. ed. São Paulo: Hucitec, 2014.

TRAVAGLIA, Luiz Carlos; FINOTTI, Luisa Helena Borges; MESQUITA, Elisete Maria Carvalho de (org.). *Gêneros de texto*: caracterização e ensino. Uberlândia: Edufu, 2008.

BOOTH, Wayne C.; COLOMB, Gregory G.; WILLIAMS, Joseph M. *A arte da pesquisa*. Tradução de Henrique A. Rego Monteiro. 3. ed. São Paulo: Martins Fontes, 2019.

Até três autores, todos são nomeados. De quatro em diante, há duas possibilidades: (1) nomear todos (recomendável), ou (2) nomear o primeiro e, em seguida, colocar a expressão latina *et al.* A NBR 6023 (ABNT) estabelece em 8.1.1.2: "Quando houver quatro ou mais autores, *convém* indicar todos. *Permite-se* que se indique apenas o primeiro, seguido da expressão *et al.*" [destaque nosso]. Temos então (forma recomendável):

Capítulo 6

PADUA, Jorge; AHMAN, Ingvar; APEZECHEA; Héctor; BORSOTI, Carlos. *Técnicas de investigación aplicadas a las ciencias sociales*. México: Fondo de Cultura Económica, 1979.

Ou (forma permitida):

PADUA, Jorge *et al*. *Técnicas de investigación aplicadas a las ciencias sociales*. México: Fondo de Cultura Económica, 1979.

Observações:

• **Nome dos autores:** entrada pelo sobrenome simples ou composto se dele fizer parte relação de parentesco (filho, neto, sobrinho). Todavia, serão grafados compostamente "autores com nomes hispânicos, nomes compostos, com grau de parentesco e com sobrenomes com prefixos":

BARBOSA FILHO, Manuel
ABDALA JUNIOR, Benjamin
DELORENZO NETO, Antonio
GARCÍA MÁRQUEZ, Gabriel.
VAN DIJK, Teun A.

Quando uma entidade coletiva assume integral responsabilidade por um trabalho, ela é tratada como autor. Temos:

ASSOCIAÇÃO BRASILEIRA DE NORMAS TÉCNICAS. *ABNT NBR 6023*: informação e documentação: referências: elaboração. Rio de Janeiro: ABNT, 2018.
IBGE. Diretoria Técnica. *Geografia do Brasil*. Rio de Janeiro: Sergraf-IBGE, 1977. 5 v.

• **Título:** é grafado em destaque; em geral, usa-se *itálico*. Título é elemento essencial. Se a entrada da referência (por não haver autor) se dá pelo título, a primeira palavra do título é escrita em letras maiúsculas. Se a primeira palavra é acompanhada de artigo definido ou indefinido, temos então duas palavras grafadas com letras maiúsculas:
MODERNA enciclopédia Melhoramentos. São Paulo: Melhoramentos, 1976.

- **Subtítulo:** é grafado sem nenhum destaque e é precedido de dois-pontos. Subtítulo (se houver) é elemento essencial (ou seja, não pode ser omitido).

- **Edição:** se se tratar da primeira edição, não se faz referência a edição; da segunda em diante, usa-se um número arábico, seguido de ponto (a norma não usa números ordinais) e da abreviatura da palavra *edição* (ed.). A abreviatura do numeral ordinal da edição é transcrita conforme consta do texto citado. Poderá ser, por exemplo, 2nd.; 3rd.; 4th. (em inglês, segunda, terceira, quarta); 2nd; 3ème (em francês, segunda, terceira).

- **Local de publicação:** o nome do local (cidade) de publicação é indicado tal como figura no documento. Se o local da publicação não aparece na obra, mas pode ser identificado, ele deve aparecer nas referências entre colchetes. Por exemplo: [Belo Horizonte]. Se houver ausência de local de publicação da obra, usa-se a abreviatura [*S.l.*], que é abreviatura de *sine loco* (= *sem local*). Observar que o *S* da abreviatura é maiúsculo. No caso de localidades com o mesmo nome, acrescenta-se o nome do Estado, do país etc. Exemplos:

Presidente Bernardes (SP)

Presidente Bernardes (MG)

Se há mais de um local para uma editora no frontispício da obra, indica-se a primeira mencionada na publicação.

- **Editora:** grafa-se apenas o nome que a identifica, eliminando-se as palavras que designam a natureza jurídica ou comercial, como: "Cia.", "S.A." etc. Palavras como *Editora, Livraria*, se constarem do nome da editora, são eliminadas, desde que dispensável para sua identificação. Para referência a editoras universitárias, ou outro tipo de instituição, no entanto, se usa a palavra *editora*. Exemplos:

Editora da Unicamp

Editora UFMG

Editora Senac

Se são duas as editoras, mas da mesma cidade, a separação das editoras se faz com dois-pontos:

São Paulo: Brasiliense: Edusp, 2020

Rio de Janeiro: José Olympio: Editora UFRJ

Se duas são as editoras e de localidades diferentes, temos o uso de ponto e vírgula separando as localidades e editoras:

LAVILLE, Christian; DIONNE, Jean. *A construção do saber.* Tradução de Heloísa Monteiro e Francisco Settineri. Porto Alegre: Artmed; Belo Horizonte: Editora UFMG, 2007.

Se o nome da editora ou do editor não constar do frontispício nem de nenhum outro lugar do livro, utiliza-se a abreviatura de *sine nomine* (= sem nome): [s.n.]. Se o local e o editor não são identificados na obra, utilizam-se ambas as expressões: [S.l.: s.n.].

- **Ano de publicação:** é indicado em algarismos arábicos. Quando não é localizado no frontispício da obra, mas pode ser encontrado em algum lugar do texto (prefácio, orelha, ou no colofão), faz-se referência ao ano entre colchetes. A norma estabelece: "Se nenhum ano de publicação, distribuição, copirraite, impressão, entre outros, puder ser localizado no documento, deve ser indicado um ano, entre colchetes" (n. 8.6.1.3):

Ano certo, mas não indicado [2019]

Ano aproximado: [ca. 2016]

Ano provável: [2016?]

Ano: um ou outro: [1950 ou 1951]

Ano indicado com intervalo menor de 20 anos [entre 1906 e 1912]

Década certa: [199-]

Década provável: [199-?]

Século certo: [20--]

Século provável: [20--?]

Em algumas referências publicadas em livros ou em artigos científicos, o leitor pode encontrar o ano de publicação entre parênteses, logo depois do nome do autor. Para a NBR 6023, o ano da publicação é posto ao final, depois do nome da editora, separado por vírgula. Exemplo:

BRANDÃO, Carlos Rodrigues (org.). *Pensando a pesquisa participante*. São Paulo: Brasiliense, 1984.

Embora não estejamos tratando da norma Vancouver, destacamos que também nela o local do ano é ao final da referência, separando-se da editora, porém com ponto e vírgula; não é entre parênteses, depois do nome do(s) autor(es).

- **Página e volume:** a página é indicada depois do ano de publicação. Se entre parênteses, no sistema autor-data, ela aparece depois da vírgula:

(BRANDÃO, 1984, p. 35)

Se necessário citar o número de páginas na lista de referências (caso que se dá quando se cita um capítulo de um livro que se encontra em uma obra sob a responsabilidade de um organizador, ou capítulo de um mesmo autor), a referência às páginas aparece depois do ano da publicação com a abreviação de página (p.), com *p* minúsculo e os números das páginas:

CALAIS, Sandra Leal. Delineamento de levantamento ou *survey. In*: BAPTISTA, Makilim Nunes; CAMPOS, Dinael Corrêa de. *Metodologias de pesquisa em ciências*: análises quantitativa e qualitativa. 2. ed. Rio de Janeiro: LTC, 2016. p. 105-114.
HABERMAS, Jürgen. Teoria da sociedade de Talcott Parsons: problemas de construção. *In*: HABERMAS, Jürgen. *Teoria do agir comunicativo*: sobre a crítica da razão funcionalista. Tradução de Flávio Beno Siebeneichler. São Paulo: WMF Martins Fontes, 2012. v. 2, p. 357-542.

- **Elementos complementares:** para a norma da ABNT, se necessário, "acrescentam-se elementos complementares à referência para melhor identificar o documento" (n. 7.1.1) [destaque nosso]. Observar que, uma vez utilizado elemento complementar em uma referência, mantém-se o padrão, a uniformidade com relação a outras referências, como é o caso de uma **tradução**. Se introduzimos o tradutor em uma referência a obra traduzida, todas as obras traduzidas que da lista constarem terão referência ao tradutor. O nome do tradutor é posto imediatamente ao título ou subtítulo se houver. Exemplos de elementos complementares:

LAVILLE, Christian; DIONNE, Jean. *A construção do saber*. Tradução de Heloísa Monteiro e Francisco Settineri. Adaptação de Lana Mara Siman. Porto Alegre: Artmed; Belo Horizonte: Editora UFMG, 2007.

WEBER, Max. *Metodologia das ciências sociais*. Tradução de Augustin Wernet. Introdução à edição brasileira de Maurício Tragtenberg. 5. ed. São Paulo: Cortez; Campinas: Editora Unicamp, 2016.

- **Citação de mais de um livro do mesmo autor.** Nesse caso, há duas possibilidades: (1) expor as referências em ordem cronológica decrescente do ano de publicação, ou (2) seguir a ordem alfabética dos títulos das obras. Teríamos então:

Ordem cronológica decrescente (da mais atual para a mais antiga):

DEMO, Pedro. *Introdução à metodologia científica*. 2. ed. São Paulo: Atlas, 2015.

DEMO, Pedro. *Ciência rebelde*: para continuar aprendendo, cumpre desestruturar-se. São Paulo: Atlas, 2012.

DEMO, Pedro. *Praticar ciência*: metodologias do conhecimento científico. São Paulo: Saraiva, 2011.

Ou ordem alfabética dos títulos das obras:

DEMO, Pedro. *Ciência rebelde*: para continuar aprendendo, cumpre desestruturar-se. São Paulo: Atlas, 2012.

DEMO, Pedro. *Introdução à metodologia científica*. 2. ed. São Paulo: Atlas, 2015.

DEMO, Pedro. *Praticar ciência*: metodologias do conhecimento científico. São Paulo: Saraiva, 2011.

Se o ano de publicação coincidir, para diferenciar as referências de um mesmo autor usam-se letras depois do ano:

MARCONI, Marina de Andrade; LAKATOS, Eva Maria. *Fundamentos de metodologia científica*. 8. ed. São Paulo: Atlas, 2017a.

MARCONI, Marina de Andrade; LAKATOS, Eva Maria. *Metodologia do trabalho científico*. 8. ed. São Paulo: Atlas, 2017b.

Apresentação de citações diretas e indiretas e elaboração de referências bibliográficas · 215

MARCONI, Marina de Andrade; LAKATOS, Eva Maria. *Técnicas de pesquisa*. 8. ed. São Paulo: Atlas, 2017c.

- **Citação de livros que apresentam "indicação explícita de responsabilidade pelo conjunto da obra" (org.; coord.).** A entrada é feita pelo nome do responsável, que pode ser um coordenador, um editor, um organizador. A abreviatura dessas expressões é feita no singular e posta entre parênteses:

BRANDÃO, Alfredo de Barros L. (comp.). *Modelos de contratos, procurações, requerimentos e petições*. 5. ed. São Paulo: Trio, 1974.

SOUSA, Maria Margarete Fernandes de; LEAL, Abniza Pontaes de Barros; SILVA, Luciene Helena da; IRINEU, Lucineudo Machado (org.). *Gêneros*: do texto ao discurso. Campinas: Pontes, 2018.

2.2 Parte de um livro (capítulo)

Considera-se parte de um livro: uma seção, um capítulo, uma parte com título próprio. O autor pode ser o mesmo do livro, ou um autor próprio. Exemplos:

DEMO, Pedro. Positivismo e pretensão de validade absoluta. *In*: DEMO, Pedro. *Ciência rebelde*: para continuar aprendendo, cumpre desestruturar-se. São Paulo: Atlas, 2012. p. 5-26.

LE BOTERF, Guy. Pesquisa participante e reflexões metodológicas. *In*: BRANDÃO, Carlos Rodrigues (org.). *Repensando a pesquisa participante*. São Paulo: Brasiliense, 1984. p. 51-81.

NABUCO, Joaquim. A escravidão atual. *In*: NABUCO, Joaquim. *O abolicionismo*. Rio de Janeiro: Nova Fronteira; São Paulo: Publifolha, 2000. p. 85-96.

O autor do capítulo não é o autor (ou organizador) da obra:

FRANÇA, Jean M. Carvalho. Capistrano de Abreu: caminhos para uma história do Brasil. *In*: ABREU, Capistrano de. *Capítulos de história colonial*: 1500-1800. Edição revista, anotada e prefaciada por José Honório Rodrigues. 7. ed. Belo Horizonte: Itatiaia; São Paulo: Publifolha, 2000. p. 273-279.

216   Capítulo 6

Observar que, quando se cita parte de um livro, necessariamente, depois do ano de publicação deve aparecer a referência às páginas onde se encontra o texto.

2.3 Trabalhos acadêmicos: teses de doutorado e dissertações de mestrado

A ordem dos elementos é a seguinte: autor, título, subtítulo (se houver), ano do depósito, tipo de trabalho (tese, dissertação, TCC), vinculação acadêmica, local da defesa, ano. Exemplo:

LAKATOS, Eva Maria. *O trabalho temporário*: nova forma de relações sociais. 1979. Tese (Livre-docência em Sociologia) – Escola de Sociologia e Política de São Paulo, São Paulo, 1979. 2 v.

SCHWARTZMANN, Saulo Nogueira. *Semiótica da composição pictural*: o jogo tensivo entre o figurativo e o plástico na série das Ligas de Wesley Duke Lee. 2014. Dissertação (Mestrado em Semiótica) – Faculdade de Filosofia, Letras e Ciências Humanas, Universidade de São Paulo, São Paulo, 2014.

HOLANDA, Rita de Cássia. *Percepções da reconceituação no curso de Serviço Social*. Franca, 1985. Trabalho de Conclusão de Curso (Bacharelado em Serviço Social) – Faculdade de História, Direito e Serviço Social da Universidade Estadual Paulista – Franca, 1985.

Com elementos complementares, temos (com orientador e número de folhas):

SCHWARTZMANN, Saulo Nogueira. *Semiótica da composição pictural*: o jogo tensivo entre o figurativo e o plástico na série das Ligas de Wesley Duke Lee. Orientador: Ivã Carlos Lopes. 2014. 152 f. Dissertação (Mestrado em Semiótica) – Faculdade de Filosofia, Letras e Ciências Humanas, Universidade de São Paulo, São Paulo, 2014.

Apenas com o número de folhas (sem informação sobre o orientador):

LAKATOS, Eva Maria. *O trabalho temporário*: nova forma de relações sociais. 1979. XXX f. Tese (Livre-docência em Sociologia) – Escola de Sociologia e Política de São Paulo, São Paulo, 1979. 2 v.

Apresentação de citações diretas e indiretas e elaboração de referências bibliográficas   217

HOLANDA, Rita de Cássia. *Percepções da reconceituação no curso de Serviço Social*. 1985. 57 f. Trabalho de Conclusão de Curso (Bacharelado em Serviço Social) – Faculdade de História, Direito e Serviço Social da Universidade Estadual Paulista – Franca, 1985.

2.4 Artigos de periódicos (revistas)

São elementos essenciais para citar um número inteiro: título do periódico (em letras maiúsculas), local da publicação, editora, data de início e de encerramento da publicação (se houver), período consultado. Exemplo:

REVISTA BRASILEIRA DE ANTROPOLOGIA. São Paulo: USP, 1986. 29 v.

CONJUNTURA ECONÔMICA. *As 500 maiores empresas do Brasil*. Rio de Janeiro: FGV, v. 38, n. 9, set. 1984. 135 p. Edição especial.

Para citar um artigo publicado em um periódico impresso, são elementos essenciais: autor, título do artigo, título do periódico, local de publicação, numeração do ano e/ou volume, número e/ou edição, páginas inicial e final, data da publicação. Exemplos:

FAGUNDES, Gustavo Gonçalves. O racismo no caso brasileiro e as raízes da superexploração do proletariado negro. *Em Pauta*, Rio de Janeiro, Faculdade de Serviço Social da Universidade da UERJ, v. 18, n. 45, v. 18, p. 55-68, 1º semestre de 2020.

COSTA, V. R. À margem da lei: o Programa Comunidade Solidária. *Em Pauta*, Rio de Janeiro, Faculdade de Serviço Social da UFRJ, n. 12, p. 131-148, 1998.

CARMONA, Carlos Alberto. Arbitragem e jurisdição. *Revista de Processo*, São Paulo, v. 15, n. 38, p. 33-40, abr./jun. 1990.

QUEIROZ, Christina. O gênero da ciência. *Pesquisa Fapesp*, São Paulo, edição 289, p. 19-25, mar. 2020.

BOURDIEU, Pierre. Espaço físico, espaço social e espaço físico apropriado. *Estudos Avançados*, São Paulo, Universidade de São Paulo, v. 27, n. 79, p. 133-144, 2013.

Se se tratar de publicação periódica em meio eletrônico, acrescentam-se o endereço eletrônico e a data de acesso ao texto. Exemplos:

BARBOSA, Antonio Rafael. Política e moral nas prisões brasileiras. *Tempo Social*, São Paulo, v. 31, n. 3, set./dez. 2019. Disponível em: http://www.scielo.br/scielo.php?script=sci_arttext&pid=S0103-20702019000300121&lng=pt&nrm=iso&tlng=pt. Acesso em: 10 mar. 2020.

QUEIROZ, Christina. O gênero da ciência. *Pesquisa Fapesp*, São Paulo, edição 289, p. 19-25, mar. 2020. Disponível em: https://revistapesquisa.fapesp.br/2020/03/04/o-genero-da-ciencia/. Acesso em: 11 mar. 2020.

BOURDIEU, Pierre. Espaço físico, espaço social e espaço físico apropriado. *Estudos Avançados*, São Paulo, Universidade de São Paulo, v. 27, n. 79, p. 133-144, 2013. Disponível em: http://www.revistas.usp.br/eav/article/view/68707/71287. Acesso em: 18 mar. 2020.

Se não constar nome do autor, temos:

MANDADO DE INJUNÇÃO. *Revista de Direito Público*, São Paulo, v. 23, n. 94, p. 146-151, abr./jun. 1990.

2.5 Artigos de jornais

São elementos essenciais: autor, título do artigo, nome do jornal, local de publicação, numeração do ano e/ou volume (se houver), data de publicação, caderno. Estabelece a norma que, se o artigo não se encontra em caderno especial, a paginação do artigo precede a data; caso contrário, a paginação é o último elemento, ou seja, se o artigo consta de um caderno especial, o último elemento da referência é a paginação. Exemplos:

ARGUETA, Katyna. Mulheres, desenvolvimento sustentável e discriminação. *Folha de S. Paulo*, São Paulo, ano 100, n. 33.213, p. A3, 9 mar. 2020.

BLAY, Eva Alterman. Feminicídio e política. *O Estado de S. Paulo*, São Paulo, ano 141, n. 46.164, p. A2, 9 mar. 2020.

Se o texto consta de um caderno especial, o último elemento, como já dissemos, é a referência à página. Exemplo:

FRAGA, Érica; GERCINA, Cristiane. Licença estendida falha em manter mães no marcado. *Folha de S. Paulo*, São Paulo, ano 100, n. 33.213, 9 mar. 2020. Caderno Mercado, p. A19.

BRASIL, Ubiratan. Epopeia apaixonante. *O Estado de S. Paulo*, São Paulo, ano 34, n. 11.588, 9 mar. 2020. Caderno 2, p. C1.

Se se tratar de artigo não assinado, temos a entrada pela primeira palavra do título do artigo em letras maiúsculas. Exemplo:

POPULISMO penal. *Folha de S. Paulo*, São Paulo, ano 100, n. 33.213, p. A2, 9 mar. 2020.
A RUPTURA digital. *O Estado de S. Paulo*, São Paulo, ano 141, n. 46.164, p. A3, 9 mar. 2020.

Se se tratar de artigo publicado em meio eletrônico, temos:

MANSQUE, William; VALLE, Karine dalla. Formandos organizam manifestação de apoio a professor vaiado em cerimônia de formatura de Jornalismo. *Zero Hora*, Porto Alegre, 9 mar. 2020. Disponível em: https://gauchazh. clicrbs.com.br/educacao-e-emprego/noticia/2020/03/formandos-organizam--manifestacao-de-apoio-a-professor-vaiado-em-cerimonia-de-formatura--de-jornalismo-ck7kze6qg02tl01oav9jf1704.html. Acesso em: 10 mar. 2020.
PRAZERES, Leandro. Óleo no Nordeste: município tem aumento de até 570% de toxina cancerígena ligada a petróleo. *O Globo*, Rio de Janeiro, 11 mar. 2020. Disponível em: https://oglobo.globo.com/sociedade/oleo/oleo--no-nordeste-municipio-tem-aumento-de-ate-570-de-toxina-cancerige-na-ligada-petroleo-24297829. Acesso em: 11 mar. 2020.

2.6 Eventos

Consideram-se congressos, semanas, seminários, encontros, cujos resultados são transcritos em atas, anais, *proceedings* etc. São elementos essenciais: nome do evento, numeração (se houver), ano e local de realização, título do documento, local da publicação, editora e data de publicação. Exemplos:

Para citar o evento (congresso, encontro, seminário, simpósio) no todo, temos:

CONGRESSO INTERNACIONAL DE DESEMPENHO NO SETOR PÚBLI-CO, 2., Florianópolis, set. 2019. Disponível em: http://cidesp.com.br/index. php/Icidesp/2cidesp/schedConf/presentations. Acesso em: 11 mar. 2020.
SIMPÓSIO DE GRUPOS DE PESQUISA SOBRE FORMAÇÃO DE PRO-FESSORES DO BRASIL, 2., 2011, Curitiba, Pontifícia Universidade Católica do Paraná, 2011. *Formação Docente*, v. 10, n. 18, p. 11-18, 21 dez. 2018.

220 Capítulo 6

Para citar um trabalho apresentado:

LIMA, Emilia de Freitas; MARIANO, André Luiz Sena. Grupo de estudos em intermulticulturalidade e formação de professores(as). *In*: SIMPÓSIO DE GRUPOS DE PESQUISA SOBRE FORMAÇÃO DE PROFESSORES DO BRASIL, 3., 2016, Guarulhos. *Formação Docente*, Belo Horizonte, v. 10, n. 18, p. 19-30, jan./jul. 2018.

Para citar trabalho apresentado, publicado em meio eletrônico:

QUEIROZ, Flávio de Lima. Indicadores de acesso à informação pública: uma perspectiva cidadã. *In*: ENCONTRO INTERNACIONAL PARTICI-PAÇÃO, DEMOCRACIA E POLÍTICAS PÚBLICAS; 4., 2019, Porto Alegre. *Anais* [...] Porto Alegre: Universidade Federal do Rio Grande do Sul, 2019. Disponível em: https://pdpp2019.sinteseeventos.com.br/simposio/view?ID_SIMPOSIO=13. Acesso em: 10 mar. 2020.

BRITO, Luciana Ribeiro de. Insurgência estudantil: o caso das ocupações de escolas estaduais em São Paulo. *In*: CONFERÊNCIA INTERNACIONAL GREVES E CONFLITOS SOCIAIS, 4., 2018, São Paulo. *Anais* [...]. São Paulo: Faculdade de Filosofia, Letras e Ciências Humanas, Universidade de São Paulo, 10 a 13 jul. 2018. Disponível em: http://www.sinteseeventos.com.br/site/iassc/GT2/GT2-08-Luciana.pdf. Acesso em: 11 mar. 2010.

LIMA, Emilia de Freitas; MARIANO, André Luiz Sena. Grupo de estudos em intermulticulturalidade e formação de professores(as). *In*: SIMPÓSIO DE GRUPOS DE PESQUISA SOBRE FORMAÇÃO DE PROFESSORES DO BRASIL, 3., 2016, Guarulhos. *Formação Docente*, Belo Horizonte, v. 10, n. 18, p. 19-30, jan./jul. 2018. Disponível em: https://revformaca-odocente.com.br/index.php/rbpfp/article/view/195/170. Acesso em: 11 mar. 2020.

2.7 Referência legislativa

São elementos essenciais: jurisdição, ou cabeçalho da entidade, em letras maiúsculas; epígrafe e ementa e dados da publicação. Exemplo:

BRASIL. [Constituição (1988)]. *Constituição da República Federativa do Brasil*. Texto constitucional promulgado em 5 de outubro de 1988, com as alterações determinadas pelas Emendas Constitucionais de Revisão n°s 1 a 6/94, pelas Emendas Constitucionais n°s 1/92 a 91/2016 e pelo Decreto

Legislativo n. 186/2008. Brasília: Senado Federal, Coordenação de Edições Técnicas, 2016.

BRASIL. (Código Civil [2002]). *Código Civil brasileiro e legislação correlata.* 2. ed. Brasília: Senado Federal, Subsecretaria de Edições Técnicas, 2008.

SÃO PAULO (Estado). Decreto n. 33.161, 2 abr. 1991. *São Paulo Legislação*: coletânea de leis e decretos. São Paulo, v. 27, n. 4, p. 42, abr. 1991.

SÃO PAULO. Lei n. 17.230, de 9 dezembro de 2019. Dispõe sobre o fornecimento de alimentação especial, na merenda escolar, adaptada para alunos com restrições alimentares, em todas as escolas da rede pública estadual de ensino do Estado de São Paulo. *Diário Oficial Estado de São Paulo,* v. 129, n. 233, 10 dez. 2019.

Se o texto provém de publicação eletrônica, temos:

SÃO PAULO. Lei n. 17.230, de 9 dezembro de 2019. Dispõe sobre o fornecimento de alimentação especial, na merenda escolar, adaptada para alunos com restrições alimentares, em todas as escolas da rede pública estadual de ensino do Estado de São Paulo. *Diário Oficial Estado de São Paulo,* v. 129, n. 233, 10 dez. 2019. Disponível em: http://dobuscadireta. imprensaoficial.com.br/default.aspx?DataPublicacao=20191210&Cadern o=DOE-I&NumeroPagina=1. Acesso em: 11 mar. 2020.

2.8 Jurisprudência

Para a referência a acórdãos, decisão interlocutória, despacho, sentença, súmula, os elementos essenciais são: jurisdição (em letras maiúsculas), nome da corte ou tribunal, turma e/ou região (entre parênteses, se houver), vara, ofício, cartório, câmara, nome do relator (precedido da palavra *Relator*, se houver) (NBR 6013: 2018, n. 7.11.3). Exemplo:

BRASIL. Supremo Tribunal. Súmula 702. A competência do Tribunal de Justiça para julgar prefeitos restringe-se aos crimes de competência da Justiça comum estadual; nos demais casos, a competência originária caberá ao respectivo tribunal de segundo grau. *Diário da Justiça*, Brasília, p. 6, 13 out. 2003.

Se a informação provém de fonte eletrônica (Internet), acrescentam-se endereço eletrônico e data de acesso:

222 Capítulo 6

BRASIL. Supremo Tribunal. Súmula 702. A competência do Tribunal de Justiça para julgar prefeitos restringe-se aos crimes de competência da Justiça comum estadual; nos demais casos, a competência originária caberá ao respectivo tribunal de segundo grau. *Diário da Justiça*, Brasília, p. 6, 13 out. 2003. Disponível em: http://www.stf.jus.br/portal/jurisprudencia/listarJurisprudencia.asp?s1=702.NUME.%20NAO%20S.FLSV.&base=baseSumulas. Acesso em: 11 mar. 2010.

2.9 Documento audiovisual (filmes, vídeos)[1]

Os elementos essenciais para citar filmes são: título, diretor e/ou produtor, local, empresa produtora ou distribuidora, data e especificação do suporte (NBR 6023:2018, n. 7.13.1). Exemplo:

SÃO BERNARDO. Direção: Leon Hirszman. Produção: Henrique Coutinho, Marcos Farias, Luna Moskovitch, Márcio Noronha. Intérpretes: Othon Bastos, Isabel Ribeiro, Vanda Lacerda, Nildo Parente, Mário Lago, Josef Guerreiro, Rodolfo Arena, Jofre Soares, José Labanca, José Policena e Andrey Salvador. Roteiro: Leon Hirszman, com base em romance homônimo de Graciliano Ramos. Empresa produtora: Saga Filmes. Embrafilme, 1973. (114 min), color., 35 mm.

PROFISSÃO repórter. Direção: Michelangelo Antonioni. Intérpretes: Ambroise Bia, Ángel de Pozo, Charles Mulvehill, Chuck Mulvehill, Ian Hendry, Jack Nicholson, James Campbell, Jenny Runacre, José María Cafarell, Maria Schneider, Steven Berkoff. Roteiro: Michelangelo Antonioni, Mark Peploe, Peter Wollen, Miguel de Echarri. Culver City, Califórnia, Sony Pictures, 1975. (126 min), son., color, 35 mm.

Se o suporte for eletrônico (DVD, fita de vídeo), temos:

PROFISSÃO repórter. Direção: Michelangelo Antonioni. Intérpretes: Ambroise Bia, Ángel de Pozo, Charles Mulvehill, Chuck Mulvehill, Ian Hendry, Jack Nicholson, James Campbell, Jenny Runacre, José María

---

[1] A NBR 6023 (2018, n. 3.7) considera documento "qualquer suporte que contenha informação registrada, formando uma unidade, que possa servir para consulta, estudo ou prova, incluindo impressos, manuscritos e registros audiovisuais, sonoros, magnéticos e eletrônicos, entre outros". Considera, ainda, documento audiovisual "documento que contém som e imagens" (n. 3.8) e documento sonoro "documento que contém o registro de vibrações sonoras (palavra, canto, música, entre outros)" (n. 3.9).

Cafarell, Maria Schneider, Steven Berkoff. Roteiro: Michelangelo Antonioni, Mark Peploe, Peter Wollen, Miguel de Echarri. Culver City, Califórnia, Sony Pictures, 1975. 1 DVD (126 min).

HISTÓRIA geral da arte: grandes gênios da pintura. *Vermeer. Van Eyck*. Madrid: Ediciones de Prado, 1995. n. 3. 1 fita de vídeo (18 min), VHS, son., color.

2.10 Documento sonoro

Os elementos essenciais são: título, intérprete, compositor, seguido da expressão *In*: e da referência do documento sonoro. Ao final da referência, informa-se a faixa referenciada. Exemplo:

FITA amarela. Intérprete: João Bosco. Compositor: Noel Rosa. *In: João Bosco acústico*. Rio de Janeiro: Sony Music Entertainment, 1992. 1 CD, faixa 8.

2.11 Documento iconográfico

A norma da ABNT considera documento iconográfico: pintura, gravura, ilustração, fotografia, desenho técnico, diafilme, transparência. São elementos essenciais: autor, título, data e especificação do suporte. Se se tratar de obra de arte sem titulação, escreve-se *[Sem título]*, entre colchetes.

SALGADO, Sebastião. [Uma das pessoas que chegaram a Serra Pelada na febre do ouro]. 1986. Fotografia.

Se a fonte da foto for livro, temos:

SALGADO, Sebastião. [Uma das pessoas que chegaram a Serra Pelada na febre do ouro]. 1986. Fotografia. *In*: SALGADO, Sebastião. *Gold*. Köln: Taschen, 1998.

Referência a uma tela:

PORTINARI, Candido. *Criança morta*. 1944. 1 original de arte, óleo sobre tela, 180 x 190 cm. Museu de Arte de São Paulo Assis Chateaubriand.

Se a tela provier de suporte eletrônico, temos:

PORTINARI, Candido. *Criança morta*. 1944. 1 original de arte, óleo sobre tela, 180 x 190 cm. Museu de Arte de São Paulo Assis Chateaubriand. Disponível em: http://enciclopedia.itaucultural.org.br/obra3327/crianca--morta. Acesso em: 12 mar. 2020.

2.12   Documento cartográfico

Compreende atlas, mapa, globo, fotografia aérea. São elementos essenciais: autor, título, local, editora, ano de publicação. Exemplo:

BRASSOLOTTO, Mercedes. *Estudando com mapas*: o Velho Mundo, a Oceania e o Mundo Polar. São Paulo: IBEP, [197-?].

BRASIL. Instituto Brasileiro de Geografia e Estatística. *São Paulo*. São Paulo, 1965. Mapa, color. Escala 1:1.000.000.

RELLEGARDE, Pedro Alcântara (org.). *Carta corographica da província do Rio de Janeiro*. Rio de Janeiro, 1983. Mapa.

Se a informação tiver como fonte a Internet, registra-se, ao final dos elementos já expostos, o endereço eletrônico. Exemplo:

INSTITUTO NACIONAL DE PESQUISAS ESPACIAIS (São José dos Campos). *Mapa de área de queimada*. Disponível em: http://queimadas. dgi.inpe.br/queimadas/aq1km/. Acesso em: 12 mar. 2020.

2.13   Correspondência

Compreende bilhete, carta, cartão etc. São elementos essenciais: remetente, título ou denominação, destinatário, local, data e descrição física. Exemplo:

ANDRADE, Mário. [*Carta*]. Destinatário: Manuel Bandeira. São Paulo, 7 abril de 1928.

Se a informação tem como fonte a Internet, temos:

ANDRADE, Mário. [*Carta*]. Destinatário: Manuel Bandeira. São Paulo, 7 abril de 1928. Disponível em: https://www.researchgate.net/publication/305502589_Carta_de_Mario_de_Andrade_a_Manuel_Bandeira_de_7_de_abril_de_1928. Acesso em: 12 mar. 2020.

LEITURA RECOMENDADA

ASSOCIAÇÃO BRASILEIRA DE NORMAS TÉCNICAS. *ABNT NBR 6023*: informação e documentação – referências – elaboração. Rio de Janeiro: ABNT, 2018.

ASSOCIAÇÃO BRASILEIRA DE NORMAS TÉCNICAS. *ABNT NBR 10520*: informação e documentação – citações em documentos – apresentação. Rio de Janeiro: ABNT, 2002.

BARBOSA, Adriana Cristina; MORAIS, Paulo Rogério; CAMPOS, Dinael Corrêa de. *In*: BAPTISTA, Makilim Nunes; CAMPOS, Dinael Corrêa de. *Metodologias de pesquisa em ciências*. 2. ed. Rio de Janeiro: LTC, 2016. Cap. 3.

KÖCHE, José Carlos. *Fundamentos de metodologia científica*: teoria da ciência e iniciação à pesquisa. 34. ed. Petrópolis: Vozes, 2015. Cap. 7.

MEDEIROS, João Bosco. *Redação científica*. 13. ed. São Paulo: Atlas, 2019. Caps. 10 e 11.

VANCOUVER: guia de referência. Disponível em: https://libguides.murdoch.edu.au/Vancouver/journal. Acesso em: 12 mar. 2020. [Para citar artigos de periódicos.]

VANCOUVER: guia de referência. Disponível em: https://libguides.murdoch.edu.au/Vancouver/book. Acesso em: 12 mar. 2020. [Para citar livros.]

Referências

ACKOFF, Russell L. *Planejamento de pesquisa social*. Tradução de Leonidas Hegenberg, Octanny Silveira da Mota. São Paulo: Herder: Edusp, 1967 [2. ed. São Paulo: EPU: Edusp, 1975].

ALFONSO, Juan Maestre. *La investigación en antropología social*. Madrid: Akal, 1974.

ALVES, Danny José. *O teste sociométrico*: sociogramas. 2. ed. Porto Alegre: Globo, 1974.

AMARAL, Hélio Soares do. *Comunicação, pesquisa e documentação*: método e técnica de trabalho acadêmico e de redação jornalística. Rio de Janeiro: Graal, 1981.

ANDER-EGG, Ezequiel. *Introducción a las técnicas de investigación social*: para trabajadores sociales. 7. ed. Buenos Aires: Humanitas, 1978.

ASSOCIAÇÃO BRASILEIRA DE NORMAS TÉCNICAS. *ABNT NBR 6023*: informação e documentação – referências – elaboração. Rio de Janeiro: ABNT, 2018.

ASSOCIAÇÃO BRASILEIRA DE NORMAS TÉCNICAS. *ABNT NBR 10719*: apresentação de relatório técnico e/ou científico. Rio de Janeiro: ABNT, 2011.

ASSOCIAÇÃO BRASILEIRA DE NORMAS TÉCNICAS. *ABNT NBR 14724*: informação e documentação – trabalhos acadêmicos – apresentação. Rio de Janeiro: ABNT, 2011.

ASSOCIAÇÃO BRASILEIRA DE NORMAS TÉCNICAS. *ABNT NBR 15287*. informação e documentação – projetos de pesquisa apresentação. Rio de Janeiro: ABNT, 2011.

ASSOCIAÇÃO BRASILEIRA DE NORMAS TÉCNICAS. *ABNT NBR 6022*: informação e documentação – artigo em publicação periódica científica impressa – apresentação. Rio de Janeiro: ABNT, 2003.

ASSOCIAÇÃO BRASILEIRA DE NORMAS TÉCNICAS. *ABNT NBR 6028*: informação e documentação – resumo – apresentação. Rio de Janeiro: ABNT, 2003.

228 Referências

ASSOCIAÇÃO BRASILEIRA DE NORMAS TÉCNICAS. *ABNT NBR 10520*: informação e documentação – citações em documentos – apresentação. Rio de Janeiro: ABNT, 2002.

ASTI VERA, Armando. *Metodologia da pesquisa científica*. Tradução de Maria Helena Guedes Crêspo, Beatriz Marques Magalhães. 5 ed. Porto Alegre: Globo, 1979 [1976].

AUGRAS, Monique. *Opinião pública*: teoria e pesquisa. 2. ed. Petrópolis: Vozes, 1974.

AZEVEDO, Amilcar Gomes; CAMPOS, Paulo H. B. *Estatística básica*. 3. ed. Rio de Janeiro: Livros Técnicos e Científicos, 1978.

BARBOSA FILHO, Manuel. *Introdução à pesquisa*: métodos, técnicas e instrumentos. 2. ed. Rio de Janeiro: Livros Técnicos e Científicos, 1980.

BARDIN, Laurence. *Análise de conteúdo*. Tradução de Luís Antero Reto, Augusto Pinheiro. São Paulo: Edições 70, 2016.

BARQUERO, Ricardo Velilla. *Como se realiza un trabajo monográfico*. Barcelona: Eunibar, 1979.

BARRASS, Robert. *Os cientistas precisam escrever*: guia de redação para cientistas, engenheiros e estudantes. Tradução de Leila Novaes, Leonidas Hegenberg. São Paulo: T. A. Queiroz: Edusp, 1979.

BEST, J. W. *Como investigar en educación*. 2. ed. Madrid: Morata, 1972.

BLALOCK JR., H. M. *Introdução à pesquisa social*. Tradução de Elisa L. Caillaux. 2. ed. Rio de Janeiro: Zahar, 1976.

BLOOM, Benjamin S. *et al. Taxonomía de los objetivos de la educación*: la classificación de las metas educacionales. Buenos Aires: El Ateneo, 1971.

BOTTOMORE, Thomas Burton. *Introdução à sociologia*. Tradução de Waltensir Dutra. Rio de Janeiro: Zahar, 1965.

BOUDON, Raymond. *Métodos quantitativos em sociologia*. Petrópolis: Vozes, 1971.

BOUDON, Raymond; CHAZEL, François; LAZARSFELD, Paul. *Metodología de las ciencias sociales*. 2. ed. Barcelona: Laia, 1979. 3 v.

BOYD J.; HARPER, W.; WESTFALL, Ralph. *Pesquisas mercadológicas*: textos e casos. Tradução de Afonso C. A. Arantes, Maria Isabel R. Hopp. 3. ed. Rio de Janeiro: Getulio Vargas, 1978.

BRUYNE, Paul de; HERMAN, Jacques; SCHOUTHEETE, Marc de. *Dinâmica da pesquisa em ciências sociais*: os polos da prática metodológica. Tradução de Ruth Joffily. Rio de Janeiro: Francisco Alves, 1977.

BUNGE, Mario. *Epistemologia*: curso de atualização. Tradução de Claudio Navarra. São Paulo: T. A. Queiroz: Edusp, 1980.

BUNGE, Mario. *La investigación científica*: su estrategia y su filosofía. 5. ed. Barcelona: Ariel, 1976.

BUNGE, Mario. *La ciencia, su método y su filosofia*. Buenos Aires: Siglo Veinte, 1974a.

BUNGE, Mario. *Teoria e realidade*. Tradução de Gita K. Guinsburg. São Paulo: Perspectiva, 1974b.

CALDERON, Alor C. *Antropología social*. 4. ed. México: Oásis, 1971.

CAMPBELL, Donald T.; STANLEY, Julian C. *Delineamentos experimentais e quase-experimentais de pesquisa*. Tradução de Renato Alberto T. Di Dio. São Paulo: EPU: Edusp, 1979.

CAPALBO, Creusa. *Metodologia das ciências sociais*: a fenomenologia de Alfred Schutz. Rio de Janeiro: Antares, 1979.

CARDOSO, Clodoaldo M.; DOMINGUES, Muricy. *O trabalho científico*: fundamentos filosóficos e metodológicos. Bauru: Jalovi, 1980.

CASTRO, Cláudio de Moura. *A prática da pesquisa*. 2. ed. São Paulo: Pearson Prentice Hall, 2014.

CERRONI, Humberto. *Metodología y ciencia social*. Barcelona: Martinez Roca, 1971.

CERVO, Amado L.; BERVIAN, Pedro A.; SILVA, Roberto da. *Metodologia científica*. 6. ed. São Paul: Pearson Prentice Hall, 2014.

CHARAUDEAU, Patrick. *A conquista da opinião pública*: como o discurso manipula as escolhas políticas. Tradução de Angela M. S. Corrêa. São Paulo: Contexto, 2016.

CLARK, Maria Angélica Gallardo. *La praxis del trabajo social en una dirección científica*: teoria, metodología, instrumental de campo. Buenos Aires: Ecro, 1973.

COHEN, Morris; NAGEL, Ernest. *Introducción a la lógica y al método científico*. 2. ed. Buenos Aires: Amorrortu, 1971. 2 v.

COSTA, Felipe A. P. L. Divulgação científica no Brasil: separando alhos de bugalhos. *La Insignia*, Brasil, dez. 2003.

DANIELLI, Irene. *Roteiro de estudo de metodologia científica*. Brasília: Belo Horizonte, 1980.

DELORENZO NETO, Antonio. Da pesquisa nas ciências sociais. Separata *Ciências Econômicas e Sociais*, Osasco, v. 5, n. 1 e 2, p. 7-66, jan./jul. 1970.

DEMO, Pedro. *Introdução à metodologia da ciência*. 2. ed. São Paulo: Atlas, 2015.

230 Referências

DEMO, Pedro. *Metodologia científica em ciências sociais*. 3. ed. São Paulo: Atlas, 2014.

DESANTES-GUANTER, José Maria; YEPES, José López. *Teoría y técnica de la investigación*. Madrid: Síntesis, 2000.

DUVERGER, Maurice. *Ciência política*: teoria e método. 2. ed. Rio de Janeiro: Zahar, 1976.

FAPESP. *Manual SAGe*: versão 1.2. 2001. Disponível em: http://www.fapesp.br/docs/manual_sage_submissao_rc.pdf. Acesso em: 23 mar. 2020.

FERNANDEZ, Juan Antonio Rodrigues. *A hipótese na investigação científica*: o problema da formulação da hipótese e a qualidade da pesquisa. 1979. Dissertação (Mestrado em Metodologia Científica) – Fundação Escola de Sociologia e Política de São Paulo, São Paulo, 1979.

FESTINGER, Leon; KATZ, Daniel. *A pesquisa na psicologia social*. Tradução de Gastão Jacinto Gomes. Rio de Janeiro: Fundação Getulio Vargas, 1974.

FEYERABEND, Paul. *Contra o método*: esboço de uma teoria anárquica da teoria do conhecimento. Tradução de Octanny Silveira da Mota, Leonidas Hegenberg. Rio de Janeiro: Francisco Alves, 1977. [Há uma nova edição: FEYERABEND, Paul. *Contra o método*. Tradução de Cezar Augusto Mortari. 2. ed. São Paulo: Editora Unesp, 2011].

FONSECA, Edson Nery. *Problemas de comunicação da informação científica*. 3. ed. São Paulo: Thesaurus, 1975.

FRAGATA, Júlio S. I. *Noções de metodologia*: para elaboração de um trabalho científico. 3. ed. Porto: Tavares Martins, 1980.

FREIXO, Manuel João Vaz. *Metodologia científica*: fundamentos, métodos e técnicas. 4. ed. Lisboa: Instituto Piaget, 2012.

GALLIANO, A. Guilherme (org.). *O método científico*: teoria e prática. São Paulo: Harper & Row do Brasil, 1979.

GALTUNG, Johan. *Teoría y métodos de la investigación social*. 5. ed. Buenos Aires: Eudeba, 1978. 2 v.

GATTI, Bernardete A.; FERES, Nagib Lima. *Estatística básica para ciências humanas*. São Paulo: Alfa-Ômega, 1975.

GIBSON, Quentin. *La lógica de la investigación social*. 2. ed. Madrid: Tecnos, 1964.

GIDDENS, Antony. *Novas regras do método sociológico*: uma crítica positiva das sociologias compreensivas. Tradução de Maria José da Silveira Lindoso. Rio de Janeiro: Zahar, 1978.

GIL, Antonio Carlos. *Como elaborar projetos de pesquisa*. 6. ed. São Paulo: GEN|Atlas, 2017.

GIL, Antonio Carlos. *Métodos e técnicas de pesquisa social*. 6. ed. São Paulo: GEN|Atlas, 2016.

GLOCK, Charles Y. *Diseño y análisis de encuestas en sociología*. Buenos Aires: Nueva Visión, 1973.

GOLDMANN, Lucien. *Dialética e ciências humanas*. Tradução de João Arsênio Nunes, José Vasconcelos Esteves. Lisboa: Presença, 1972. 2. v.

GOODE, William J.; HATT, Paul K. *Métodos em pesquisa social*. Tradução de Carolina Martuscelli Bori. 3. ed. São Paulo: Nacional, 1969 [2. ed. 1968].

GRAWITZ, Madeleine. *Métodos y técnicas de las ciencias sociales*. Barcelona: Hispano Europea, 1975. 2 v.

HARLOW, Eric; COMPTON, Henry. *Comunicação*: processo, técnicas e práticas. Tradução de Danilo A. Nogueira, Vera Maria C. Nogueira. São Paulo: Atlas, 1980.

HEGENBERG, Leonidas. *Etapas da investigação científica*. São Paulo: EPU: Edusp, 1976. 2 v.

HEGENBERG, Leonidas. *Explicações científicas*: introdução à filosofia da ciência. 2. ed. São Paulo: EPU: Edusp, 1973.

HIRANO, Sedi (org.). *Pesquisa social*: projeto e planejamento. São Paulo: T. A. Queiroz, 1979.

HOFMANN, Abraham. *Los gráficos en las gestiones*. Barcelona: Técnicos, 1974.

HYMAN, Herbert. *Planejamento e análise da pesquisa*: princípios, casos e processos. Tradução de Edith Beatriz Bittencourt Sampaio. Rio de Janeiro: Lidador, 1967.

KAPLAN, Abraham. *A conduta na pesquisa*: metodologia para as ciências do comportamento. Tradução de Leonidas Hegenberg, Octanny Silveira da Mota. São Paulo: Herder: Edusp, 1969 [2. ed. São Paulo: EPU: Edusp, 1975].

KAUFMANN, Felix. *Metodologia das ciências sociais*. Tradução de José Augusto Guilhon de Albuquerque. Rio de Janeiro: Francisco Alves, 1977.

KERLINGER, Fred N. *Metodologia da pesquisa em ciências sociais*: um tratamento conceitual. Tradução de Helena Mendes Rotundo. São Paulo: EPU: Edusp, 1980.

KERLINGER, Fred N. *Foundations of behavioral research*. New York: Holt Rinehart and Winston, 1973.

232 Referências

KNELLER, George F. *A ciência como atividade humana*. Tradução de Antônio José de Souza. Rio de Janeiro: Zahar; São Paulo: Edusp, 1980.

KOCHE, José Carlos. *Fundamentos de metodologia científica*. 34. ed. Petrópolis: Vozes, 2015.

KRUSE, Herman C. *Introducción a la teoría científica del servicio social*. Buenos Aires: Ecro, 1972.

LAKATOS, Eva Maria; MARCONI, Marina de Andrade. *Sociologia geral*. 8. ed. São Paulo: GEN|Atlas, 2019.

LAKATOS, Eva Maria. *O trabalho temporário*: nova forma de relações sociais no trabalho. 1979. Tese (Livre-docência em Sociologia) – Escola de Sociologia e Política de São Paulo, São Paulo, 1979. 2. v.

LARROYO, Francisco. *Pedagogía de la enseñanza superior*. 2. ed. México: Porrúa, 1964.

LEBRET, L. J. *Manual de encuesta social*. Madrid: Rialp, 1961. 2 v.

LEITE, Eduardo de Oliveira. *A monografia jurídica*. 4. ed. São Paulo: Revista dos Tribunais, 2000.

LEITE, Francisco Tarciso. *Metodologia científica*: métodos e técnica de pesquisa. 3. ed. Aparecida: Ideias e Letras, 2008.

LEITE, José Alfredo Américo. *Metodologia de elaboração de teses*. São Paulo: McGraw--Hill do Brasil, 1978.

LODI, João Bosco. *A entrevista*: teoria e prática. 2. ed. São Paulo: Pioneira. 1974.

LUNDENBERG, George A. *Técnica da la investigación social*. México: Fondo de Cultura Económica, 1949.

MACEDO-ROUET, Mônica. Legibilidade de revistas eletrônicas de divulgação científica. *Ciência da Informação*, Instituto Brasileiro de Informação em Ciência e Tecnologia (IBICT), Ministério da Ciência, Tecnologia e Inovação, v. 32, n. 3, 2003. Disponível em: http://revista.ibict.br/ciinf/article/view/994/1043. Acesso em: 18 mar. 2020.

MAIR, Lucy. *Introdução à antropologia social*. Tradução de Edmond Jorge. 2. ed. Rio de Janeiro: Zahar, 1972.

MANN, Peter H. *Métodos de investigação sociológica*. Tradução de Octavio Alves Velho. Rio de Janeiro: Zahar, 1970.

MANUAL SAGe VERSÃO 1.2. Disponível em: http://www.fapesp.br/docs/manual_sage_submissao_rc.pdf. Acesso em: 23 mar. 2020.

MANZO, Abelardo J. *Manual para la preparación de monografías*: una guía para presentear informes y tesis. 2. ed. Buenos Aires: Humanitas, 1973 [1971].

MARCONI, Marina de Andrade. *Garimpos e garimpeiros em Patrocínio Paulista*. São Paulo: Secretaria da Cultura, Ciência e Tecnologia, 1978.

MARINHO, Pedro. *A pesquisa em ciências humanas*. Petrópolis: Vozes, 1980.

MARQUEZ, A. D. *Educación comparada*: teoría y metodología. Buenos Aires: Anteco, 1972.

MARTINS, Joel; CELANI, M. Antonieta Alba. *Subsídio para redação de teses de mestrado e de doutoramento*. 2. ed. São Paulo: Cortez & Moraes, 1979.

MASSARANI, Luisa; MOREIRA, Ildeu de Castro; BRITO, Fátima (org.). *Ciência e público*: caminhos da divulgação científica no Brasil. Rio de Janeiro: Casa da Ciência: UFRJ, 2002. Disponível em: http://www.redpop.org/wp-content/uploads/2015/06/Ci%C3%AAncia-e-P%C3%BAblico-caminhos-da-divulga%C3%A7%C3%A3o-cient%C3%ADfica-no-Brasil.pdf. Acesso em: 18 mar. 2020.

MEDEIROS, João Bosco. *Redação científica*: prática de fichamentos, resumos, resenhas. 13. ed. São Paulo: GEN|Atlas, 2019.

MINAYO, Maria Cecília de Souza. *O desafio do conhecimento*: pesquisa qualitativa em saúde. 14. ed. São Paulo: Hucitec, 2014.

MINAYO, Maria Cecília de Souza; DESLANDES, Suely Ferreira; GOMES, Romeu. *Pesquisa social*: teoria, métodos e criatividade. 34. ed. Petrópolis: Vozes, 2015.

MINICUCCI, Agostinho. *Dinâmica de grupo*: manual de técnicas. 3. ed. São Paulo: Atlas, 1977.

MOISÉS, Massaud. *Dicionário de termos literários*. 4. ed. São Paulo: Cultrix, 1985.

MONTENEGRO, E. J. *Estatística montada passo a passo*. São Paulo: Centrais Impressora Brasileira, 1981.

MORAES, Irany Novah. *Elaboração da pesquisa científica*. 2. ed. São Paulo: Álamo/Faculdade Ibero-Americana, 1985.

MORAL, Ireneo Gonzáles. *Metodología*. Santander: Sal Terrae, 1955.

MOREIRA, Ildeu de Castro. *A divulgação científica no Brasil*. Ministério da Ciência e Tecnologia. Difusão e Popularização da Ciência.

MOREIRA, José dos Santos. *Elementos de estatística*. São Paulo: Atlas, 1979.

NAGEL, Ernest. *La estructura de la ciencia*: problemas de la lógica de la investigación científica. 3. ed. Buenos Aires: Paidós, 1978.

234 Referências

NÉRICI, Imídeo G. *Educação e metodologia*. 2. ed. Rio de Janeiro: Fundo de Cultura, 1973.

NUNES, Edson de Oliveira (org.). *A aventura sociológica*: objetividade, paixão, improviso e método na pesquisa social. Rio de Janeiro: Zahar, 1978.

NUNES, Luiz Antônio Rizzato. *Manual da monografia jurídica*. São Paulo: Saraiva, 1997.

PARDINAS, Felipe. *Metodología y técnicas de investigación en ciencias sociales*. 2. ed. México: Siglo Veinteuno, 1977 [1969].

PASTOR, Julio Rey; QUILLES, Ismael. *Diccionario filosófico*. Buenos Aires: Espasa--Calpe, 1952.

PAULI, Evaldo. *Manual de metodologia científica*. São Paulo: Resenha Universitária, 1976.

PEREIRA, Wlademir. *Manual de introdução à economia*. São Paulo: Saraiva, 1981.

PEREIRA, Wlademir; KIRSTEN, José Tiacci; ALVES, Walter. *Estatística para as ciências sociais*: teoria e aplicações. São Paulo: Saraiva, 1980.

PHILLIPS, Bernard S. *Pesquisa social*: estratégias e táticas. Tradução de Vanilda Paiva. Rio de Janeiro: Agir, 1974.

REHFELDT, Gládis Knak. *Monografia e tese*: guia prático. Porto Alegre: Sulina, 1980.

REY, Luis. *Como redigir trabalhos científicos*. São Paulo: Edgard Blücher, 1978.

RIBEIRO, Marcos R. de; RIBEIRO, Antonio Luiz P. Revisão sistemática e meta-análise de estudos de diagnóstico e prognóstico: um tutorial. *Arquivos Brasileiros de Cardiologia*, Sociedade Brasileira de Cardiologia, São Paulo, v. 92, n. 3, mar. 2009. Disponível em: http://www.scielo.br/scielo.php?script=sci_arttext&pid=S0066-782X2009000300013. Acesso em: 18 mar. 2020.

RICHARDSON, Roberto Jarry. *Pesquisa social*: métodos e técnicas. 3. ed. São Paulo: Atlas, 2015.

RILEY, Matilda White; NELSON, Edward E. *A observação sociológica*: uma estratégia para um novo conhecimento social. Rio de Janeiro: Zahar, 1976.

ROSENBERG, Morris. *A lógica da análise de levantamento de dados*. Tradução de Leonidas Hegenberg, Octanny Silveira da Mota. São Paulo: Cultrix: Edusp, 1976.

RUDIO, Franz Victor. *Introdução ao projeto de pesquisa científica*. 42. ed. Petrópolis: Vozes, 2014.

RUIZ, João Álvaro. *Metodologia científica*: guia para eficiência nos estudos. 2. ed. São Paulo: Atlas, 1980.

RUMMEL, J. Francis. *Introdução aos procedimentos de pesquisa em educação*. Tradução de Jurema Alcides Cunha. 3. ed. Porto Alegre: Globo, 1977.

SABINO, Carlos A. *El proceso de investigación*. 3. ed. Buenos Aires: Lumem: Humanitas, 1996.

SALOMON, Délcio Vieira. *Como fazer uma monografia*. 13. ed. São Paulo: WMF Martins Fontes, 2014.

SALVADOR, Angelo Domingos. *Métodos e técnicas de pesquisa bibliográfica*: elaboração de trabalhos científicos. 8. ed. Porto Alegre: Sulina, 1980.

SAMPIERI, Roberto Hernández; COLLADO, Carlos Fernández; LUCIO, María del Pilar Baptista. *Metodologia de pesquisa*. Tradução de Daisy Vaz de Moraes. 5. ed. Porto Alegre: Penso, 2013.

SCHRADER, Achim. *Introdução à pesquisa social empírica*: um guia para o planejamento, a execução e a avaliação de projetos de pesquisa não experimentais. Tradução de Manfredo Berger. 2. ed. Porto Alegre: Globo: Universidade Federal do Rio Grande do Sul, 1974.

SELLTIZ, Claire; JAHODA, Marie; DEUTSCH, Morton; COOK, Stuart W. *Métodos de pesquisa nas relações sociais*. Tradução de Dante Moreira Leite. São Paulo: Editora Pedagógica e Universitária, 1974 [2. ed. São Paulo: Herder: Edusp, 1967].

SEVERINO, Antônio Joaquim. *Metodologia do trabalho científico*. 24. ed. São Paulo: Cortez, 2016.

SOUZA, Aluísio José Maria de; REGO FILHO, Antonio Serafim; LINS FILHO, João Batista Correa; LYRA, José Hailton Bezerra; COUTO, Luiz Albuquerque; SILVA, Manuelito Gomes da. *Iniciação à lógica e à metodologia da ciência*. São Paulo: Cultrix, 1976.

TAGLIACARNE, Guglielmo. *Pesquisa de mercado*: técnica e prática. Tradução de Maria de Lourdes Rosa da Silva. 2. ed. São Paulo: Atlas, 1976.

THIOLLENT, Michel J M. *Crítica metodológica, investigação social & enquete operária*. São Paulo: Polis, 1980.

TOMASI, Carolina; MEDEIROS, João Bosco. *Comunicação científica*: normas técnicas para redação científica. São Paulo: Atlas, 2008.

TRIPODI, Tony *et al*. *Análises da pesquisa social*: diretrizes para o uso de pesquisa em serviço social e em ciências sociais. Rio de Janeiro: Francisco Alves, 1975.

TRUJILLO FERRARI, Alfonso. *Metodologia da pesquisa científica*. São Paulo: McGraw--Hill do Brasil, 1982.

236 Referências

TRUJILLO FERRARI, Alfonso. *Metodologia da ciência*. 3. ed. Rio de Janeiro: Kennedy, 1974.

VEGA, Javier Lasso de la. *Manual de documentación*. Barcelona: Labor, 1969.

WHITNEY, Frederick L. *Elementos de investigación*. Barcelona: Omega, 1958.

WITT, Aracy. *Metodologia de pesquisa*: questionário e formulário. 3. ed. São Paulo: Resenha Tributária, 1975.

YOUNG, Pauline. *Métodos científicos de investigación social*. México: Instituto de Investigaciones Sociales de la Universidad del México, 1960.

ZEISEL, Hans. *Say it with figures*. 4. ed. New York: Harper & Row, 1957.

ZETTERBERG, Hans. *Teoría y verificación en sociología*. Buenos Aires: Nueva Visión, 1973.

ZAMBONI, Lílian Márcia Simões. *Cientistas, jornalistas e a divulgação científica*: subjetividade e heterogeneidade no discurso da divulgação científica. Campinas: Autores Associados, 2001.

Índice remissivo

A

Abstract, 147

Agradecimento, 147

Amostra
  não probabilista, 110
  probabilista, 110

Amostragem: tipos, 110

Análise crítica, 42

Análise de conteúdo, 17, 109

Análise de texto, 10
  análise da estrutura, 14
  análise de elementos, 13
  análise de relações, 13
  aspecto metodológico, 17
  conceito, 10
  dificuldades, 17
  finalidade, 11
  fontes referenciais, 16
  outros tipos de análise, 15
  problematização, 16
  procedimento, 11
  recomendação, 11
  reflexão crítica, 17
  roteiro, 16
  síntese pessoal, 16, 18
  tipos de análise, 12

Análise documental, 17, 18

Análise e interpretação, 15, 16, 39
  análise crítica, 42
  crítica do material bibliográfico, 39
  decomposição (separação), 40
  generalização 41

Análise temática, 15, 16

Análise textual, 15, 16

Anexo, 139, 149, 181

Ano de publicação de obra: referências
  bibliográficas, 212

Apêndice, 116, 139, 149, 181

Apresentação de citações em trabalhos
  acadêmico-científicos, 195

Apud: uso, 205

Argumentação
  construção, 183
  estrutura do desenvolvimento, 184
  formal, 185
  informal, 185
  por cronologia, 186
  por oposição, 185
  por progressão, 186
  tipos, 185

Artigo científico, 77
  avaliação, 81
  classificatório, 80
  conteúdo, 78
  de análise, 79
  de argumento teórico, 79
  de metanálise, 79
  de revisão sistemática, 79
  de revisão, 79
  estilo 81
  estrutura, 77
  estrutura IMDR, 78
  motivaçao, 80
  original, 79
  tipos, 79

Associação Brasileira de Normas Técnicas
  NBR 10520: citações diretas e indiretas,
    12, 141, 195
  NBR 10520: como fazer citações diretas e
    indiretas, 12, 201, 202

238 Índice remissivo

NBR 10719: relatório técnico e/ou
científico, 134, 141
NBR 14724: apresentação de trabalhos
acadêmicos, 141, 142, 145, 146
NBR 15287: projeto de pesquisa, 100, 141
NBR 6022: artigo científico, 77, 79
NBR 6023: referências bibliográficas, 141,
149, 208, 209, 222
NBR 6024: numeração progressiva das
seções, 141
NBR 6027: elaboração de sumário, 141
NBR 6028: resumo, 141, 147
Atividades acadêmicas, 1
análise de texto, 10
conferência, 20
leitura, 1
seminário, 20
Avaliação de artigo científico, 81

C

Citações diretas e indiretas em trabalhos
acadêmico-científicos, 195, 199
acréscimo de texto, 200
de citação, 200
destaque de texto, 201
expressões latinas, 203 s
sistema autor-data, 201
sistema de chamada, 201
sistema numérico, 202
supressão de texto, 200
Clareza, 188
Comentador de seminário, 21
Compilação na pesquisa bibliográfica, 38
Comunicação científica
apresentação formal, 76
elaboração, 74
estágios, 76
estrutura, 73, 75
finalidade, 72
linguagem, 73
partes, 75
tipos, 74
Concisão, 188
Conferência, 27
apresentação, 27
conclusão, 27
corpo da –, 27
introdução, 27
organização, 27
tempo, 28

Congresso: citação em referência
bibliográfica, 218
Conhecimento
científico, 86
popular, 85
Constructos, 181
Coordenador de seminário, 21
Coordenador em referência bibliográfica, 215
Crítica
externa, 39
interna, 40
Cronograma, 115

D

Dedicatória, 147, 155
Definição
dos termos, 114
operacional, 182
Desenvolvimento: trabalhos acadêmicos, 148
Difusão e divulgação científica, 82
aspectos históricos, 82
conceito, 83
conhecimento científico, 86
conhecimento de divulgação, 85
conhecimento popular, 85
importância, 87
níveis de complexidade, 86
níveis de conhecimento, 85
objetivo, 87
requisitos, 87
Diretor ou coordenador de seminário, 21
Dissertação de mestrado, 168
avaliação metodológica do trabalho, 175
conceito, 168
hipótese, 171
plano de trabalho, 172
problemas, 171
redação, 176
tema, 169
tipos, 169
variáveis, 171
Divulgação científica, 82 s
Documentação
direta, 32
indireta, 32
Documento
audiovisual (filmes, vídeos): referência
bibliográfica, 223
definição pela NBR 6023 da ABNT, 222

Índice remissivo   239

E
Edição
  grafia em referências bibliográficas, 211
Editora
  grafia em referências bibliográficas, 211
  de localidades diferentes: grafia em
   referências bibliográficas, 212
Entrevista, 109
Epígrafe, 147, 156
Errata, 146
Estatística, 111
Estilo, 191
Et al.: uso, 206
Eventos
  citação em referências bibliográficas, 218
Expressões latinas
  em citações diretas e indiretas, 203 s

F
Fapesp, 100
Ficha
  analítica, 53, 57
  aspecto físico, 43
  bibliográfica, 49, 53
  cabeçalho, 44
  catalográfica: trabalhos acadêmicos, 145,
   153
  composição, 43
  conteúdo, 49
  corpo ou texto, 47
  de citação direta, 54
  de citações, 50
  de comentário, 53, 57
  de esboço, 52, 56
  de pesquisa bibliográfica, 42
  de resumo ou conteúdo, 52, 55
  disposição do fichário, 58
  indicação da obra, 47
  localização da obra fichada, 48
  referência bibliográfica, 47
Fichamento, 38
Fichário
  arranjo alfabético de assunto, 62
  arranjo alfabético de cabeçalhos
   específicos de assuntos, 58
  arranjo alfabético de cabeçalhos
   genéricos de assuntos, 60
  arranjo sistemático ou classificado, 61, 62
  disposição, 58

  ordenação alfabética de autores, 63
Folha de aprovação:
  trabalhos acadêmicos, 146, 154
Folha de rosto
  trabalho acadêmico, 145, 152
Formulário, 109

G
Glossário
  trabalhos acadêmicos, 149, 181

H
Hipótese
  básica, 104
  dissertação de mestrado, 171
  secundária, 104
História de vida, 110

I
Ibidem: uso, 204
Idem: uso, 203-204
Imparcialidade, 188
In: uso, 207
Índice remissivo
  trabalhos acadêmicos, 159, 181
Informe científico, 82
Instrumentos de pesquisa, 116
Interpretação, 39
Introdução
  trabalhos acadêmicos, 148

J
Jurisprudência
  referência bibliográfica, 221

L
Leitura, 1
  análise, 5
  atenção, 5
  como realizar, 4
  crítica ou reflexiva, 7, 8, 10
  de aproveitamento, 2
  de cultura geral, 2
  de entretenimento, 2
  de estudo, 7
  de reconhecimento ou prévia, 9
  defeitos a serem evitados, 6
  deslealdade, 6
  dispersão de espírito, 6

240 Índice remissivo

do significado, 7
escolha, 3
espírito crítico, 5
excessivo espírito crítico, 6
exploratória ou pré-leitura, 10
fases, 9-10
formativa, 2
identificação do material de –, 3
importância, 1
inconstância, 6
informativa, 2
intenção, 5
interpretativa, 8, 10
natureza da leitura, 2
passividade, 6
preguiça, 6
proveitosa, 5
reflexão, 5, 10
scanning, 7
seletiva, 8, 10
síntese, 6
skmming, 7
tipos, 7
velocidade, 6
Linguagem
comunicação científica, 73
Local da publicação
grafia em referências bibliográficas, 211

M
Margens em trabalho acadêmico, 141
Medidas de opinião e atitude, 109
Método
de abordagem, 107
de procedimento, 108
Monografia
característica, 161
conceito, 160
objetivo, 162
tipo, 163

N
NBR 10520 da ABNT: citações diretas e
indiretas, 141, 195
NBR 10520 da ABNT: como fazer citações
diretas e indiretas, 12, 202
NBR 10719 da ABNT: relatório técnico e/ou
científico, 134, 141
NBR 14724 da ABNT: apresentação de
trabalhos acadêmicos, 141, 142, 145, 146

NBR 15287 da ABNT: projeto de pesquisa,
100, 141
NBR 6022 da ABNT: artigo científico, 77, 79
NBR 6023 da ABNT: referências
bibliográficas, 141, 149, 208, 209, 222
NBR 6024 da ABNT: numeração progressiva
das seções, 141
NBR 6027 da ABNT: elaboração de
sumário, 141
NBR 6028 da ABNT: resumo, 141, 147
Norma Vancouver, 209
Normas APA, 141
Normas Vancouver, 141, 213
Numeração das folhas
trabalho acadêmico, 142

O
Objetividade, 189
Observação
direta extensiva, 109
direta intensiva, 109
Op. cit: uso, 204
Orçamento
projeto de pesquisa, 115
Org.: uso de abreviatura em referência
bibliográfica, 209
Organizador
em referência bibliográfica, 209, 215
Originalidade, 189

P
Papel para impressão, 141
Paragrafação, 143
Passim: uso, 205
Pesquisa
conceito, 31
tipos, 31
Pesquisa bibliográfica, 31, 33
análise e interpretação, 39
compilação, 38
fases, 34
fichamento, 38, 42
identificação do assunto (tema), 37
localização dos textos (referências), 38
plano de trabalho, 36
redação, 42
tema, 34
Pesquisa de campo, 32
Pesquisa de laboratório, 32

Pesquisa de mercado, 110
Pesquisa documental, 33
Pesquisa experimental, 32
Pesquisa-piloto, 133
Plano de trabalho
    dissertação de mestrado, 172
    pesquisa bibliográfica, 36
    TCC, 166, 167
População da pesquisa, 110
Precisão, 188
Pré-teste, 133
Problema
    dissertação de mestrado, 171
Projeto de pesquisa, 99 s
    amostragem, 110
    análise de conteúdo, 109
    apêndice, 116
    capa, 102
    conceitos operacionais, 114
    cronograma, 115
    definição dos termos, 114
    delimitação do universo (descrição da
      população de pesquisa), 110
    embasamento teórico, 112
    entrevista, 109
    estrutura, 100
    folha de rosto, 102
    formulário, 109
    hipótese básica, 104
    hipótese secundária, 104
    história de vida, 110
    indicadores, 114
    instrumentos, 116
    justificativa, 106
    medidas de opinião e atitude, 109
    método de abordagem, 107
    método de procedimento, 108
    metodologia, 107
    o que é, 99
    objetivo, 106
    objeto, 103
    observação direta intensiva, 109
    observações práticas, 116
    orçamento, 115
    pesquisa de mercado, 110
    pesquisa-piloto, 133
    pré-teste, 133
    problema, 103
    questionário, 109

referências bibliográficas, 116
relação entre variáveis, 105
revisão da bibliografia, 113
sociometria, 109
técnicas de pesquisa, 108
teoria de base, 112
testes, 109
tratamento estatístico, 111
variáveis, 104
variável de controle, 105
variável dependente, 105
variável independente, 105
variável interveniente, 105
Publicações científica, 71
    artigo científico, 77
    comunicações, 71
    difusão e divulgação científica, 82
    informe científico, 82
    resenha crítica, 88

Q
Quadros
    relação em trabalhos acadêmicos, 148
Questionário, 109

R
Recomendações
    trabalhos acadêmicos, 149
Redação
    acuidade, 189
    adequação, 190
    clareza, 188
    concisão, 188
    conteúdo, 187
    da pesquisa bibliográfica, 42
    de trabalhos acadêmicos, 186
    dissertação de mestrado, 176
    estilo, 191
    expressão, 190
    forma, 188
    harmonia, 189
    imparcialidade, 188
    objetividade, 189
    ordem, 189
    originalidade, 189
    precisão, 188
    simplicidade, 188
    tipos, 190
Referência bibliográfica, 116
    ano de publicação, 212

242 Índice remissivo

até três autores, 209
citação de artigo científico, 217
citação de artigo de jornal, 218
citação de congresso, 218
citação de eventos, 218
citação de livros que apresentam
"indicação explícita de
responsabilidade pelo conjunto da
obra" (org.; coord.), 215
citação de mais de um livro do mesmo
autor, 214
citação de simpósio, 218
citação de texto em meio eletrônico, 220
citação e tese e dissertação de
mestrado, 216
correspondência, 224
documento audiovisual (filmes,
vídeos), 222
documento cartográfico, 224
documento iconográfico, 327
documento sonoro, 223
edição, 211
editora, 211
elementos complementares, 213
grafia de duas editoras, 211
grafia de editoras de localidades
diferentes, 212
grafia de nome de instituição responsável
pela publicação, 210
grafia do nome dos autores, 210
grafia do subtítulo de obra, 211
grafia do título de obra, 210
jurisprudência, 221
livro, 209
local da publicação, 211
ordenação das obras de um mesmo
autor, 214
página, 213
parte de um livro (capítulo), 215
prática de elaboração, 208
referência legislativa, 220
trabalhos acadêmicos, 149
tradução, 213
volume da obra, 213
Reflexão
trabalhos acadêmicos, 183
Relator de seminário, 21
Relatório
científico, 99 s, 234

Relatório técnico e/ou científico, 134
anexo, 139
apêndice, 139
capa, 136
conclusão, 138
desenvolvimento, 137
discussão e resultado, 137
estrutura, 134
folha de rosto, 136
introdução, 137
recomendação, 139
referências bibliográficas, 139
revisão bibliográfica, 137
sugestões, 139
Resenha crítica, 88
conceito, 88
estrutura, 90-93
finalidade, 88
importância, 89
requisitos, 89
Resumo, 63
analítico, 65, 67
características, 63
como fazer, 64
conceito, 63
crítico, 65, 69
descritivo, 65, 66
em trabalhos acadêmicos, 147, 157
finalidade, 63
indicativo, 65, 66
informativo, 65, 67
tipos, 65
Revisão da bibliografia, 113
Roteiro de seminário, 23

S
Seções
trabalho acadêmico, 142
Secretário de seminário, 21
Seminário
clássico, 22
clássico em grupo, 22
em grupo, 23
comentador, 21
componentes, 21
conceito, 20
diretor ou coordenador, 21
duração, 22
finalidade, 20

Índice remissivo 243

modalidade, 22
objetivo, 20
participantes, 21
relator, 21
roteiro, 23
secretário, 21
tema, 22
Sic: uso, 208
Simpósio
citação em referência bibliográfica, 218
Síntese
análise de texto, 18
obstáculos, 19
regra, 19
tipos, 19
Sistema autor-data, 201
Sistema de Apoio à Gestão (SAGe)
projeto de pesquisa, 100
Sistema de chamada
autor-data, 201
numérico, 202
Sociometria, 109
Sugestões
trabalhos acadêmicos, 149
Sumário
trabalhos acadêmicos, 148, 158

T
Tabelas
relação em trabalhos acadêmicos, 148
TCC, 160
característica, 162
introdução, desenvolvimento, conclusão,
165
objetivo, 162
plano de trabalho, 166, 167
Tema
dissertação de mestrado, 169
pesquisa bibliográfica, 34
tese de doutorado, 178
trabalho de conclusão de curso, 164
Teoria de base, 112
Termos
definição, 114
teóricos, 181
Tese de doutorado, 176
anexo, 180
apêndice, 180
conceito, 177

conclusão, 178, 180
construção de argumentos, 183
construção de conceitos, 181
constructos, 181
definição operacional, 182
desenvolvimento, 178, 179
elementos pós-textuais, 180
elementos textuais, 178
glossário, 180
índice remissivo, 180
introdução, 178
objetivo, 178
redação, 186
referências bibliográficas, 180
termos teóricos, 181
Tese de doutorado e dissertações de mestrado
citação em referências bibliográficas, 216
Testes
projeto de pesquisa, 109
Título de obra
grafia em referências bibliográficas, 211
Trabalho de conclusão de curso (TCC), 160
característica, 161, 162
conceito de monografia, 160
introdução, desenvolvimento,
conclusão, 165
objetivo, 162
plano de trabalho, 166, 167
tema, 164
tipos de monografia, 163
Trabalhos acadêmicos, 141 s
abstract 147
agradecimento, 147
anexo, 149
apêndice, 149
aspectos formais, 141
capa, 144, 151
conclusão, 149
corpo do trabalho, 148
dedicatória, 147, 155
desenvolvimento, 148
dimensões do papel, 141, 150
dissertação de mestrado, 168
divisão das seções, 142
elementos pós-textuais, 149
elementos pré-textuais, 145
elementos textuais, 148
epígrafe, 147, 156
errata, 146

244 Índice remissivo

estrutura, 143
estrutura gráfica, 141
ficha catalográfica, 145, 153
folha de aprovação, 146, 154
folha de rosto, 145, 152
glossário, 149, 181
índice remissivo, 159, 181
introdução, 148
margens, 141, 150
normas da ABNT, 141
numeração das folhas, 142
paragrafação, 143
recomendações, 149
referências bibliográficas, 149
relação de quadros e tabelas, 148
resumo, 147, 157
sugestões, 149
sumário, 148, 158
TCC, 160
tese de doutorado, 176
Tradução em referências bibliográfica, 213

U
Uso de ponto e vírgula na norma Vancouver
separação do ano de publicação e
obra, 213

V
Variável
de controle, 105
dependente, 105
independente, 105
interveniente, 105
Variáveis, 104
dissertação de mestrado, 171
relação assimétrica, 105
relação causal, 105
relação recíproca, 105
relação simétrica, 105
relação, 105